Schriften der Hans-Böckler-Stiftung

Band 13

Hans-Böckler-Stiftung/
Industriegewerkschaft Metall (Hrsg.)

Lean Production

Kern einer neuen Unternehmenskultur und einer innovativen und sozialen Arbeitsorganisation?

Gewerkschaftliche Auseinandersetzung mit einem Managementkonzept

Eine Dialogtagung der Hans-Böckler-Stiftung und der Industriegewerkschaft Metall, Frankfurt/M., 30. Juni und 1. Juli 1992

Nomos Verlagsgesellschaft
Baden-Baden

Die Deutsche Bibliothek – CIP-Einheitsaufnahme

Lean Production: Kern einer neuen Unternehmenskultur und einer innovativen und sozialen Arbeitsorganisation?; Gewerkschaftliche Auseinandersetzung mit einem Managementkonzept; eine Dialogtagung der Hans-Böckler-Stiftung und der Industriegewerkschaft Metall, Frankfurt/M., 30. Juni und 1. Juli 1992 / Hans-Böckler-Stiftung; Industriegewerkschaft Metall (Hrsg.). – 1. Aufl. – Baden-Baden: Nomos Verl.-Ges., 1992

(Schriften der Hans-Böckler-Stiftung; Bd. 13)

ISBN 3-7890-2790-1

NE: Hans-Böckler-Stiftung: Schriften der Hans-Böckler-Stiftung; Bd. 13

1. Auflage 1992

Lean Production:
Kern einer neuen Unternehmenskultur und einer innovativen und sozialen Arbeitsorganisation?

I. Teil

Horst Klaus, Vorstandsmitglied der IG Metall
Eröffnung der Konferenz

Franz Steinkühler, 1.Vorsitzender der IG Metall
Für eine demokratische und soziale Unternehmensreform - gewerkschaftliche Antwort auf die "japanische Herausforderung"

Prof. Dr. Norbert Altmann, ISF, München
Japanische Arbeitspolitik - eine Herausforderung?

Diskussion

II. Teil
Forum Automobilindustrie

Horst Neumann, Wirtschaftsabteilung IG Metall Vorstand
Einleitung

1. Reorganisation der Lean Production in Japan:

Peter Unterweger, Leiter der Automobilabteilung des IMB, Genf
Toyota und die Weltautomobilindustrie: Bleibt alles beim Alten?

Prof. Dr. Masami Nomura, Okayama Universität
Abschied vom Toyotismus bei Toyota?

2. Was können Japan und Deutschland/Europa von einander lernen?

Podiumsdiskussion mit
Wilfried Kuckelhorn, GBR-Vorsitzender Ford
Masami Nomura, Okayama Universität
Bernd Pischetsrieder, Vorstandsmitglied BMW
Peter Unterweger, Leiter der Automobilabteilung des IMB, Genf
Karel Williams, University of Wales
Moderation: Marion von Haaren, WDR

3. Fallbeispiele:
Lean Production in der deutschen Automobil- und Zulieferindustrie

Fall 1: Volkswagen AG
Gerd G. Heuß, Sprecher der Geschäftsführung, VW Sachsen
Lean Production - Fallbeispiel VW Sachsen GmbH

Dietmar Schopf, BR VW Wolfsburg; GBR Volkswagen AG, Vorsitzender des Planungsausschusses
Automobilproduktion bei Volkswagen - Die Herausforderung der schlanken Produktionsweise

Fall 2: Mercedes Benz AG
Dr. Dietrich Zeyfang, Werksleiter Mercedes Benz Bremen
Kurzreferat
Kurt Krause, BRV Werk Berlin, GBR, Sprecher Kommission APG
Kurzreferat

Moderation: Prof. Dr. Michael Schumann, SOFI Göttingen

Diskussion

III. Teil
Forum Werkzeugmaschinenindustrie

Dr. Gerhard Schrick, RKW (Moderation)
Eröffnung des Forums Werkzeugmachinenindustrie

1. Die RKW-IGM-VDW-Analyse:
Erfolgsfaktoren der japanischen Werkzeugmaschinenindustrie.
Neue Unternehmenskultur - Innovative und soziale Arbeitsorganisation

Dr. Peter Brödner, IAT, Gelsenkirchen:
Schlußfolgerungen aus wissenschaftlicher Sicht

Diether Klingelnberg, Klingelnberg Söhne, Remscheid
Schlußfolgerungen aus Sicht des VDW

Dr. Karl Pitz, Wirtschaftsabteilung IG Metall Vorstand
Schlußfolgerungen aus Sicht der IG Metall

2. Fallbeispiele aus der Werkzeugmaschinenindustrie

Moderation: Prof. Dr. Eckart Hildebrandt, WZB, Uni Bremen

Fall 1: Trumpf, Ditzingen
Dr. Mathias Kammüller, Direktor
Das "TRUMPF Optimierungs-Programm"
Elmar Dannecker, Betriebsrat
Kurzstellungnahme

Fall 2: Niles, Berlin/Ost
Peter Klopsch, Geschäftsführer
Niles und Lean Production
Egon Meinel, Betriebsratsvorsitzender
Kurzbeitrag

Diskussion

IV. Teil

Berichte aus den Branchenforen

Dr. P.Brödner
Bericht über das "Forum Werkzeugmaschinenindustrie"
Prof. Dr. M. Schumann
Bericht über das "Forum Automobilindustrie"

V. Teil

Lean Production und Qualifikation - welche bildungspolitischen Konsequenzen drängen sich auf?

Moderation: Prof. Dr. Walter Georg, Fernuniversität Hagen

Karl-Heinz Hiesinger, Vorstandsmitglied der IG Metall
Lean Production auch in der Berufsbildung?

Peter Haase, Leiter des Bereichs Personalentwicklung, Volkswagen AG
Lean Production und Qualifikation - welche bildungspolitischen Konsequenzen drängen sich auf?

Diskussion

VI.Teil

Lean Production und Gestaltung - Arbeitsorganisation, Technik und Unternehmenskultur

Moderation: Prof. Dr. Frieder Naschold, WZB

Podiumsdiskussion mit

Siegfried Bleicher, Vorstandsmitglied der IG Metall

Lean Production und Gestaltung - Arbeitsorganisation, Technik und Unternehmenskultur

Dr. Otto Hirschbach, Roland-Berger-Unternehmensberatung, München

Kurzbeitrag

Manfred Schoch, GBR-Vorsitzender BMW

Kurzbeitrag

Walter Riester, Bezirksleiter der IG Metall, Bezirk Stuttgart

Kurzbeitrag

Diskussion

VII.Teil

Lean Production und Tarifpolitik

Klaus Zwickel, 2.Vorsitzender der IG Metall

Lean Production und Tarifreform 2000

Inhaltsverzeichnis

Vorwort

Ein neues Industrie-Zeitalter hat begonnen. Die Massenproduktion wird durch eine neue Art der Güterherstellung - die schlanke Produktion - verdrängt. Die schlanke Produktion wird sich unweigerlich über die Autoindustrie hinaus durchsetzen und damit fast jede Industrie verändern und folglich auch unsere Arbeits- und Lebensweise. Schlanke Produktion wird Unternehmen und Nationen herausfordern und verändern.
Mit diesem, nicht gerade bescheidenen Anspruch, hat die Studie des bekannten Massachusetts Institute of Technology "Die zweite Revolution in der Autoindustrie" (Campus-Verlag, Frankfurt/New York 1991) nur kurze Zeit nach ihrem Erscheinen eine außergewöhnliche Resonanz gefunden.
Ist mit der Lean Production bzw. dem Toyotismus, nachdem von der Krise des Fordismus schon seit längerem die Rede ist, nun endlich ein positives Leitbild gefunden, das als Management-Konzept überall verwendbar ist? Ist damit das Erfolgsgeheimnis japanischer Unternehmen entdeckt, womit diese auch in Europa und Amerika schneller, besser und billiger produzieren?
Die vorliegende Veröffentlichung dokumentiert die Beiträge und Ergebnisse der Tagung der Hans-Böckler-Stiftung und der IG Metall vom 30. Juni/1. Juli 1992 in Frankfurt/Main mit über 500 Teilnehmern aus Wissenschaft, Unternehmen und Gewerkschaften. Bereits zu Beginn des Jahres haben wir in kleineren Veranstaltungen den Dialog gefördert und erste Einschätzungen vorgelegt.
Einzelne Elemente japanischer Produktionskonzepte, wie Qualitätsmanagement, Teamarbeit, Just-in-Time usw. sind schon seit längerem bekannt. Hier aber handelt es sich um die Auseinandersetzung mit der These einer neuerlichen industriellen Revolution, die, wie wir wissen, von epochemachender Bedeutung sein muß, wenn sie als solche Gültigkeit haben soll.
Was ist aber dran an der MIT-Studie über Lean Production? Sind wir als Europäer, ob nun als Unternehmer, Politiker oder Gewerkschafter, Anhänger der überholten Massenproduktion und damit, so wir uns nicht ändern, zum Untergang verurteilt? Einige, wie wir meinen, gewichtige Gegenargumente finden sich in diesem Band. Vielleicht konnten wir auch dokumentieren, daß wir uns schnell und differenziert mit neuen Fragestellungen auseinandersetzen und damit als lernfähige Organisationen eine der wichtigsten Bedingungen für das Überleben in einem dynamischen Umfeld erfüllen.

Die Herausgeber

I. Teil

Horst Klaus, Vorstandsmitglied der IG Metall
Eröffnung der Konferenz

Franz Steinkühler, 1.Vorsitzender der IG Metall
Für eine demokratische und soziale Unternehmensreform
- gewerkschaftliche Antwort auf die "japanische Herausforderung"

Prof. Dr. Norbert Altmann, ISF, München
Japanische Arbeitspolitik - eine Herausforderung?

Diskussion

Horst Klaus

Eröffnung der Konferenz

Hans-Böckler-Stiftung und IG Metall haben zu einem Dialog über die Fragestellung "Lean Production: Kern einer neuen Unternehmenskultur und einer innovativen und sozialen Arbeitsgestaltung?" hier in die Frankfurter Kongreßhalle eingeladen. Ich freue mich, daß Gewerkschafter und Gäste unserer Einladung so zahlreich gefolgt sind und begrüße alle Teilnehmer sehr herzlich zu einem sicherlich interessanten und anregenden, also produktiven und vorwärtsweisenden Dialog.

Seit den 50er und 60er Jahren sind zunächst Uhren-, Foto- und Zweiradindustrie, dann Unterhaltungselektronik und die Werften mehr oder weniger radikal mit fernöstlicher, insbesondere japanischer Konkurrenz konfrontiert. Aus der Sicht der Gewerkschaften hat sich die IG Metall in verschiedenen Branchenkonferenzen vor allem mit den beschäftigungspolitischen Folgen dieser Entwicklung auseinandergesetzt und gleichzeitig damit begonnen, Alternativen zu entwickeln und zur Diskussion zu stellen.

Die Automobilindustrie befindet sich seit Mitte der 70er Jahre in einer tiefgreifenden Strukturveränderung. Dies ist eng verbunden mit Grenzen des Mengenwachstums, der Umorientierung auf neue qualitative Produkte und Wachstumsziele sowie einem zunehmenden internationalen Konkurrenzdruck. Verschärfend wirkte sich Ende der 70er Jahre das japanische Vordringen auf den Weltmarkt aus.

Die Bedrohung aus Japan wurde in der Branche zum stehenden Begriff und löste den ersten Japan-Schock sowie die Frage nach den Ursachen japanischer Produktivitätsvorteile aus. Die in einer intensiven Japan-Rezeption auf Studienreisen, bei Werksvergleichen und aus wissenschaftlichen Untersuchungen gewonnenen Erkenntnisse sind aber offenbar nicht von dauerhafter Gültigkeit gewesen. Die Kombination von komplexer flexibler Technologie mit herkömmlichen tayloristischen Organisationsstrukturen erwies sich als nicht zukunftsträchtig, zumal die japanische Automobilindustrie selbst die Schwächen dieses Ansatzes kennenlernen und Korrekturen vornehmen mußte. Im Ergebnis haben wir es mit einem zweiten Japan-Schock zu tun, ausgelöst durch die MIT-Studie, die zweite Revolution in der Autoindustrie und deren breite Resonanz, nicht nur in der untersuchten Branche. So liegt inzwischen auch eine Analyse der Erfolgsfaktoren des japanischen Werkzeugmaschinenbaus vor, erstellt von RKW, IG Metall und VDW.

Auf unserer Tagung wollen wir uns mit den Ergebnissen dieser Untersuchungen auseinandersetzen und Erkenntnisse für gewerkschaftliche Antworten auf neue Management-Konzepte gewinnen. Antworten, deren Richtung in der Fragestellung des Mottos dieser Tagung angedeutet ist. Den beschäftigungspolitischen Risiken, die in diesen neuen Konzepten der Steigerung der Produktivität liegen, wollen wir begegnen und die humanisierungspolitischen Chancen, die sich darin bieten, wollen wir nutzen. Wenn Lean Production als intelligente Produktionsweise gilt, dann sagen wir, intelligent ist eine neue Organisation der Produktion erst, wenn sie nicht nur innovativ und effizient,

sondern auch sozial und umweltverträglich ist, wenn sie ihre gesellschaftliche Verantwortung erkennt und ihr gerecht wird. Um es auf einen kurzen Nenner zu bringen, schlanke Produktion, attraktive Arbeit, das sind die beiden Pole in einem Verteilungskampf, bei dem es um mehr geht als um die in Mark und Pfennig ausgedrückte Lohn-Profit-Relation. Damit sind nun allerdings quasi erst die Überschriften genannt.
Franz Steinkühler wird in seinem Einleitungsreferat gewerkschaftspolitische Antworten auf die japanische Herausforderung im Zusammenhang mit den globalen Entwicklungen der Wirtschaft formulieren. Er schlägt den Bogen von der "Revolution der Strategie-Papiere" bis zur Reform, die wir fordern, und zu den gewerkschaftlichen Handlungsfeldern und Aufgaben.
Prof. Dr. Altmann wird uns in acht Punkten verdeutlichen, welche Herausforderung die japanische Arbeitspolitik darstellt und welche Probleme wir vor dem Hintergrund der Diskussion der Verhältnisse in Japan bei diesen Überlegungen zu berücksichtigen haben.
Im Forum Werkzeugmaschinenindustrie wird Herr Dr. Schrick eine Diskussion über die RKW/IG Metall/VDW-Analyse der Erfolgsfaktoren der japanischen Werkzeugmaschinenindustrie moderieren; Herr Dr. Brödner vom IAT, Herr Klingelnberg für den Verein Deutscher Werkzeugmaschinenfabriken, VDW, und unser Kollege Dr. Pitz werden die Inhalte der Analyse bzw. Schlußfolgerungen daraus aus wissenschaftlicher Sicht, aus der Sicht des VDW und aus der Sicht der IG Metall darstellen.
Nach einer Diskussion wird uns - moderiert durch Prof. Dr. Eckart Hildebrandt - je ein Fallbeispiel aus den alten wie aus den neuen Bundesländern Einblicke gewähren in die aktuellen Probleme zweier Betriebe der Branche: von Trumpf in Ditzingen Herr Direktor Dr. Kammüller und Kollege Dannecker; von Niles in Berlin der Geschäftsführer Herr Klopsch und Kollege Meinel.
Ich denke, daß bei der Ost/West-Zusammensetzung dieses Forums, speziell was die beiden Betriebsbeispiele angeht, das aktuelle industriepolitische Konzept der IG Metall für den deutschen Maschinenbau unter dem Motto "Weg von der mittelständischen Privatisierung hin zu einem Netz zeitgemäßer Großunternehmen" in der Diskussion eine wichtige Rolle spielen muß.
Parallel zu diesem Forum wird im Forum Automobilindustrie über die Reorganisation der Lean Production in Japan und die Frage diskutiert, was Japan und Deutschland bzw. Europa von einander lernen können. Der internationalen Spannweite der Thematik entspricht die Zusammensetzung unserer Referenten und der Diskutanten im anschließenden Podium: Prof. Dr. Masami Nomura von der Okayama Universität und Herrn Dr. K.Williams von der University of Wales und Peter Unterweger, Leiter der Automobilabteilung des Internationalen Metallgewerkschaftsbundes in Genf, Herrn Pischetsrieder, Vorstandsmitglied bei BMW und Wilfried Kuckelkorn, GBR-Vorsitzender bei Ford. Eingeleitet wird dieser Teil von unserem Kollegen Horst Neumann von der Wirtschaftsabteilung beim Vorstand. Marion von Haaren vom WDR moderiert den ersten Teil.
Auch in diesem Forum werden wir nach einer Diskussion an praktischen Beispielen über Lean Production in der deutschen Automobil- und Zuliefererindustrie diskutieren können. Diese Diskussion moderiert Prof. Dr. Schumann vom Göttinger SOFI. Die Praxisbeispiele referieren Herr Heuß, Sprecher der Werksleitung

bei VW in Sachsen, und Kollege Schopf, Mitglied des GBR der VW AG sowie Herr Dr. Zeyfang, Werksleiter von Mercedes-Benz und Kollege Krause, Mitglied des GBR dieses Unternehmens.
Über die Diskussionen der beiden Branchenforen werden Dr. Brödner und Prof. Dr. Schumann berichten.
Daran anschließend stehen unter dem Stichwort "Lean Production und Qualifikation" die bildungspolitischen Konsequenzen und unter dem Stichwort "Lean Production und Gestaltung" die Konsequenzen für Arbeitsorganisation, Technik und Unternehmenskultur zur Diskussion. Moderiert werden die Podiums- bzw. Plenumsdiskussion von Prof. Dr. Georg von der Fernuniversität Hagen und Prof. Dr. Frieder Naschold vom WZB. Es diskutieren in den beiden Podien Herr Peter Haase von VW-Bildungswesen und Dr. Otto Hirschbach von der Roland Berger-Unternehmensberatung sowie die jeweils zuständigen geschäftsführenden Vorstandsmitglieder der IG Metall, Karlheinz Hiesinger und Siegfried Bleicher, sowie unsere Kollegen Manfred Schoch, GBR-Vorsitzender bei BMW, und Walter Riester, Bezirksleiter der IG Metall im Bezirk Stuttgart. Daß in diesem Diskussionszusammenhang der Anspruch der Arbeitnehmer auf attraktive Arbeit und die Konsequenzen für gewerkschaftliche Betriebs- und für Tarifpolitik nicht nur von den Gewerkschaftern in den beiden Podien, sondern auch von den Kolleginnen und Kollegen im Plenum formuliert wird, ist nicht nur erwünscht, sondern wird im Interesse praktischer Arbeitsergebnisse auch erwartet.
Tarifpolitische Konsequenzen wird Klaus Zwickel, 2. Vorsitzender der IG Metall, in seinem Schlußwort zu "Lean Production und Tarifreform 2000" ansprechen.

Alle Mitwirkenden an unserer Tagung begrüßen wir herzlich. Ich denke, die thematischen Inhalte wie die fachliche Kompetenz unserer Referenten und der Teilnehmer an den Podiumsdiskussionen versprechen hohe Erkenntnisgewinne aus dieser Tagung. Jeder Teilnehmer ist aufgerufen, dazu beizutragen, dies gilt insbesondere auch für die Umsetzung der Einsichten und Erkenntnisse in die praktische Arbeit im Betrieb und Organisation.
Die Hans-Böckler-Stiftung, die einen erheblichen Beitrag zu dieser Tagung geleistet hat, ist vertreten durch ihre Vorstandsmitglieder Peter Hartz und Hans Noll sowie dem Geschäftsführer Frank von Auer. Ich begrüße Sie herzlich und danke für die Unterstützung. Ich verbinde damit den Dank an diejenigen Kolleginnen und Kollegen, die als Arbeitnehmervertreter in Aufsichtsräten mit einem erheblichen Teil ihrer Tantiemen die Arbeit der Stiftung möglich machen.

Franz Steinkühler

Für eine demokratische und soziale Unternehmensreform - gewerkschaftliche Antworten auf die "japanische Herausforderung"

I.

"Wenn wir siegen wollen, müssen wir die 'Revolution' in den Fabriken wagen" - dieser Satz, der eher nach Marx, Engels oder Lenin klingt, findet sich in einem Strategiekonzept von Mercedes-Benz zur Lean Production, Datum November 1991. Dieser Satz kennzeichnet einerseits Fehlorientierungen und Übertreibungen, die in der aktuellen Debatte über neue, japanorientierte Produktionskonzepte vorkommen. Er signalisiert andererseits die Notwendigkeit einer grundlegenden Umgestaltung der Arbeitskultur und Unternehmensorganisation, vor der wir in der Tat stehen.

Lean Production ist einerseits ein Fitness-Programm für die Konkurrenz auf den Weltmärkten.

- Niedergang der UdSSR und Krise der USA,
- Aufstieg Japans und Neugruppierung Europas,
- Armut und Unterentwicklung in zahlreichen Ländern,

sind der Hintergrund für eine verschärfte Konkurrenz um Marktanteile und um die Teilnahme an Wachstum und Wohlstand.

Nicht zuletzt die globalen Umweltprobleme zeigen, daß eine einfache Fortsetzung des bisherigen Produktions- und Wachstumsmodells perspektivlos ist. Der Sieg in einem weltweiten Wirtschaftskrieg würde zum Phyrrussieg allein aus ökologischen Gründen.

Auch aus diesem Grund ist es bemerkenswert, wenn die japanische Automobilarbeitergewerkschaft in einer aktuellen Analyse fragt: Wofür arbeiten wir eigentlich so lang und so hart? Wofür produzieren und exportieren wir eigentlich?

Die IG Metall verkennt gewiß nicht die Härte der japanischen Konkurrenz. Es geht aber nicht allein um "die japanische Herausforderung"; vielmehr stehen Deutschland und Europa, Japan und die USA gemeinsam vor der Herausforderung:

- die heutige rücksichtslose Konkurrenz in einen innovativen Wettbewerb zu verwandeln,
- aus einem Wachstumsmodell, das einem Fünftel der Erdbevölkerung Wohlstand und vier Fünfteln Armut beschert, ein neues Wohlstandsmodell zu entwickeln, das global, sozial und ökologisch tragfähig ist.

Die Erfolge Japans und die westliche Diskussion über Lean Production sind andererseits Ausdruck einer tiefgreifenden Krise tayloristisch-bürokratischer Arbeits- und Unternehmensorganisation. Nicht nur der bürokratische Sozialismus, auch der bürokratische Kapitalismus ist überlebt; die Unternehmensstrukturen von General Motors waren kaum weniger ineffizient als die Organisationsprinzipien von GOSPLAN. Abgehobene Hierarchie und bürokratische Kontrolle, extreme Arbeitsteilung, Mißachtung der Kompetenz und Kreativität der arbeitenden Menschen, wi-

dersprechen nicht nur den Bedürfnissen der Arbeitnehmer, sondern zunehmend auch den Anforderungen einer flexiblen und effektiven Produktion.
Wer diese überlebten Formen der Arbeits- und Unternehmensorganisation überwinden will, der hat die IG Metall auf seiner Seite: Und dies nicht erst seit dem Erscheinen der MIT-Studie, sondern seit Jahrzehnten, in denen wir die Diskussion und Praxis zur Humanisierung der Arbeit betrieblich und tarifpolitisch voranzubringen versuchen.
Ich behaupte keineswegs, daß wir in allem Recht hatten, daß die IG Metall heute auf alle Fragen dieses hochkomplexen Themas eine Antwort weiß. Ich wage aber die Behauptung, daß viele Manager und Journalisten ebensolchen Erkenntnisgewinn aus Analysen und Konzepten der IG Metall

- zur Arbeitsorganisation und Qualifikationsentwicklung,
- zur Technologiepolitik und Tarifreform

hätten ziehen können, wie aus japanischen Managementbibeln oder amerikanischen Weltautomobilstudien. Nicht die Höchstautomatisierung der Fertigung, die Vertreibung des Menschen aus der Produktion, sondern ein organischer Technikeinsatz, eine gelungene Synthese von technischer und menschlicher Flexibilität auf jeder Stufe der Automatisierung sichert höchste Effizienz. Seit langem fordern wir

- Aufgabenerweiterung und Arbeitsanreicherung statt kurzzyklischer Arbeitsvorgänge,
- eine breit angelegte Qualifizierung aller Arbeitnehmer,
- die Möglichkeiten der Belegschaft, Initiative und Erfahrung in Planungs- und Entscheidungsprozesse einzubringen,
- Mitbestimmung am Arbeitsplatz und Beteiligung im Produktionsprozeß.

Konzepte und Ideen, Pilotprojekte und Erfahrungen zur Verbindung von höherer Wirtschaftlichkeit und Humanisierung sind gerade in Deutschland in großer Zahl vorhanden. Was fehlt, ist die praktische Realisierung, die allzuoft an den Machtverhältnissen und Herrschaftsansprüchen im Betrieb und Unternehmen gescheitert sind. Wir haben nicht vergessen, daß wir für die tarifvertragliche Zusage längerer Taktzeiten und Erholzeiten 1973 nicht nur streiten, sondern sogar streiken mußten.
Wir werden sehen, ob eine gewachsene Einsichtsfähigkeit im Arbeitgeberverband diesen Weg bei der Einführung von Beteiligungs- oder Qualifizierungszeiten überflüssig macht (man soll die Hoffnung ja nie aufgeben).

II.

Die unternehmerischen Reorganisationsstrategien nach dem Leitbild einer Lean Production sind für die Gewerkschaften eine elementare Herausforderung.
Es eröffnen sich einerseits Chancen zur Durchsetzung langgehegter gewerkschaftlicher Ziele.
Es ergeben sich andererseits neue Risiken:

- durch die Gefahr höherer Arbeitsintensität, zum Beispiel bei der Einführung von Gruppenarbeit, beim Wegfall von Taktausgleichszeiten,
- durch mögliche Entsolidarisierung und Spaltung in olympiareife Stammbelegschaften, ausgesonderte Leistungsgeminderte und frei verfügbare Saison- und Zeitkräfte,

- durch neue beschäftigungspolitische Kahlschläge.

Hier müssen und werden wir unsere Zustimmung zu neuen Organisationsformen an eine Verteilung der Produktivitätsgewinne knüpfen, die für den einzelnen Arbeitnehmer

- humane Arbeitsbedingungen und weniger Arbeitsintensität,
- qualifikationsfördernde Arbeit und Bezahlung bringen.

Team-Konzept, kontinuierlicher Verbesserungsprozeß und neue Unternehmenskultur sind organisatorische Lösungsversuche seitens des Managements für das Dilemma zwischen hoher und steigender Kapitalintensität einerseits, wachsenden Flexibilitätsanforderungen durch Kunden und Konkurrenz andererseits. Wenn damit nicht nur die Intensivierung der Arbeit betrieben, sondern auf Kompetenz, Qualifikation und Initiative der Beschäftigten gesetzt wird, steht die IG Metall auf der Seite dieser Reformer.

Dabei gibt es für uns keine Dogmen und Tabus, aber klare Grundsätze und Ziele:

- Solidarische Arbeitskonzepte statt neuer Spaltung der Arbeitnehmer,
- umfassende Qualifizierung nicht nur für ausgewählte Gruppen, sondern für alle Arbeitnehmer,
- vereinbarte Arbeits- und Leistungsbedingungen,
- klare Regelung der Personalbesetzungen statt schrankenlose Arbeitsverdichtung,
- einheitliche Entgeltregelung für Arbeiter und Angestellte,
- Demokratisierung des Arbeitsalltags durch Beteiligungs- und Reklamationsrechte auf kollektivrechtlicher Grundlage.

Es stellen sich Schutzaufgaben für die Betriebs- und Tarifpolitik. Neue Gestaltungsaufgaben für die Weiterentwicklung gewerkschaftlicher Strukturen entstehen:

- zum Beispiel beim Spannungsverhältnis von Gruppensprechern und gewerkschaftlichen Vertrauensleuten,
- beim Zusammenhang von Mitbestimmung am Arbeitsplatz und betrieblicher Interessenvertretung.

Aus diesen Gründen ist die IG Metall aufgerufen, die nächsten eineinhalb Jahre intensiv zu nutzen. Wir müssen betriebliche und vor allem tarifpolitische Antworten und Lösungsansätze zu den Fragen der Qualifikation, Arbeitsorganisation und Leistungspolitik, neuen Entgeltstrukturen, Technikgestaltung und Demokratie am Arbeitsplatz voranbringen.

Diese Konferenz soll inhaltlicher Beitrag und politisches Signal nach innen und nach außen sein. Auch nach außen, weil nicht nur die IG Metall Diskussionsbedarf hat. Es ist offenkundig: Gerade im Arbeitgeberlager besteht substantiell Diskussions- und konzeptioneller Klärungsbedarf hinsichtlich einer tarifpolitischen Zukunftsstrategie.

Nicht mit Schadenfreude, sondern mit Sorge sehen wir, daß im Arbeitgeberlager kopflose Überaktivität und vorgestrige Leersätze vorherrschen. Ideologen beherrschen die Diskussion, Gestalter gibt es nur in einzelnen Betrieben. Ich frage mich manchmal, mit wem eine reform- und zukunftsorientierte Gewerkschaft wie die IG Metall noch Tarifverträge abschließen kann und soll. (Mit Dagobert Ducks und Leuten, die von Adam Smith nur einige Sätze kennen, wird das jedenfalls immer schwieriger bis unmöglich.)

Die neuen Anforderungen an höhere Effizienz der Arbeitsorganisation, eine größere Nutzung der Qualifikation und Kompetenz der Arbeitskräfte erfordern erweiterte Beteiligungsmöglichkeiten und Mitbestimmungsrechte der Belegschaften und ihrer Interessenvertreter. Die Ansprüche der Arbeitnehmer an qualifizierteres Arbeiten, das Interesse an ökologisch und sozial akzeptablen Produkten macht die Erweiterung der Mitbestimmungsmöglichkeiten am Arbeitsplatz, in der Planung der Prozeß- und Produktinnovation notwendig.

Wenn die Unternehmen die Qualifikation und Motivation der Arbeitskräfte im Rahmen neuer Personalkonzepte stärker nutzen wollen, dann ist dazu eine Rücknahme überspitzter, inhumaner Arbeitsteilung und ein Abbau von Hierarchien notwendig.

Es geht, kurz gesagt, um eine Reorganisation der Machtverteilung im Betrieb. An dieser Klippe sind schon in der Vergangenheit manche Pläne zur Mitarbeiterbeteiligung und Projekte zur Humanisierung gescheitert. Hier scheiden sich auch heute wieder die Geister. Vielen Amtsinhabern und Verbandsjuristen geht der demokratische Gedanke zu weit. Erweiterte Beteiligungs- und Mitbestimmungsrechte sind aber der Lackmus-Test, ob "neue Unternehmenskultur" nur eine raffinierte Sozialtechnik zur Leistungssteigerung ist oder ein Ansatz zur Verbindung von Wirtschaftlichkeit, Demokratisierung und Humanisierung des Arbeitslebens.

Wer beklagt, daß das Interesse der Arbeitnehmer als Schatzwart im Tennisclub oder Fußballverein, als Mitarbeiter im Naturschutzbund oder in der Bürgerinitiative größer ist als im Betrieb, wer die Motivation der Menschen, ihr Engagement für ihre Arbeit wieder stärker in den Betrieb holen will, der muß auch den Raum dafür schaffen, durch Beteiligungsmöglichkeiten - nicht als jederzeit widerrufbaren Gnadenerweis, sondern als verbrieftes Recht.

III.

In der betrieblichen Praxis werden uns heute - unter dem Stichwort Lean Production - statt neuer Effektivität und erneuerter Unternehmenskultur vielfach alte Ideologien und ausgetretene Irrwege serviert:

- statt einer Erneuerung der Unternehmensstrukturen rollt eine neue Welle des Personalabbaues,
- statt neuer Qualität der Hersteller-Zulieferer-Beziehungen wird die Fertigungstiefe drastisch abgebaut und die Zuliefererindustrie preislich geknebelt,
- statt neuer Arbeitskultur und erweiterter Partizipation wird unter Teamarbeit nur ein schneller Rationalisierungseffekt gesucht.

"Die deutschen Unternehmen sind einfach verfettet", sagen zwei Unternehmensberater (Claus Tiby, Artur D. Little).

"Wir müssen Ballast über Bord werfen", fordert das Vorstandsmitglied eines großen Unternehmens. Solche markigen Worte mögen die Honorare von Beratungsfirmen in die Höhe treiben; mit seriösen Vergleichen hat es aber nichts zu tun, wenn japanische Verhältnisse 1:1 als Vorbild genommen werden, sei es der Automationsgrad von FANUC, sei es die Fertigungstiefe von Toyota. Klein wird mit schlank verwechselt, Fremdvergabe zum Dogma erhoben. Dieser Prinzipienreiterei unter dem Deckmantel der Modernisierung muß Einhalt geboten werden - aus Gründen der Wirtschaftlichkeit und der Beschäftigungssicherheit.

Bereits in der Vergangenheit sind Japan-Debatten durch Übertreibungen und Weglassungen geprägt gewesen:
Mal waren es die Löhne und Arbeitszeiten, mal Qualitätszirkel, dann Just-in-Time oder die niedrige Fertigungstiefe, jetzt Kaizen und Lean Production, die Nippons Durchmarsch auf den Weltmärkten erklären sollen.
Das Toyota-Produktionssystem der 70er und 80er Jahre, das Vorbild der Lean Production, erzeugt zunehmend Probleme, die heute in Japan auch erkannt werden. Das gilt zum Beispiel für den Widerspruch zwischen dem Streß eines schlanken Produktionssystems,

- das mit Null-Puffer und Null-Fehler-Konzepten eine hohe Anspannung der Beschäftigten erfordert,
- das mit ständiger Verkürzung der Vorgabezeiten die Arbeitsintensität noch steigert und
- das sozialen Druck zur Überstundenleistung und lükenlosen Anwesenheit einsetzt und gleichzeitig vor dem Problem steht, Fachkräfte für die Produktion zu finden.

Da Toyota und andere japanische Firmen selbst darangehen, ihre Produktionskonzepte zu überarbeiten, könnte sich hierbei ein interessanter deutsch-japanischer Dialog entwickeln. Die IG Metall hat eine Initiative in diese Richtung gemeinsam mit den japanischen Metallgewerkschaften gestartet.
Es ist es notwendig, einer Mystifizierung Japans entgegenzuwirken. Der japanische Erfolg hat Licht- und Schattenseiten. Japan ist gekennzeichnet durch:

- Hochproduktive Industriebranchen und eine rückständige Infrastruktur,
- high-tech und high-org neben alter Ausbeutung.

Typisch sind:

- Kaizen und Karoshi,
- lebenslange Beschäftigung für Stammarbeiter und miserable Bedingungen für Randbelegschaften,
- soziale Verantwortung im Team und Gruppenzwang, der Individualität und Zeitautonomie erdrückt.

Die dunkle Seite Japans wollen wir weder nachahmen noch übernehmen, das Rad der Tarif- und Sozialpolitik nicht zurückdrehen.
In Fragen der Arbeitszeit und des Tarifsystems, der Infrastruktur und Berufsausbildung, sozialstaatlichen Einrichtungen und gewerkschaftlicher Interessenvertretung hat Japan einen großen Nachholbedarf und kann von uns lernen.
Es gibt andererseits positive Verhältnisse in Japan, über die hierzulande viel zu wenig gesprochen wird. In der Studie zum Werkzeugmaschinenbau, die RKW, IG Metall und Verein Deutscher Werkzeugmaschinenfabriken letzte Woche veröffentlicht haben, sind als Beispiele herausgestellt

- die Beseitigung der überlebten Unterscheidung von Arbeitern und Angestellten,
- eine Gehaltshierarchie vom Arbeiter bis zum Vorstandsvorsitzenden, die eher bei einem Verhältnis 1 zu 8 liegt als bei 1 zu 20, wie in Deutschland.

Hier könnten wir in der Tat von Japan lernen.

IV.

Im Zentrum der Diskussion über Lean Production stehen die besten Wege, Verschwendung zu vermeiden. Die Debatte krankt aber an einer bloß einzelwirtschaftlichen Betrachtungsweise: Der Betrieb, das Unternehmen soll effizienter werden. Es ist aber zu kurz gedacht, wenn

- einzelwirtschaftliche Sparsamkeit durch gesamtwirtschaftliche Vergeudung erreicht wird,
- wenn unternehmerische Kostensenkung mit gesellschaftlicher Kostensteigerung erkauft wird.

Es bleibt eine Milchmädchenrechnung, wenn

- der Betrieb Personal abbaut und in der Gesellschaft die Zahl der Arbeitslosen zunimmt,
- wenn die Fertigungstiefe verringert wird und der Steuerzahler die Lagerhaltung auf der Straße finanziert.

Deshalb sind wir der Auffassung: Lean Production oder lean-management muß einerseits von einem Japan kopierenden Rationalisierungsansatz in ein eigenes Leitbild demokratischer und sozialer Unternehmensreform verwandelt werden.

Der einzelwirtschaftliche Ansatz muß andererseits in eine gesamtwirtschaftliche Reformperspektive eingebettet werden. Das gilt für die beschäftigungs- und regionalpolitische Dimension: Effektivere Produktion erfordert weniger Arbeitskräfte. Auch wenn die 50%-These des MIT überzogen ist, zeigen die aktuellen Ankündigungen zum Personalabbau in der Metallindustrie mehr als eine konjunkturelle Abkühlung. Weil wir als IG Metall die Augen vor den beschäftigungspolitischen Folgen höherer Produktivität nicht verschließen können und wollen, halten wir eine Ergänzung durch struktur-, industrie- und arbeitszeitpolitische Strategien für unabdingbar. Es hilft nichts, wenn der geplante Personalabbau lediglich "sozial verträglich gestaltet" werden soll. Arbeitsplatzabbau ist niemals sozial verträglich.

Nicht zuletzt vor diesem Hintergrund ist von größtem Wert, daß die nächste Stufe der Arbeitszeitverkürzung, die 36- und 35-Stunden-Woche in West-Deutschland und erst recht die 39 und 38-Stunden-Woche in Ost-Deutschland auch so realisiert werden wie tarifvertraglich vereinbart. Die Beschäftigungseffekte sind bitter nötig. Auch aus beschäftigungspolitischen Gründen sind Beteiligungs-, Qualifikations- und Erholzeiten - zum Beispiel im Zusammenhang mit der Einführung von Gruppenarbeit - notwendig. Und zwar als Bestandteil der regulären Arbeitszeit.

Genauso wichtig ist die ökologische Dimension: Während Materialwirtschaft und Produktionsprozesse betriebswirtschaftlich optimiert werden sollen, bleiben die Umweltaspekte im Konzept der Lean Production unterbelichtet.

Der Abbau von Verschwendung erfordert dagegen auch die ökologische Umgestaltung von Produktion und Produkten. Ökologische Erneuerung der Industriegesellschaft beginnt im Betrieb. Notwendig ist mehr Raum für Ideen und die Beteiligung der Belegschaften, zum Beispiel im Rahmen von Gruppengesprächen und Verbesserungsvorschlägen, auch zu den Themen Umweltschutz und Stoffkreisläufe, ökologische Gestaltung und Folgewirkungen der Produkte. Dies ist in vielen Fällen auch heute schon ein Weg zur Verbesserung der Wettbewerbsfähigkeit. Wo sich ökologisch vernünftiges Verhalten noch nicht im einzelwirtschaftlichen Kalkül rechnet, muß der Staat endlich die entsprechenden Rahmenbedingungen schaffen.

V.

Die aktuelle Japan-Debatte ist notwendig, weil die japanische Herausforderung in der Tat hart ist, weil Wettbewerbsposition und Arbeitsplätze der europäischen Industrie erhalten werden müssen. Im Konkurrenzkampf der Industrieregionen hilft es nicht, Beruhigungspillen zu verteilen oder Träumen nachzuhängen. Es ist aber genau so perspektivlos, nur mit den Wölfen zu heulen und die Zähne anzufeilen. Es gibt eine Vielzahl von Faktoren, die den Preis und die Qualität des Produkts, das heißt seine Wettbewerbsfähigkeit, beeinflussen.

Die IG Metall plädiert dafür

- nicht die Intensität der Arbeit zu erhöhen, sondern die Effektivität des Produktionsprozesses,
- nicht auf ein Höchstmaß an Technik und ein Minimum an Eigenfertigung zu setzen, sondern auf Kompetenz und Flexibilität der Menschen im Betrieb,
- nicht die Materialpreise durch Auspressen der Zulieferer zu senken, sondern durch gemeinsame Anstrengungen zur Verbesserung von Produktivität und Produktinnovation zu stabilisieren.

Zukunftsträchtig im Sinne eines "Produktionssystems des 21. Jahrhunderts" (so das MIT-Schlagwort) ist nur ein ganzheitlicher Ansatz,

- durch den Verschwendung nicht nur einzelbetrieblich, sondern auch gesamtwirtschaftlich vermieden wird,
- der auf Unternehmensreform und gesellschaftliche Reformen zum Beispiel in der Industrie- und Beschäftigungspolitik, in der Technologie-, Verkehrs- und Energiepolitik - gleichermaßen setzt.

Es gibt hier erhebliche Defizite der politischen Koordinierungs- und Planungsfunktion. Die Apostel des wirtschaftsliberalen Laissez-faire von Bangemann über Haussmann zu Möllemann auf der einen Seite, der nach Rom komplimentierte Chef-Planer im Auswärtigen Amt Konrad Seitz auf der anderen Seite stehen symbolisch hierfür. Dringend notwendig ist dagegen eine Industriepolitik als Verständigung der gesellschaftlichen Gruppen über den Vorrang der strategischen Ansatzpunkte, an denen eine Verknüpfung von Wettbewerbsfähigkeit, ökologischen und sozialen Zielen am ehesten möglich ist. Die Themenliste reicht von A wie Abrüstung über Energieeinsparung und Verkehrstechnik bis Z wie Zuliefererindustrie und ihren Strukturproblemen.

Das gilt für West- und Ostdeutschland. Die Chancen des "letzten Investors" müssen gerade in den neuen Ländern genutzt werden. Wachsende Arbeitslosigkeit und schleppende Investitionen erfordern dringend eine industriepolitische Koordinierung für den Aufbau im Osten. Ob unter dem Druck der Krise und durch das nachhaltige Drängen der IG Metall - beispielsweise im Maschinenbau - in den neuen Bundesländern Ansätze einer industriepolitischen Koordinierung realisiert werden, wird sich zeigen.

VI.

Die Produktions- und Exportrekorde der deutschen Metallindustrie zeigen, daß man hierzulande zwar ernsthaft und nachhaltig, aber auch ohne Hektik und Panik die Organisations- und Unternehmensreformen angehen sollte. Es gibt hervorragende Ansatzpunkte für einen innovativen Wettbewerb:

- mit der ausgezeichneten Industriestruktur, die nicht nur eine produktive Automobilindustrie, sondern auch hochentwickelte Zulieferer, Maschinenbau und Stahlunternehmen umfaßt,
- mit qualifizierten und leistungsbereiten Arbeitnehmerinnen und Arbeitnehmern,
- mit der Forschungs- und Wissenschaftslandschaft, insbesondere mit einem Ausbildungssystem, um das uns viele beneiden,
- mit dem zukunftsträchtigen System von Konfliktregulierung und Kooperationsfähigkeit, das die deutsche Betriebsverfassung, Mitbestimmungspraxis und unser Tarifsystem bieten.

Wenn diese Ressourcen konsequent und verantwortungsvoll genutzt werden, dann wird keine Revolution stattfinden. Eine zukunftsträchtige Verbindung von sozialen und ökologischen Verhältnissen mit höherer Wirtschaftlichkeit im Rahmen einer demokratischen Unternehmensverfassung wäre schon genug und allemal besser für die Menschen.

Norbert Altmann

Japanische Arbeitspolitik - eine Herausforderung?

Ich habe das Vergnügen, über japanische Arbeitspolitik reden zu dürfen und nicht über das Konzept der "schlanken Produktion" reden zu müssen. Ich will damit gleich von Anfang an sagen, daß das für mich zwei Paar Schuhe sind.

Auch wenn man den Schlußfolgerungen der Diskussion um dieses Konzept, nämlich die Arbeitsgestaltung an den Potentialen menschlicher Arbeitskraft zu orientieren, beipflichtet, wie ich es tue, ist es notwendig, sich mit der Ausgangssituation in Japan kritisch auseinanderzusetzen. Es gilt, falsche Vorstellungen von der Arbeitsorganisation in Japan zu vermeiden, um bei eigenen Gestaltungskonzepten und -maßnahmen nicht in Fallen zu tappen.

Mein Beitrag konzentriert sich auf die *Folgen* der japanischen Arbeitspolitik für die Beschäftigten. Ich beziehe mich dabei durchwegs auf die Situation in der direkten Produktions- und Montagearbeit in der Massengüterindustrie, vor allem der Automobil- und Elektroindustrie. Ich stütze mich dabei auch auf eigene Forschungsarbeiten in japanischen Unternehmen in den letzten zehn Jahren, überwiegend zusammen mit meinem Kollegen Masami Nomura (vgl. Tokunaga, Altmann u.a. 1991).

Zwei Punkte fallen in der MIT-Studie (Womack u.a. 1992) über die japanische Automobilindustrie, in der das Schlagwort von der "schlanken Produktion" geprägt wurde, auf:

- Erstens bleibt vieles, was die konkrete Arbeitsorganisation in Japan betrifft, im Dunkeln. So sind zum Beispiel der Gruppenarbeit in der Montage nur wenige Zeilen gewidmet. Konzepte des Managements werden als Realität genommen.
- Zweitens konzentriert sich die Diskussion auf die Produktivitätseffekte. Den Folgen für die Beschäftigten wird kaum nachgegangen: Mit dem Verweis auf die notwendige breitere Nutzung menschlicher Arbeitskraft wird ziemlich abstrakt auch deren quasi automatische qualifikatorische Entfaltung, wie auch die Beteiligung an betrieblichen Entscheidungs- und Gestaltungsprozessen behauptet.

Leider ist es nicht möglich, im Rahmen meiner "Vorgabezeit" der japanischen Arbeits- und Personalpolitik im Detail nachzugehen. Mit Arbeitspolitik meine ich die Gesamtheit der personalpolitischen und technisch-organisatorischen Gestaltungsmaßnahmen innerhalb der Betriebe. Ich werde deshalb, notgedrungen verallgemeinert, ohne lange Beweisführung und manchmal etwas überspitzt, acht Anmerkungen zur Situation auf der Ebene der direkten Produktionsarbeit machen.

1. Als wesentliche arbeitspolitische Merkmale der "schlanken Produktion" gelten Aufgabenintegration, Gruppenarbeit, permanente Verbesserungsaktivitäten. Sie haben in Japan eine fundamental andere inhaltliche und begriffliche Bedeutung als in der deutschen Diskussion, sie werden personalpolitisch anders erreicht und stabilisiert und sie haben andere Folgen für die betroffenen Arbeitskräfte.

Das Thema *Gruppenarbeit* verweist in der deutschen Diskussion auf das Zusammenspiel unterschiedlich und verschieden hoch qualifizierter Gruppenmitglieder (etwa Facharbeiter und Angelernte), auf arbeitsinhaltliche und zeitliche Handlungs- und Dispositionsspielräume, auf den Abbau formaler Hierarchie. Die Gestaltung der technischen Anlagen, der Steuerungssysteme und -programme usw. auf die Gruppenarbeit hin ist zumindest angestrebt (z.B. in Fertigungsinseln), ebenso eine Beteiligung der Interessenvertretung (etwa bei der Besetzung von Montagegruppen). Vieles ist derzeit Konzept, weniges erst betriebliche Realität.

Dieses Konzept von Gruppenarbeit hat mit Gruppenarbeit auf der Ebene von Fertigungs- und Montagearbeit in Japan nichts zu tun. Gruppen in diesen Bereichen sind äußerst formal, bezeichnen Prozeßabschnitte (z.B. Justage oder Bestückung mit ungewöhnlichen Teilen). Handlungs- und Dispositionsspielräume bestehen nicht, wohl aber eine hohe Standardisierung und Taktbindung der Arbeitsaufgaben. Arbeitswechsel erfolgt in der Regel nur innerhalb des Prozeßabschnitts, die Aufgaben sind auf ein weitgehend gleiches, in der Endmontage niedriges Anforderungsniveau hin nivelliert. Die Vorgesetztenpyramide ist keineswegs flach (sie kann einschließlich des Meisters vier oder mehr Stufen umfassen); die Anzahl der Vorgesetzten auf der unteren Ebene ist hoch, damit die Kontrolle sehr dicht. Den Vorgesetzten, vor allen Dingen den Vorarbeitern und Meistern, bleiben hier alle Entscheidungsbefugnisse.

Knappe zahlenmäßige Besetzung ist ein Grundprinzip. Angesichts der Null-Puffer/Null-Fehler-Forderung führt dies zu einem massiven sozialen Druck innerhalb der Gruppe. Wer fehlt, belastet seine Kollegen. Niedrige Abwesenheitszeiten sind dementsprechend auch weniger eine Frage der Arbeitswut oder der Loyalität zum Unternehmen, als dem Druck der Kollegen und Vorgesetzten geschuldet.

Ein ausgefeiltes Personalbeurteilungs- und -bewertungssystem, entscheidend für den Aufstieg und mitentscheidend für die Einkommenshöhe, stellt dabei ein Doppeltes sicher: Orientierung an der Kooperationsleistung der Gruppe bzw. des Prozeßabschnitts einerseits, individuelle Leistungskonkurrenz der Beschäftigten andererseits.

Nur ganz kurz einige Anmerkungen zum *kontinuierlichen Verbesserungsprozeß*: Die Autoren der MIT-Studie sprechen von der "kreativen Spannung", in die die Arbeitskräfte durch den - angesichts der Null-Fehler-/Nullpuffersituation - störanfälligen Produktionsprozeß versetzt werden. Verbesserungsaktivitäten unterliegen aber allein dem Kriterium der Produktivitätssteigerung. Sie bewirken aus dieser Situation heraus sicher eine Stabilisierung des "fragilen" - also von allen personellen und materiellen Sicherheitspolstern entblößten - Arbeitsablaufes, um überhaupt mit den vorgegebenen Zeiten, Mengenleistungen und Qualitätsanforderungen zurechtzukommen. Sie setzen aber nur neue Arbeits- und Leistungsvorgaben, schaffen keine Handlungsspielräume oder Entlastungen.

Das japanische Management selbst sieht die besondere Funktion des Verbesserungswesens in der direkten Produktion vor allem in der Identifikation von Mängeln des Produktionsablaufs durch die Arbeiter, nicht in der Lösung dieser Probleme durch sie - letzteres ist auch in Japan weitgehend Sache von Spezialisten, sobald es über Kleinigkeiten hinausgeht. Zweitens wird von japanischen Managern immer wieder die motivierende Bedeutung der Teilnahme am Verbesserungsprozeß gegenüber tatsächlichen Rationalisierungseffekten betont, die insgesamt eher als begrenzt eingeschätzt werden. Drittens spielt gerade deshalb die Zahl der von den einzelnen Beschäftigten eingebrachten Verbesserungsvorschläge - und hier gibt es zahlenmäßige Vorgaben - eine wesentliche Rolle für die Personalbewertung.

Was ist die Folge? Bei immer knapperer Besetzung rennen immer weniger Arbeitskräfte hinter immer neuen Störungen des immer schlankeren Prozesses her und erreichen immer noch schlankere inhaltliche und zeitliche Vorgaben. Der für sie wichtigste Effekt der Teilnahme am Verbesserungsprozeß besteht neben der Berücksichtigung in der Personalbewertung allerdings in einem Gefühl des Gehört- und Akzeptiertwerdens; sie erfahren in der Tat, daß auf ihre Hinweise reagiert wird - was immer die konkreten Folgen für sie selbst sein mögen.
Beschäftigungsabbau, also Entlassungen aufgrund von Rationalisierungsvorschlägen, gibt es derzeit in Japan angesichts angespannter Arbeitsmärkte kaum, aber natürlich werden Arbeitsplätze rein rechnerisch abgebaut.

2. In der Diskussion um die "schlanke Produktion" ist die Frage der gesellschaftlichen Arbeitsteilung völlig aus dem Blickfeld geraten. Sie äußert sich zunächst in einem "gespaltenen Arbeitsmarkt". Er ist eine zentrale Voraussetzung der betrieblichen Arbeits- und Personalpolitik in Japan.

Gespalten heißt, daß die abhängig Beschäftigten insgesamt nach ihrem Beschäftigungsstatus und damit auch nach ihrem sozialen Status stark unterschieden sind.
Zu den *Stammbelegschaften*, den sogenannten "regulären" Arbeitskräften, rechnet man in der Industrie insgesamt maximal 25 - 30% der Beschäftigten. Es handelt sich um jene, die unmittelbar nach Schulabschluß, aber ohne Berufsausbildung in einem differenzierten Ausleseprozeß von großen und großen mittleren Unternehmen eingestellt werden. Nur ihnen stehen auf Dauer gesicherte Arbeitsplätze, Ausbildungs- und Aufstiegschancen und entsprechende Einkommenssteigerungen offen. Es sind fast ausschließlich Männer.
Zu den *Randbelegschaften* gehören vor allem die weiblichen Arbeitnehmer, auch jene, die zunächst als "Reguläre" eingestellt werden, weil man davon ausgeht, daß sie nach der Heirat oder der Geburt des ersten Kindes, so mit ca. 25 Jahren, aus dem Beschäftigungsverhältnis ausscheiden und erst in einer späteren Phase wieder als Teilzeitarbeitskräfte oder befristete Arbeitskräfte auf dem Arbeitsmarkt auftreten. Neben diesen gehören zu den sogenannten "Peripheren" die Arbeitskräfte von kleinen Sub-Unternehmern, die z.T. aber auch in den Produktionsstätten der großen Betriebe arbeiten. Dazu kommen noch Saisonkräfte, Betriebswechsler und andere. Ihnen stehen die gerade erwähnten Chancen der Kernbelegschaften nicht zur Verfügung. Ihre Löhne sind erheblich niedriger, ihre Arbeitsplatzsicherheit und ihre Arbeitsbedingungen sind spürbar schlechter, und sie werden auch gewerkschaftlich nicht oder doch nur sehr schwach vertreten. Weiterreichende Qualifizierungschancen bestehen für sie kaum.
Diese Randbelegschaften sind die zahlenmäßigen Beschäftigungspuffer der immer schlankeren Produktion. Auch dies hat angesichts einer ungemein angespannten Arbeitsmarktlage in Japan derzeit keine Folgen für die Beschäftigungssicherheit.
(In den Krisensituationen der 70er Jahre zeigte sich allerdings, daß auch in Japan die Unternehmen auf der Grundlage des gespaltenen Arbeitsmarktes die Beschäftigtenzahlen ohne größere Probleme flexibel anpassen konnten. Diese Randbelegschaften, der weit überwiegende Teil aller Beschäftigten also, werden nicht als das "fixe Kapital" behandelt, wie es im Konzept der "schlanken Produktion" nach der MIT-Studie behauptet wird.)

3. Eine hohe "soziale Arbeitsteilung" - so nennt dies sogar das MITI (das japanische Ministerium für internationalen Handel und Industrie) - zeigt sich auch in der "dualen

Wirtschaftsstruktur" Japans, also der Zweiteilung der produzierenden Wirtschaft in die beherrschenden großen Endfertiger einerseits und die gestufte Pyramide der Zulieferer und Unterauftragnehmer andererseits.

Im Konzept der "schlanken Produktion" gelten die japanischen Formen der *Zulieferbeziehungen* als zentrale Bedingungen der Produktivitätssteigerung. Nach diesem Konzept sind die Zulieferbeziehungen von den Prinzipien der Koordination, Kooperation und "Partnerschaft" geprägt. Die Arbeits- und Personalpolitik der meisten Zulieferbetriebe ist aber fraglos durch die Abhängigkeit von den Abnehmerbetrieben in höchstem Maße eingeschränkt - was ich hier nicht ausführen kann. Kuniyasu Sakai, Unternehmer und Herr über eine Gruppe mittlerer und kleinerer Zuliefererbetriebe und ein Mann, der es wissen sollte, schreibt: "Von dem Tag an, von dem ein Zulieferer seinen ersten Vertrag akzeptiert, hat er seine Freiheit verloren." (Harvard Business Review, Nov./Dez. 1990: 38 ff.).

Die Organisation des japanischen Zulieferwesens ist durch gemeinsame und simultane Produkt- und Prozeßentwicklung, durch Transfer von Know how und Personal, durch JiT-Logistik usw. sicher effektiv. Was aber sind die Folgen für die Beschäftigten?

In der Automobilindustrie befinden sich rund 400 Zulieferunternehmen auf der ersten, direkten Zulieferstufe für die 11 Automobilhersteller. Bereits hier lagen in den letzten Jahren die durchschnittlichen Arbeitszeiten um 10% höher als in den Endmontagebetrieben (ca. 2.200 gegenüber 2.000 Stunden pro Jahr); die direkten Lohnkosten pro Stunde sind um 10 - 20% niedriger. Auf der nächsten Zulieferstufe, man rechnet hier mit ca. 5.000 Betrieben, verschärft sich dies, bis hinab zu den rund 40.000 kleinen Zulieferbetrieben mit offiziellen Arbeitszeiten bis 2.500 Stunden pro Jahr, d.h. bis zu 25% mehr als bei den Endabnehmern, und mit direkten Lohnkosten bei etwa 40% bis 50% derjenigen der Endabnehmerunternehmen. Die Beschäftigten dieser Zulieferbetriebe haben, auch wenn sie fest angestellt sind oder als Teilzeitarbeiterinnen auf Dauer und mit langen täglichen Arbeitszeiten beschäftigt werden, insgesamt eher den Status jener vorher erwähnten Randbelegschaften.

Die "schlanke" Produktionsweise baut eben nicht nur auf einem ausgefeilten System von Koordination und Organisation der Wertschöpfungskette auf, sondern auch auf langen Arbeitszeiten, niedrigen Löhnen und schlechten Arbeitsbedingungen.

Selbst wenn es also zuträfe, daß Arbeitszeit und Lohndifferenzen angesichts von Kapitalintensität und Lohnquoten keine entscheidende Rolle für den Produktivitätsvorsprung Japans spielen, sind die Konsequenzen für die betroffenen Arbeitskräfte doch unübersehbar. Mögen lange Arbeitszeiten auch keine Vorbedingung für eine effiziente Arbeitsorganisation sein - in Japan sind sie für fast alle Beschäftigten die Folge.

4. Eine arbeitsteilige Organisation prägt schließlich auch die Qualifikation der Beschäftigten und die Qualifizierungsprozesse in japanischen Betrieben, speziell auf der Ebene der unmittelbaren Produktions- und Montagearbeit.

Hier bedeutet Qualifizierung in erster Linie *Anlernung am Arbeitsplatz*; sie ist nicht an einer breiten Grundausbildung im Sinne unserer beruflichen Ausbildung orientiert, sondern an der Anpassung an den jeweils aktuellen und spezifischen betrieblichen Bedarf. Walter Georg hat einmal formuliert, daß im japanischen Beschäftigungssystem Qualifikation einen "unternehmensbezogenen Gebrauchswert" hat, aber keinen "arbeitsmarktbezogenen Tauschwert" (Georg 1990: 44). Die qualifikatorischen Entfaltungschancen hängen also in hohem Maße allein von innerbetrieblichen Formen der Arbeitsorganisation ab und vom Verbleib im (großen) Unternehmen.

Zugang zu *weiterführenden Qualifizierungsmaßnahmen* der Unternehmen ist im allgemeinen abhängig von der Zugehörigkeit zur männlichen Stammbelegschaft und von der gezielten Auswahl durch die Vorgesetzten. Eigeninitiierte Qualifizierungsaktivitäten gehen in die Personalbewertung, nicht aber in die Regelung des Arbeitseinsatzes ein.

Die im Konzept der "schlanken Produktion" gerühmte "Polyvalenz", also die vielfältige Qualifikation als Basis eines flexiblen Arbeitseinsatzes, ist dabei eher als Beherrschung von Arbeitsaufgaben auf einer gleichen Anforderungsebene zu verstehen. Dabei muß man noch folgendes sehen:

Qualifizierung spielt sich generell auf dem Hintergrund einer *Arbeitsplatz- und Prozeßgestaltung* ab, die dem Prinzip folgt, daß die *einfachste Auslegung eines Arbeitsplatzes oder -prozesses* die beste ist ("simple is best") und daß bis zur nächsten Veränderung durch "Verbesserungsvorschläge" alle Aufgaben soweit standardisiert sind wie nur möglich. Dies gilt zum Beispiel auch für die vielzitierte Mehrmaschinenbedienung oder die U-Linien-Organisation: Sie ermöglichen neben der Verdichtung des Leistungsabrufs erhebliche quantitative Elastizitätseffekte für den Betrieb, aber sie bedeutet keine Höherqualifizierung der Beschäftigten.

Die Ausbildung am Arbeitsplatz hat darüber hinaus einen ganzen Kranz von *Voraussetzungen*, die hierzulande so nicht gegeben sind: Dazu gehört, um nur ein Beispiel zu nennen, die ausdrückliche Einbeziehung der Ausbildungsaktivitäten in die Arbeitsaufgabe von erfahrenen Arbeitskräften, womit also für diese keine "Zusatz"-Belastungen bei der Leistungserbringung entstehen, und ein dazu passendes Lohnsystem. Diese Form der Qualifizierung geht sicher über die bloße Unterweisung Angelernter hinaus, erreicht aber bei weitem nicht die Qualifikationsebene von Facharbeitern nach dem deutschen Ausbildungssystem.

In den *kleinen* Unternehmen ist qualifizierte Arbeit vielfach auf wenige Personen, oft auf mitarbeitende Eigentümer-Unternehmer, konzentriert. Gesonderte Ausbildungsmaßnahmen dieser Betriebe sind unter Zeitdruck und mangels qualifizierten Personals wie auch weitgehend fehlender staatlicher Berufsausbildungs-Maßnahmen kaum möglich. Unterstützung durch Qualifizierungsmaßnahmen der Abnehmerunternehmen gibt es nur für die obersten Zulieferstufen, und soweit sie erfolgt, ist sie sehr spezifisch vom aktuellen Bedarf gesteuert.

Eine wesentliche Voraussetzung, daß dieses System insgesamt funktioniert, ist die allgemeine, nicht berufsorientierte zwölfjährige Schulbildung, die 90% der derzeitigen Schulabgänger durchlaufen - obwohl sich auch zu dieser Schulausbildung manches einschränkende Wort sagen ließe.

Auf eine entscheidende organisatorische Stoßrichtung der japanischen Arbeitspolitik sei in diesem Zusammenhang allerdings hingewiesen: Es ist nicht primär die vielzitierte Integration von Arbeitsaufgaben oder die Breite der Qualifikation, die bei einer durchaus bestehenden hohen innerbetrieblichen Arbeitsteilung den Prozeßablauf sichert. Es ist vielmehr die *Zusammenarbeit über die Schnittstellen von Funktionen, Qualifikationsstufen und hierarchische Ebenen hinweg*. Es ist der permanente Kontakt von "Ingenieuren" (auch dieser Begriff entspricht nicht dem deutschen) und Technikern mit der Produktionsebene, deren Bereitschaft, sich "die Finger schmutzig zu machen", und es ist die Existenz des vielstufigen Geflechts von mittleren und unteren Vorgesetzten und Spezialisten, die zuhören können und rasch reagieren, was den Prozeßablauf sichert. *Spezialisierung bedeutet hier also keine Abschottung!* Auf diese Kooperationsbereitschaft richten sich zahlreiche Momente von Qualifizierungs- und kulturell geprägten Sozialisierungsmaßnahmen, und nicht zuletzt schlägt sich diese Bereitschaft - oder auch Kooperationsdruck - in der Personalbewertung für die Betroffenen sehr konkret nieder.

5. Nach dem bislang zum gespaltenen Arbeitsmarkt, der dualen Wirtschaftsstruktur und zur Qualifizierung Gesagten läßt sich die Annahme nicht vermeiden, daß das japanische "Human-Resource-Management", also das Management zur Entfaltung und Nutzung des menschlichen Arbeitsvermögens, einzelwirtschaftlich nur für einen Teil der Unternehmen und Beschäftigten effektiv ist und gesamtgesellschaftlich begrenzt und suboptimal.

- Weibliche Arbeitskräfte fallen fast vollständig aus der Qualifizierung und Personalentwicklung heraus: Das heißt, ca. 30% der Beschäftigten in der produzierenden Industrie werden nur in ihren Basisqualifikationen genutzt. Dies ändert sich derzeit erst ganz langsam angesichts der Arbeitskräfteknappheit.
- Die Randbelegschaft insgesamt hat kaum Chancen, in Personalentwicklungsmaßnahmen einbezogen und entsprechend eingesetzt zu werden.
- Arbeitstempo, überlange Arbeitszeiten, zumindest in kleineren Betrieben vielfach schlechte Arbeitsbedingungen führen zur Vernutzung von Arbeitskräften, die diese Belastungen auf Dauer nicht durchstehen. Daß ein "Verband zur Vertretung der Hinterbliebenen von Todesopfern durch Überarbeitung" (Karoshi) gegründet werden konnte (was sich bislang allerdings weniger auf Produktionsarbeiter bezieht), besagt zahlenmäßig zwar gar nichts, aber daß diese Tatsache in der japanischen Öffentlichkeit heiß diskutiert wird, besagt etwas über die Bedeutung des Themas.

In der Produktivitätsperspektive der "schlanken Produktion" gehen nicht nur die individuellen Folgen für die Beschäftigten, sondern trotz der bisherigen wirtschaftlichen Erfolge Japans auch gesamtgesellschaftliche Rationalitäten verloren.

6. In der breiten und wichtigen Debatte um die Arbeitsorganisation, die durch die MIT-Studie in der Bundesrepublik in Gang kam, wird weitgehend übersehen, daß Technisierung, Automatisierung und zwischenbetriebliche Vernetzung mit Hilfe von Informations- und Kommunikationstechnologien zentrale Zielpunkte japanischer Rationalisierungsstrategien bleiben.

Nicht nur wird verdrängt, daß auch die MIT-Studie der Automatisierung und der fertigungs- und montagegerechten Produktgestaltung erhebliche Produktivitätseffekte zumißt (wie auch andere Studien, z.B. die der Boston Consulting Group). Es wird auch übersehen, daß - bezogen auf die USA und Europa - nicht Technik und Automatisierung als solche kritisiert werden, sondern die ihnen nicht adäquate Arbeitsorganisation. Es geht in dieser Studie nicht um die Gestaltung der Technik, sondern um die Leistung des Menschen als Problemlöser für eine gegebene Technik.

Die Autoren der MIT-Studie kommen in ihrem Sinne folgerichtig auch zu dem Schluß, daß - zum Beispiel in der Endmontage - mehr und mehr automatisiert

werden wird und letztendlich nur noch - wohlgemerkt: nur noch - die hochqualifizierten Problemlöser übrigbleiben.
Produktivität und Flexibilität werden - so möchte ich betont provokativ sagen - tendenziell in der Technisierung und Automatisierung gesucht; die Mobilisierung des Arbeitsvermögens eines Teils - aber eines wie großen Teils? - der Beschäftigten ist dabei nötig, um die Friktionen dieser Automatisierung zu bewältigen. Die Entfaltung und qualifikatorische Entwicklung der breiten Mehrheit der Beschäftigten ist indes nicht die primäre Stoßrichtung japanischer Arbeitspolitik.
7. Beteiligung der Interessenvertretung der Arbeitnehmer an der technisch-organisatorischen Gestaltung der Arbeit findet in Japan nicht statt; sie ist - zumindest bislang - außerhalb der Stoßrichtungen und Aktivitäten japanischer Gewerkschaften, und dies ist eine grundlegende Bedingung der japanischen Arbeitspolitik.
Ein paar Stichworte nur zur Situation: Japanische Gewerkschaften sind Betriebsgewerkschaften. Derzeit gibt es mehr als 70.000 davon. Mitglieder sind in der Regel nur die "regulären" Stammbeschäftigten, die Randbelegschaften werden nur ansatzweise organisiert und vertreten. Mittlere Betriebe haben häufig, kleine Betriebe weitgehend keine Interessenvertretung.
Die einzelnen Betriebsgewerkschaften sind institutionell und personell autonom und tariffähig. Die Dachverbände spielen für die Betriebsgewerkschaften nur eine sehr untergeordnete Rolle.
Ich muß es bei diesen überkurzen Hinweisen belassen. Zentral ist, wie gesagt: Einflußnahme auf technisch-organisatorische Gestaltung, gar die Entwicklung von eigenständigen Konzepten menschengerechter Arbeit fehlten bislang fast vollständig. Die in den 80er Jahren von den Dachverbänden entwickelten "Richtlinien zur Rationalisierungspolitik" waren alle auf den Schutz vor möglichen Folgen gerichtet, nicht im entferntesten auf Mitgestaltung. (Die Richtlinien sind, wenn überhaupt, nur äußerst begrenzt in den Betrieben umgesetzt worden.)
Erst in jüngster Zeit entwickelt sich - unter dem Druck der Arbeitsintensivierung, sinkender Unternehmensprofite und der Handelskonflikte - insbesondere in der japanischen Automobilarbeitergewerkschaft (dem Branchenverband der einzelnen Unternehmensgewerkschaften) eine massive Kritik an den Arbeitsbedingungen und darüber hinaus eine neue Konzeption, die ökologische und produktbezogene Fragen aufgreift, die problematischen Beziehungen zwischen Abnehmer- und Zulieferbetrieben ins Blickfeld rückt, und nicht zuletzt die Frage der Arbeitszeitverkürzung angeht. Alles bewegt sich noch im Bereich von Forderungen, nicht etwa konkreter Gestaltungsvorschläge. Möglicherweise bahnt sich aber, wenn auch sehr langsam und zögernd, ein Umdenken bei den Gewerkschaften an, das es in mittlerer Frist nicht mehr möglich macht, japanische Rationalisierungsstrategien in den großen Industrien ganz ohne Berücksichtigung der Interessenvertretung der Beschäftigten zu betrachten, wie es - durchaus zu Recht - in der Diskussion um die "schlanke Produktion" derzeit noch der Fall ist.
Der in der Japandiskussion verwendete Begriff der "Beteiligung" hat demnach bislang einen anderen Bedeutungsgehalt als in der deutschen Diskussion. Er darf ganz sicher nicht in Zusammenhang mit der Interessenvertretung gebracht werden, aber - nach allem vorher Gesagten - auch nicht mit der Beteiligung der Arbeitnehmer im direkten Produktionsprozeß zur Sicherung ihrer individuellen und kollektiven Interessen.

Beteiligung meint in der japanischen Arbeitspolitik etwas anderes: *Einbeziehung in weitgehend vorentschiedene Beratungsprozesse zur Sicherung von Akzeptanz.* Kleingruppenaktivitäten, Qualitätszirkel, verschiedene Motivationstechniken, die schon erwähnte Zusammenarbeit über funktionale und hierarchische Grenzen hinweg u.a. schaffen Akzeptanz, Konsens und Motivierung - ohne die Gestaltung von Technik und Organisation grundsätzlich zur Debatte zu stellen und Mitspracherechte zu gewähren. Es gibt keine Konzepte zu einer "sozialverträglichen" Arbeitsgestaltung. Die vorgegebenen Rationalisierungsformen werden von den Beschäftigten als "natürlich" betrachtet. Daß sich dies alles bislang angesichts des hohen Wirtschaftswachstums auf dem Hintergrund einer hohen Beschäftigungssicherheit abspielt, darf dabei allerdings nicht vergessen werden.

8. Das von der MIT-Studie präsentierte Konzept wird von japanischen Managern und Wissenschaftlern - wenn es überhaupt wahrgenommen wird, was eher die Ausnahme ist - eher reserviert als ein Idealbild betrachtet, das bestenfalls einige wesentliche Züge japanischer Rationalisierungsstrategien hervorhebt. Gerade mit diesen zentralen Merkmalen verbinden sich gegenwärtig in Japan allerdings erhebliche Probleme. Entscheidend ist, daß dabei nicht nur betriebliche Probleme sichtbar werden, sondern solche, die Wirtschaft und Gesellschaft als Ganzes betreffen.

Worum geht es, vor allem auch hinsichtlich der Folgen für die Beschäftigten?

(a) Der Druck auf die Einhaltung der täglichen Produktionsziele bei knapper Besetzung verschärft die *Arbeitszeitprobleme*: Lange Arbeitszeiten werden von den Beschäftigten immer stärker abgelehnt. Die Unternehmen geraten in die Zwickmühle zwischen unattraktiver Arbeit durch lange Arbeitszeiten einerseits, wobei der dadurch bedingte Personalmangel es andererseits wiederum notwendig macht, die Arbeitszeit auszudehnen. (Daß die Zahl der Überstunden derzeit den offiziellen Statistiken nach sinkt, liegt daran, daß viele Unternehmen ihren Beschäftigten verbieten, Überstunden über eine bestimmte Anzahl hinaus aufzuschreiben - obwohl sie natürlich gemacht werden. Im übrigen steigt hierdurch der Druck auf weitere Rationalisierung durch Automatisierung.) Die Regierung drängt nachhaltig auf Arbeitszeitverkürzung, in Einklang mit Arbeitgebern und Gewerkschaften. Die Einlösung bleibt abzuwarten.

(b) Die vielfach genannten problematischen Arbeitsbedingungen machen es der produzierenden Industrie immer schwerer, Arbeitskräfte am *Arbeitsmarkt* zu beschaffen. Die jüngeren und besser ausgebildeten Arbeitskräfte - auch die Ingenieure - streben in die Verwaltungs- und Dienstleistungsbereiche. Schmutzige, gefährliche und schwere Arbeiten werden nicht mehr akzeptiert. Die Automobilindustrie hat dabei auf dem Arbeitsmarkt einen besonders schlechten Ruf. Aber ganz generell stehen japanische Unternehmen unter dem Druck, attraktive Arbeitsplätze bieten zu müssen. Mehr Platz, ja Puffer in der Produktion und in der Zulieferkette und selbst der Abbau überzogener Qualitätsstandards werden derzeit diskutiert. - Darüber hinaus muß sich das bislang geschlossene Gesellschaftssystem zunehmend für wenig qualifizierte und anspruchslose Gastarbeiter öffnen - mit bislang nicht absehbaren Folgen für eine weitere Polarisierung von Stamm- und Randbelegschaften und für die Arbeitsorganisation.

(c) Mit der Ausbreitung des *JiT-Systems* über die Autoindustrie hinaus, zum Beispiel ansatzweise auf den Handel, droht der Verkehrsinfrastruktur der endgültige Infarkt. Die *ökologischen Probleme* durch die Zentralisierung der Industrie in Bal-

lungsräumen und durch den Verkehr werden zunehmend erkannt. Das MITI drängt dementsprechend auf Reduzierung auch des JiT-Systems.
(d) Die kurzen *Produkt- bzw. Modellzyklen*, mitentscheidend für die Wettbewerbsstärke auf den Absatzmärkten, lassen sich von den Zulieferern angesichts des Fehlens von qualifiziertem Personal und steigender Anforderungen an die maschinelle Ausstattung kaum mehr bewerkstelligen. Das MITI wendet sich darüber hinaus neuerdings gegen die mit den kurzen Modellzyklen verbundene "Verschwendung nationaler und menschlicher Ressourcen".

+ + +

Abschließend ein kurzes Resümee: Die japanische Arbeitspolitik bleibt gleichwohl eine Herausforderung im doppelten Sinne: Zum einen geht es darum, die "Idealfigur" der "schlanken Produktion" darauf abzuklopfen, welche neuen und effektiven Formen der Arbeitsorganisation unter unseren betrieblichen und gesellschaftlichen Verhältnissen entwickelt und durchgesetzt werden können; das war nicht der Gegenstand meines Referates. Zum anderen gilt es, die Rahmenbedingungen und die Realität der arbeitspolitischen Maßnahmen in Japan sehr differenziert zu untersuchen, um nicht in Fallen von Rationalisierungsstrategien zu tappen, die negative Folgen für die Beschäftigten und die Gesellschaft insgesamt haben - durchaus aber auch für viele (kleinere) Unternehmen.
Die japanische Arbeitspolitik ist nicht so menschenzentriert wie viele es wahrhaben wollen. Deshalb habe ich versucht, den Akzent der Debatte von den Effekten für die Produktivität auf die Folgen für die Arbeitskräfte zu legen.
Es ist nicht meine Aufgabe, gewerkschaftliche Schlußfolgerungen zu ziehen. Erlauben Sie mir aber fünf zusammenfassende Bemerkungen, die in diese Richtung zielen:
(a) Die Arbeitsorganisation in Japan ist nicht primär an der vollen Entfaltung menschlichen Arbeitsvermögens orientiert; sie folgt nur bewußter und konsequenter dem Prinzip, Friktionen der Technisierung und Automatisierung durch eine möglichst umfassende Nutzung von Arbeitskraft zu bewältigen ("Rundumnutzung" hat Christoph Deutschmann das genannt). Es geht um Leistungspolitik! Qualifizierung und Personalentwicklung sind dabei - neben der sozialen Einbindung - am betriebsspezifischen und aktuellen Bedarf orientiert; sie bleiben in gesamtgesellschaftlicher Perspektive defizitär und sie werden auch einzelwirtschaftlich problematisch. Der Gedanke, die Gestaltung von Technik und Organisation im Zusammenhang von Wirtschaftlichkeit und Humanisierung zu problematisieren, spielt kaum eine Rolle.
(b) Anregung aus den arbeits- und personalpolitischen Maßnahmen in Japan kann durchaus gefunden werden; aber es ist zu prüfen, welche Zusammenhänge man damit ein-kauft. Gruppenarbeit, bestimmte Lohnsysteme, hohe Führungsdichte, Personalbewertung, fehlende Beteiligung der Interessenvertretung hängen, um das Beispiel zu wiederholen, in Japan engstens zusammen. Die Übernahme nur einzelner Elemente in das System unserer Personalpolitik kann nachteilige Folgen haben oder auch vergleichsweise wirkungslos bleiben, wenn auf die Interessen der Beschäftigten bezogene Gestaltungskonzepte ihrerseits nicht als Zusammenhang entwickelt werden - um das Wort "ganzheitlich" zu vermeiden.

Verwunderlich ist weiterhin, daß viele ebenfalls wichtige Anregungen aus der japanischen Arbeitspolitik in der Bundesrepublik nur sehr zögerlich im direkten Zusammenhang mit der "schlanken Produktion" diskutiert werden: etwa der einheitliche Status von Angestellten und Arbeitern, oder die geringe Entgeltdifferenzierung in der Hierarchie, oder die hohe Bedeutung der allgemeinen höheren Schulbildung für die Arbeitspolitik.

(c) Die Arbeitsorganisation beruht insgesamt auf der hier völlig unterschätzten Spaltung des Arbeitsmarktes und auf der "dualen Wirtschaftsstruktur". Damit verbindet sich auch eine auf Einzelbetriebe zersplitterte und auch innerbetrieblich nur auf Teilbelegschaften ausgerichtete Interessenvertretung. Das Gefälle der Arbeitsstandards in der Wertschöpfungskette ist für die japanische Produktionsweise systematisch notwendig. Die Sicherung allgemeiner und weitgehend gleicher Arbeitsstandards war dagegen zumindest bislang eine zentrale Legitimationsgrundlage der Gewerkschaftspolitik in Deutschland.

(d) Arbeitseinsatz und Nutzung von Arbeitskraft sind in Japan in weiten Bereichen von Intensivierung der Arbeit und Extensivierung der Arbeitszeit geprägt. Sie sind, wenn nicht Voraussetzungen, dann zumindest schwer vermeidbare Folgen der japanischen Produktionsweise und Arbeitspolitik. Bei allen Formen der Übernahme dürfen deshalb neben den Gestaltungsüberlegungen auch herkömmliche Rationalisierungsschutzmaßnahmen nicht außer acht gelassen werden.

(e) Nimmt man Anstöße der japanischen Arbeitspolitik auf, so könnte man - vielleicht etwas überspitzt - sagen: *Der Fundus an Erkenntnissen zur Gestaltung von Technik und Organisation, der in den letzten 15 Jahren experimentell, in Pilotprojekten oder in einzelnen schon funktionierenden betrieblichen Maßnahmen in der Bundesrepublik aufgebaut worden ist, bietet eine gute Grundlage für die Gestaltung einer effektiven und humanen Arbeit. Es gibt bessere, auf unsere betrieblichen Bedingungen bezogene Konzepte, als sie die japanische Arbeitspolitik bietet; sie sind allerdings noch nicht umfassend entwickelt, nicht durchgesetzt und umgesetzt.*

Sollte es mir gelungen sein, dazu anzustiften, die "schlanke Produktion" nicht allzu schlank zu diskutieren, dann habe ich meine Absicht erreicht.

Im Text aufgegriffene Literatur:

The Boston Consulting Group Ltd.: "The Competitive Challenge Facing the EC-Automative Components Industry, prepared for the Commission of the European Community", Bruxelles, 1991.

Georg, Walter: "Berufliche Bildung und Qualifikation in Japan. Einschätzungen und Perspektiven aus deutscher Sicht". In: *Christian Deubner* u.a. (Hg.): "Modell Japan?" Frankfurt/New York 1990.

Handelsblatt, 41/1992.

Jürgens, Ulrich: "Lean Production in Japan: Mythos und Realität". In: IAT/IGM/IAO/HBS (Hrsg.): Lean Production, Düsseldorf 1992, S. 25-33.

Nomura, Masami: "Beziehungen zwischen den Unternehmensgewerkschaften eines Automobilherstellers und seiner Teilezulieferer". In: *Norbert Altmann; Dieter Sauer*: "Systemische Rationalisierung und Zulieferindustrie", Frankfurt/New York 1989, S. 299-334.

Sakai, Kuniyasu: "The Feudal World of Japanese Manufacturing". In: Harvard Business Review, November-December 1990, pp. 38-49.

Tokunaga, Shigeyoshi/Altmann, Norbert/Nomura, Masami/Hiramoto, Atsushi: "Japanisches Personalmanagement - ein anderer Weg?" (Montagerationalisierung in der Elektroindustrie III), Frankfurt/New York 1991.

Womack, James P./Jones, Daniel T./Roos, Daniel: "Die zweite Revolution in der Autoindustrie". Frankfurt/New York 1992 (2. Aufl.).

Dietrich Zeyfang, Werksleiter Mercedes Benz, Bremen:
Ich muß zu dem, was Herr Steinkühler aus unserem Haus zitiert hat, dazusagen, zumal ich seinerzeit sehr gerne an diesem Papier mitgearbeitet habe: Den Satz "Wir müssen die Revolution wagen" haben unsere Mitarbeiter erarbeitet als *Aufforderung* an uns Vorgesetzte und an den Vorstand. Voraussetzung war dafür, daß wir unsere Art der Gruppenarbeit und unsere Vorstellungen zur Fortsetzung der Humanisierung des Arbeitslebens nur dadurch begründen können, daß wir mehr Verantwortung an den Ort der Wertschöpfung delegieren und weniger Verantwortung nach oben zurückdelegieren. Es mag sein, daß andere Unternehmen und andere Organisationen so was evolutionär schaffen können; wir haben den Eindruck, daß nicht nur wir, sondern auch andere hier revolutionär vorgehen müssen.

Hans-Erich Müller, HBS:
Herr Altmann, Sie haben gesagt, in Japan gibt es bestimmte Produktionsmethoden, einen gespaltenen Arbeitsmarkt usw. und vor allem eine bestimmte *japanische Kultur*. Die These der MIT-Studie war aber gerade: Es geht nicht um einen Kulturansatz, sondern wir haben ein Strukturprinzip entdeckt, was eine neue Revolution einleitet, die *überall* stattfinden kann und stattfinden wird. Beweisen nun die Transplants, die japanischen Fabriken in Europa und USA, die Übertragbarkeit von Lean Production?

Dieter Riemann, BRV VW Mosel/Zwickau:
Wir stehen bei VW in Mosel an einer Stelle, wo man das, was Prof. Altmann berichtet hat, praktizieren will - und das ganz speziell, was die Möglichkeiten der Interessenvertretungen angeht. Ich nenne nur ein Beispiel: die Supervisoren oder Gruppenleiter, die die Aufgabenvielfalt der arbeitsorganisatorischen Abläufe zu übernehmen haben, werden einzig und allein vom Unternehmen ausgewählt und eingesetzt. Ob sie Akzeptanz haben oder nicht, spielt keine Rolle.
Das hat als zusätzlichen Hintergrund, daß es in diesem Land eine Vergangenheit gibt. Leute aus den ehemaligen "Leitungskollektiven" werden bei VW einkauft und einsetzt. Das ruft natürlich den Widerstand der Belegschaft hervor, weil sie ihre alten Leitungsorgane kennt.
Unser Ansatz, demokratischere Abläufe im Betrieb zu bekommen, wird mit solch einer Politik von VW schwieriger gemacht.

Rudolf Berger, ACEA, Brüssel:
Die Analyse von Herrn Altmann ist hilfreich, aber sie darf auch nicht fehlleiten. Es ist nicht nachzuweisen, daß bestimmte oder alle Elemente des japanischen Systems nicht übertragbar sind, sondern es bleibt nachzuweisen, wie wir mit der japanischen Konkurrenz fertig werden, weil wir davon ausgehen müssen, daß das japanische System global gesehen kein Fehlschlag sein wird.

Norbert Altmann, ISF München:
Herr Müller, Sie haben offenbar mein Referat äußerst sensibel mitgehört, denn in der Tat hatte ich in meinem ursprünglichen Entwurf eine 9. These darin, die sich

mit den Transplants befaßte und diese These hätte gelautet: Die Transplants sind der Beweis dafür, daß diese Übertragung, so wie es die Japaner machen, nicht geht. Die Voraussetzungen, unter denen diese Transplants insbesondere in den Vereinigten Staaten geschaffen worden sind und die Art, wie sie laufen, sind auf keinen Fall eine generell übertragbare Form von Arbeitspolitik und Arbeitsorganisation.
Um besser reagieren zu können, muß man erst die Realitäten kennen. Man kann ganz bestimmt sagen, daß z.B. Gruppenarbeit oder Simultaneous Engineering entscheidende Ansatzpunkte sind, die wir hier in dem Maße noch nicht realisiert haben, aber genau dieses kann man nur auf dem Hintergrund von Realitäten in Japan beurteilen und für hier neue Entwicklungen aufgreifen und neu konturieren.

Franz Steinkühler:
Revolutionen, Herr Zeyfang, finden nach allen historischen Erfahrungen immer nur dann statt, wenn die einen nicht mehr können und die anderen nicht mehr wollen. Ich hoffe, in der Lage wird Daimler nie sein, und deswegen hoffe ich auch, daß bei Daimler keine Revolution stattfindet. Allerdings muß sich einiges verändern, aber es darf nicht nur dem Kunden nutzen, es darf nicht nur die Zeit verkürzen, es darf nicht nur die Kosten senken, es muß auch dem Arbeitnehmer nutzen. Das steht in dieser These leider nicht drin.
Der Kollege Riemann hat geschildert, was bei VW in Mosel los ist. Ich will ich nicht im Detail darauf eingehen, aber wenn die Führung Akzeptanzprobleme verursacht, dann entstehen durch die Reibungsverluste in der Regel mehr Kosten als man durch kurzfristige Verbesserungen der Arbeitsabläufe wieder reinholen kann. Was in Japan praktiziert wird oder was man jeweils mehr oder weniger einäugig in Japan als Praxis erkennt, ist ganz klar nicht voll übertragbar. Man muß jeweils den historischen Hintergrund sehen, der sich in Japan eben in 1000 Jahren anders entwickelt hat als in der Bundesrepublik. Ford hat ja sein Fließbandsystem auch nicht ohne historischen Hintergrund erfunden. Damals hat er eine Autoproduktion mit einer schlecht ausgebildeten Arbeiterschaft, die im Grunde Landarbeiter waren, angefangen - ohne Alternative zu seiner Methode, bei den größeren Zusammenhängen Arbeitsaufgaben in lauter kleine Teile zu zerhacken. Daraus wurde dann geradezu eine Ideologie, die in Deutschland heute noch gilt.
Die Bundesrepublik hat heute die formal best ausgebildetsten Arbeitnehmer der Nachkriegsgeschichte - Schulbildung und Berufsausbildung. Ich sehe schlicht eine Verschwendung darin, heute noch in arbeitsteiliger Fertigungsweise mit- und eingebrachtes Wissen zum großen Teil wieder verkümmern zu lassen. Und die Unternehmer müssen akzeptieren, daß Arbeitnehmer und Arbeitnehmerinnen mit heute 40 Jahre Demokratieerfahrung, die wirklich *außerhalb* der Fabrik Demokratie gewohnt sind, es auf Dauer nicht hinnehmen werden, daß sie *innerhalb* der Fabrik, in ihrer Existenzmitte, in vielen Fällen immer noch behandelt werden wie unmündige Kinder und über wichtige Teile, die ihr Leben bestimmen, nicht mitentscheiden können. Da sollten wir nicht warten, bis die einen nicht mehr können und die anderen nicht mehr wollen; wir sollten nach Möglichkeit versuchen, das in dem Prozeß, den wir angeboten haben, für beide Seiten in erträglicher und verträglicher Weise zu gestalten.

II.Teil

Forum Automobilindustrie

Horst Neumann, Wirtschaftsabteilung Vorstandsverwaltung IG Metall
Einleitung

1. Reorganisation der Lean Production in Japan

Peter Unterweger, Leiter Automobilabteilung des IMB, Genf
Toyota und die Weltautomobilindustrie: Bleibt alles beim Alten?

Prof. Dr. Masami Nomura, Okayama Universität
Abschied vom Toyotismus bei Toyota?

2. Was können Japan und Deutschland/Europa von einander lernen?
Podiumsdiskussion mit
Wilfried Kuckelhorn, GBR-Vorsitzender Ford
Masami Nomura, Okayama Universität
Bernd Pischetsrieder, Vorstandsmitglied BMW
Peter Unterweger, Leiter der Automobilabteilung des IMB, Genf
Karel Williams, University of Wales

Moderation: Marion von Haaren, WDR

3. Fallbeispiele: Lean Production in der deutschen Automobil- und Zulieferindustrie

Fall 1: Volkswagen AG
Gerd G. Heuß, Sprecher der Geschäftsführung, VW Sachsen
Lean Production - Fallbeispiel VW Sachsen GmbH

Dietmar Schopf, BR VW Wolfsburg;
GBR Volkswagen AG, Vorsitzender des Planungsausschusses
Automobilproduktion bei Volkswagen
- Die Herausforderung der schlanken Produktionsweise

Fall 2: Mercedes Benz AG
Dr. Dietrich Zeyfang, Werksleiter Mercedes Benz Bremen
Kurzreferat
Kurt Krause, BRV Werk Berlin; GBR, Sprecher Kommission APG
Kurzreferat

Moderation: Prof. Dr. Michael Schumann, SOFI Göttingen

Diskussion

Horst Neumann

Eröffnung des Automobilforums

Die Automobilindustrie in Deutschland, Europa und, ich glaube, man kann sagen weltweit, steht vor drei großen Herausforderungen.

Das ist erstens die Notwendigkeit, endlich umweltverträgliche Autos zu bauen und entsprechende Verkehrssysteme zu entwickeln. Das ist zweitens die Notwendigkeit, endlich humane Arbeitsbedingungen zu schaffen und drittens nicht zuletzt, sichere Beschäftigungsperspektiven zu entwickeln.

Wir haben vor etwa 1 1/2 Jahren in genau diesem Raum eine Tagung veranstaltet als IG Metall, da stand ein anderes Motto auf der Stirnseite, nämlich "Auto, Umwelt und Verkehr", gemeinsam mit dem Deutschen Naturschutzring. Ergebnis dieser Tagung war die gemeinsame Einsicht, daß es so nicht weitergeht. Der Automobilbestand wächst exponentiell, die Umwelt- und Verkehrsprobleme sind schon heute kaum noch in den Griff zu kriegen. Es muß umgesteuert werden. Das ist die erste große Herausforderung der deutschen, japanischen, amerikanischen Automobilindustrie.

Zweitens, wie viele Untersuchungen zeigen, wie unsere Kolleginnen und Kollegen aus der unmittelbaren Erfahrung wissen, ist gerade die Automobilindustrie etwa im Unterschied zum Maschinenbau einer der Industriezweige mit sehr harten Arbeitsbedingungen, mit einem sehr hohen Anteil kurzzyklischer Bandarbeit, mit hohen Belastungen in Schichtsystemen, mit einer Ausdehnung der Nachtschicht und vielem, was viele Arbeitnehmer ihre Gesundheit nicht bis ins Rentenalter bewahren läßt. Das ist die zweite große Herausforderung für die Automobilindustrie, endlich Qualifikation, humane Arbeitsbedingungen in größeren Bereichen in dieser Industrie zu schaffen.

Das Konzept Lean Production hat auf diese drei Herausforderungen keine Antworten. Eher im Gegenteil, das Desinteresse an der ökologischen Dimension ist in der letzten MIT-Studie unübersehbar. In der ersten Weltautomobilstudie des MIT war die ökologische Dimension in beinahe vorbildlicher Weise behandelt, jetzt fehlt sie. Lean Production bedeutet eher höhere Arbeitsintensität als humane Arbeitsbedingungen und Lean Production bedeutet weniger Personal. Es ist deshalb Skepsis angebracht, ob dieses Konzept auch nur im Ansatz tragfähig ist für die deutsche, für die europäische Automobil- oder Metallindustrie. Ein eigenes Leitbild der Unternehmensorganisation, Arbeitsorganisation ist notwendig.

Herr Berger, der Generalsekretär des Europäischen Automobilverbandes, hat vor kurzem gesagt, es geht in Europa nicht um Lean Production, nicht um die Übertragung japanischer Modelle, sondern - immer die Nase im Wind - es geht um bench-marking oder auf "deutsch" catch the best, also den Besten einholen. Das sei sozusagen die neueste Entwicklung auch in Japan und weltweit für die Automobilhersteller. Der beste in der Autoindustrie ist Toyota - auch wenn die Kollegen von Mercedes oder BMW protestieren werden, die die besten Autos weltweit bauen, oder Opel, die die höchste Rendite haben - und Toyota gilt immerhin, was die Erfolge auf den Märkten angeht, als eines der effektivsten, produktivsten Unternehmen.

Catch the best, also den Besten einholen, da muß man allerdings gleich innehalten, denn der Beste steckt selbst voller Zweifel. Steckt selber, ich will nicht sagen, in einer Krise, aber doch in einer nachdenklichen Phase. Die Profite sinken in Japan, auch bei Toyota, und symbolhaft gesagt, die Heiratschancen der männlichen Arbeiter bei Toyota sinken auch. Sie sind nicht mehr gefragt, weil sie als ausgepowert gelten, weil sie abends kaputt nach Hause kommen. Das macht dem Management Sorge, wie uns der Gewerkschaftsvorsitzende versichert, das sei kein Scherz, sondern ernsthaft überlege man sich, nicht zuletzt deswegen in dem neuen Werk, der Tahara-Plant, Arbeitsbedingungen einzuführen ähnlich wie bei Volkswagen. Also ist die Chance vielleicht durchaus gegeben, daß auch der Beste von uns lernt, wie wir vom sogenannten Besten lernen. Japan kann von Deutschland lernen und umgekehrt. Das ist eines der Ziele für das erste Forum mit dieser Fragestellung.
Gerade vor wenigen Tagen ging durch die Zeitungen die Nachricht über eine Befragung von 18.000 Spitzen-Managern weltweit von einem Genfer-World-Economic-Forum, das ergab: Japan und Deutschland sind die besten Standorte. Die USA ist abgesunken vom Platz 2 auf Platz 4, Deutschland ist auf Platz 2, Japan auf Platz 1. Die besten Standorte Deutschland/Japan für wen? Für die Unternehmen sicher, auch für die Arbeitnehmer in Deutschland wird man vielleicht sagen, ja, hier ist sicher kein schlechter Standort für Arbeitnehmer; in Japan steigen dagegen die Zweifel bei Arbeitnehmern und Gewerkschaften, ob ihr Land wirklich ein guter Standort für Arbeitnehmer ist. Arbeitnehmer sind nicht so wanderungsfähig wie das Kapital, das berühmte scheue Reh, das überall hinflüchtet, wo es die besten Anlagemöglichkeiten hat. Deswegen kann sich für uns ja nur die Ausgangssituation so stellen, die Standortfrage umzudrehen. Japan und Deutschland müssen in der Tat die besten Standorte weltweit werden - auch für Arbeitnehmer - und bleiben; aber eben nicht gegen den Rest der Welt, nicht so, wie viele befürchtet haben, als die Allianz von Daimler-Benz und Mitsubishi sich am Horizont etwas abzeichnete, daß vielleicht wieder eine alte Achse Deutschland-Japan entsteht, sondern beste Standorte in vorbildlicher Hinsicht.
Ich will nur zwei Punkte nochmal unterstreichen, die schon im Referat von Franz Steinkühler dargestellt wurden. Es geht erstens um die Verbindung von Wettbewerbsfähigkeit mit umweltpolitischen Forderungen. Die Unternehmenspolitik und die staatliche Politik sind nur dann gut, wenn das ökologisch verträglichste Produkt auch das wettbewerbfähigste ist. So müssen die Rahmenbedingungen für Unternehmenspolitik werden durch Unternehmensreform und Gesellschaftsreform.
Und zweitens geht es um die Verbindung von Wettbewerbsfähigkeit mit humanisierungspolitischen Forderungen. Wir sind erst dann zufrieden, wenn Strategien gefunden und eingeschlagen sind, daß der humanste Arbeitsplatz auch der effektivste ist. Um beide Ziele geht es zunächst unter der Überschrift "Was können Deutschland und Japan von einander lernen?" und dann - mindestens ebenso wichtig - Wie tragfähig sind die neuen Ansätze in neuen Werken in Deutschland, in Europa? - Sei es nach japanischem Vorbild oder nach vernünftigen Lehren aus der Japan-Diskussion konzipiert und realisiert.
Ich freue mich, daß wir eine fachkundige Moderatorin gefunden haben, Frau Marion von Haaren; herzlichen Dank, daß Sie den ersten Teil des Nachmittags moderieren. Ich freue mich ebenso und sage herzlichen Dank an Prof. Michael Schumann, der den zweiten Teil moderieren wird. Mit ihm haben wir sicher einen

versierten Wissenschaftler gefunden, der vielleicht ähnlich wie die IG Metall nicht zu Unrecht sagen könnte, daß vieles, was heute unter dem Stichwort Lean Production diskutiert wird, von ihm schon lange thematisiert wurde. Herzlicher Dank geht an Prof. Nomura, der den weiten Weg nicht gescheut hat, zu uns nach Deutschland zu kommen, der die japanische Automobilindustrie sehr gut kennt, der durch längere Arbeiten am Wissenschaftszentrum in Berlin auch die deutsche Debatte kennt und der - sicher nicht gering zu - schätzen sogar deutsch zu uns sprechen wird, eine Eigenschaft, die manche Japaner haben, umgekehrt aber noch wenig verbreitet ist. Last but not least Dank an Peter Unterweger, der auch deutsch zu uns spricht, was selbstverständlicher klingt als es ist, denn Peter Unterweger ist US-Amerikaner, war lange Zeit bei UAW, der amerikanischen Automobilarbeitergewerkschaft in der Wirtschafts- oder Forschungsabteilung tätig, ist also ein hervorragender Kenner der amerikanischen Autoindustrie. Er arbeitet jetzt auf Entsendung der UAW beim IMB in Genf und leitet dort die Automobilabteilung.
Ich hoffe und glaube, die Voraussetzungen sind gegeben, daß wir eine recht spannende und interessante Diskussion haben werden. Ich wünsche uns alles dazu Spaß und auch einiges zu lernen.

1. *Reorganisation der Lean Production in Japan*

Peter Unterweger

Toyota und die Weltautomobilindustrie: Bleibt alles beim Alten?

1. *Die Weltautomobilindustrie - 1991*

1.1 *Fahrzeugabsatz (s. Diagramm 1)*

* Weltweit wurden 47,2 Millionen Fahrzeuge verkauft.
* Diese wurden von mehr als 40 Firmen erzeugt, aber 70% wurden von den 10 größten Unternehmen hergestellt, von welchen 4 japanisch sind.
* Mehr als ein Drittel der gesamten Produktion kam von japanischen Firmen (aus Werken in Japan und Übersee).
* 1991 wurden 86% aller Fahrzeuge in drei Märkten abgesetzt: Westeuropa, USA-Kanada, Asien-Ozeanien (Japan, Korea, Australien, usw.).
* Im Vergleich zu 1990 war der weltweite Absatz um 1,6 Millionen Einheiten geringer.
* Der größte Einbruch fand in USA-Kanada statt, wo 1,6 Millionen Einheiten weniger verkauft wurden.
* Auch der japanische Markt wies einen Rückgang von 250.000 Einheiten auf. In Südkorea hingegen gab es einen Zuwachs von 150.000.
* Westeuropa war fast unverändert gegenüber dem Vorjahr (+0,2%), aber dies war einzig und allein auf die starke Nachfrage in Deutschland zurückzuführen (+28%); in fast allen übrigen Ländern nahm die Nachfrage ab.
* Die Auswirkungen der deutschen Wiedervereinigung hatten sich Ende 1991 verlaufen. Bis April verringerte sich der Absatz in Deutschland um 5,13%, dagegen nahmen Fahrzeugverkäufe in Spanien und Portugal um je 26% und 33% zu. Belgien/Luxemburg, Norwegen, Österreich und Italien wiesen auch kräftige Zuwächse gegenüber dem schlechten Vorjahr auf.
* Insgesamt stieg der Fahrzeugabsatz in Westeuropa um 1,53% in den ersten 4 Monate in 1992.

1.2 *Produktions- und Absatzvergleich (s. Diagramm 2)*

* Ein Vergleich der Produktion und des Absatzes in den Weltregionen zeigt zwei unausgeglichene, aber miteinander verbundene Situationen:
  1. Im US-kanadischen Markt werden 3,1 Millionen mehr Fahrzeuge verkauft als hergestellt.

2. In der Region Asien-Ozeanien werden 4,1 Millionen mehr Fahrzeuge hergestellt als verkauft.

* In Westeuropa waren Produktion und Absatz mehr oder weniger ausgeglichen. In guten Jahren gab es Exportüberschüsse, aber unklar ist, wie die Öffnung bisher geschützter Märkte sich auswirken wird.

1.3 Der Weltfahrzeugmarkt: eine Vorausschätzung (s. Diagramm 3)

* 1992 wird der Weltautomobilmarkt einen kleinen Aufschwung erfahren, aber trotzdem wird der gesamte Absatz von 47,8 Millionen um ungefähr eine Million Einheiten hinter dem in 1991 verzeichneten zurückbleiben.
* Erst 1993, mit 50,7 Millionen Einheiten werden die Ziffern von 1991 überholt, und 1994 könnten Fahrzeugverkäufe die 52 Millionen Grenze überschreiten.
* Für Westeuropa ist über diese Frist allerdings nur ein sehr schwaches Wachstum vorauszusehen. Und mit dem zu erwartenden Zuwachs japanischer Transplant-Produktion und der zunehmenden Einfuhr aus Asien könnte dies zu Schwierigkeiten für etablierte Unternehmen führen.
* Für 1992 ist eine Erhöhung der japanischen Auslandsproduktion um etwa 380.000 Einheiten geplant, während die Exporte aus Japan erwartungsgemäß um 12.000 Einheiten zurückgehen werden. An dieser Erhöhung werden Toyota und Nissan mit mehr als 300.000 Einheiten beteiligt sein. Beide Hersteller werden ihre überseeischen Produktionskapazitäten 1992 um 22% erhöhen.

1.4 Zukunftsperspektive japanischer Gewerkschaften

Der Verband der japanischen Automobilarbeitergewerkschaften (JAW) sieht schwere Zeiten für die einheimische Automobilindustrie voraus, wenn sie keine radikale Kursänderung vornimmt mittels:

1. Verminderung der Modellreihen;
2. umfassender Arbeitszeitverkürzung;
3. Entwicklung eines neuen sozial verantwortungsbewußten Fertigungskonzepts.

Der Bericht der Gewerkschaften[1] weist auf drei schwere Krankheitssymptome der japanischen Industrie hin:

1. die Beschäftigten sind erschöpft;
2. Profite sind zu niedrig;
3. Japan stößt auf zunehmende Feindseligkeit in der Welt.

* Arbeitskräftemangel und Abgänge bedrohen das Just-in-Time-System.
* Der Bericht stellt eine Reihe von Forderungen, darunter:

---

1 *Confederation of Japan Automobile Workers' Unions*: "Automobile Industry in the Future: Toward Coexistence with the World, Consumers and Employees", 1992 (JAW-Bericht).

* Eine Politik der "Koexistenz, ein Konzept, das über die Grenzen der Wirtschaftsgrundsätze hinausreicht".
* Das Automobil wird neu definiert als "öffentlicher Vermögenswert", der umweltverträglich konstruiert sein muß, auch wenn das zu höheren Preisen führt. Die umweltgerechte Technik muß auch in Übersee zur Verfügung gestellt werden.
* Japan muß seinen Markt verstärkt ausländischen Fahrzeugen öffnen.
* Das Verhältnis zwischen Unternehmen und Beschäftigten muß verändert werden: "Das Unternehmen nimmt in unserem Leben einen zu großen Platz ein".

In seinem Anhang beschreibt Professor Haruo Shimada die Situation der japanischen Automobilindustrie wie folgt:

> "Es herrscht Wettbewerb um des Wettbewerbs willen, und alles wird ihm geopfert: Löhne, Arbeitszeit, Profite, Zulieferer, Händler, die Wohlfahrt japanischer Beschäftigter und die Beschäftigungsmöglichkeiten der Arbeitnehmer in Übersee. Wenn man die Konkurrenz auf diese Art schlägt, kann das wirklich als fairer Konkurrenzkampf bezeichnet werden?... Wenn Wettbewerb zum Selbstzweck wird und Menschen konkurrieren, koste es, was es wolle, dann wird er zu einem Ungeheuer, das das Leben, die Gesellschaft und selbst die Volkswirtschaft zerstören kann."

Professor Shimadas Kur ist einfach - eine scharfe Arbeitszeitkürzung, auch wenn dies vorübergehend niedrigere Einkommen und Profite, ein kleineres Angebot und höhere Preise mit sich bringen würde. Ein kleineres japanisches Angebot und höhere Preise für einheimische Fahrzeuge würde die Einfuhr von Übersee-Erzeugnissen stimulieren, und damit beitragen die Handelsüberschüsse zu beschneiden.

2. *The Toyota Motor Company*

* Toyota ist der Erfinder der "Schlanken Produktion" und vielleicht das einzige Unternehmen, das wirklich den von der MIT-Studie definierten Merkmalen entspricht.
* Die Firma allein verkaufte 1991 mehr als 4,5 Millionen Fahrzeuge, also ungefähr 7% des gesamten Weltabsatzes, und war demgemäß der drittgrößte Fahrzeugfabrikant der Welt.
* Toyota baut Fahrzeuge in 30 Werken in mehr als 20 Ländern und weitere Betriebe sind im Bau:
* In Großbritannien investiert Toyota GBP 840 Mio. in einen Betrieb zum Bau von Pkws und Motoren. Die Motoren werden nicht nur für Großbritannien hergestellt, sondern auch für die Lieferung an Toyota-Betriebe in anderen Ländern. Bis 1995 plant der Konzern einen Ausstoß von 100.000 Pkws pro Jahr, der bis 1997 auf 200.000 ansteigen könnte.
* In den USA hat Toyota in seinem Joint Venture mit General Motors die Produktionskapazität auf 300.000 Fahrzeuge pro Jahr erhöht.

* Angrenzend an den bestehenden Fertigungsbetrieb in Georgetown, Kentucky, USA, investiert der Konzern gegenwärtig USD 800 Mio. zur Verdoppelung der Kapazitäten auf 400.000 Einheiten bis 1993.
* Die Produktion bei Kuozui Motors, der Toyota-Zweigniederlassung in Taiwan, soll bis 1993 auf 60.000 Einheiten erweitert werden, und ein zweiter Betrieb ist geplant, um die Gesamtkapazität in Taiwan bis 1997 auf 200.000 Einheiten zu erhöhen. Die Investitionen werden insgesamt USD 800 Mio. betragen.
* Anfang 1992 begann Toyota in Australien an einem Standort nahe Melbourne mit dem Bau des ersten neuen australischen Automobilwerks in einem Vierteljahrhundert. Es soll 1994 in Betrieb genommen werden und könnte schlußendlich 100.000 Einheiten erreichen. Die Gesamtinvestitionen betragen AUD 420 Mio.
* In den USA haben Toyota und die anderen japanischen Hersteller eine Automobilindustrie ins Leben gerufen die fast so groß wie diejenige Frankreichs ist. Sie umfaßt 11 Montagewerke und 3 Motorenwerke, und weitere Neubauten sind geplant.
* Durch anhaltendes Wachstum erstellten japanische Hersteller 1991 24,9% der US-Produktion, und bis Ende der neunziger Jahre wird die japanische Kapazität in Nordamerika sehr wohl für ein Drittel des Automobilmarktes aufkommen können.

Tabelle 1

Jahresergebnisse ausgewählter Automobilunternehmen 1989-1990

		1989		1990		
(in Millionen US-Dollar)		Umsatz erlös	Netto Gewinn	Umsatz erlös	Netto Gewinn	Kapital
Japan	Toyota	55,701	2,404	52,275	2,358	1,613
	Nissan	36,451	868	25,352	540	1,280
USA	Gen.Motors	126,932	4,224	124,705	1,986	1,254
	Ford	96,146	3,835	97,650	860	473
	Chrysler	34,922	359	30,620	68	245
Europa	Daimler-Benz	40,634	3,622	52,918	1,114	1,239
	Fiat	37,912	2,409	47,075	-	1,705
	VW	34,762	552	42,125	672	798
	Renault	27,350	1,549	30,044	220	388
	Peugeot SA	23,973	1,614	29,379	1,700	274

Quelle: The Automobile Industry - Toyota and Japan - 1991 Edition

* Ein Gewinn-Umsatz-Vergleich für 1990 zeigt Toyota an zweiter Stelle hinter Peugeot und weit vor der Übrigen Konkurrenz. 1991 war Toyotas Gewinn zwar nur ungefähr halb so hoch, aber fast alle übrigen Erzeuger waren von Marktschwächen in Nordamerika, Japan und Europa auch schwer getroffen.
* Obwohl Toyotas Gewinne im Verhältnis zum Absatz abnehmen, ist dies an sich kein Beweis, daß der Konzern an Konkurrenzfähigkeit verliert - um Konkurrenzfähigkeit richtig einzuschätzen, müßte die Entwicklung dieses Verhältnisses bei Toyotas Konkurrenten verglichen werden.

2.1 Zukunftsstrategie

* Nach Ansicht von Toyota müssen Automobilhersteller die Phantasie ihrer Kunden wecken, indem sie ihnen unterschiedliche Produkte anbieten und ihnen eine ganz persönliche Auswahl gewähren.
* Toyota plant über die nächsten Jahre eine Umwandlung von "Just-in-Time" (JiT) in "Real-Time". Ziel ist ein Produktionssystem, das in kürzester Zeit auf direkte Kundenbestellungen reagieren kann.
* Genau wie bei JiT liegt der Schlüssel zum Erfolg dieses Projekts in einer möglichst geringen Lagerhaltung.
* Im Gegensatz zum Aufruf der JAW zur Koexistenz (der Erzeuger) auf dem Weltmarkt setzt das Unternehmen auf weiteren Marktzuwachs und neue Wettbewerbsvorteile.

2.2 Die Toyota-Pyramide

* Verlagerung der Bauteilefertigung an Fremdfirmen ist ein bekanntes Merkmal der Schlanken Produktion. Weniger bekannt aber genau so vorteilhaft ist Toyotas Verlagerung der Endmontage. 1991 wurden 1,8 Millionen der 4,5 Millionen Toyotas außerhalb Toyota gefertigt.
* Diese Pyramidenstruktur der Toyota-Gruppe und die hiermit verbundene Fremdfertigung tragen stark zur Flexibilität des Produktionssystems bei, zur Geschwindigkeit, mit der Produkte entwickelt werden können und zur Qualität des Endprodukts. Sie führt jedoch auch zu einer Schichtung der Belegschaften und ihrer Sozialleistungen.
* Die höchsten Löhne und Sozialleistungen an einen viel kleineren Anteil der Belegschaft bieten zu können, ist einer der entscheidenden Wettbewerbsvorteile der japanischen Automobilhersteller gegenüber ihren Konkurrenten in Europa und Nordamerika.
* Seit 1990 beschneidet Toyota in Japan verschiedene Schichten ihrer mittleren Führungskräfte. Toyota hat die Anzahl ihrer grundlegenden Organisationsniveaus auf drei verringert: Gruppenleiter, Abteilungsleiter, Betriebsleiter.

2.3 Personalpolitik

* Toyota baut gegenwärtig ein neues arbeitnehmergerechtes Werk (Klimaanlage, beruhigende Hintergrundmusik, bequeme Ruheräume, kurortähnliche Bäder, Duschen und Grünanlagen) in Fukuoka.
* Das Hauptmotiv: Arbeitnehmer aus einem schrumpfenden Arbeitsmarkt zur Erhöhung des Ausstoßes anzuziehen.
* Der Arbeitsplatzwechsel liegt gegenwärtig bei 10% der Belegschaften pro Jahr.
* Toyota bedient sich eines Systems der Standort- und Personalauswahl, das eine intelligente und gewissenhafte, aber unternehmensfreundliche Belegschaft garantiert.
* Gewerkschaften sind überzeugt, daß zumindest ein weiteres Ziel dieser Verfahren darin besteht, frühere und potentielle Gewerkschaftsbefürworter auszuscheiden, und dadurch neue Werke "gewerkschaftsfrei" zu halten.
* Der größte Standort außerhalb Japans (Georgetown, Kentucky, USA) und zwei weitere Werke in Kanada sind hauptsächlich aus diesem Grund nicht gewerkschaftlich organisiert.
* Für die neuen Toyota-Werke in England hat die Firma ein Abkommen mit einer Gewerkschaft abgeschlossen, und auch die überwiegende Mehrheit der Toyota-Werke in anderen Ländern sind gewerkschaftlich organisiert.

2.4 Die Toyota Arbeitsorganisation

* Das Toyota-System in der ganzen Welt weist einige anhaltende Merkmale auf:
  1. ein schnelleres Arbeitstempo als landesüblich;
  2. viele Überstunden und ein langes Arbeitsjahr;
  3. die Einführung von Arbeitsteams;
  4. Teilnahme der Arbeitnehmer an der Gestaltung der Arbeit;
  5. der Druck, die verschiedenen Jobs auf einige wenige, vorzugsweise nur zwei, zu vermindern;
  6. der praktisch oder effektiv obligatorische Anregungsplan;
  7. der Versuch, eine Unternehmenskultur aufzuzwingen und die Beschäftigten dahin zu bringen, die Ziele und Werte des Unternehmens mit ihren eigenen zu identifizieren.
* Das Toyota-System in Nordamerika weicht in manchen Aspekten vom japanischen Modell ab:
  1. das Arbeitstempo ist etwas geringer als in japanischen Standorten;
  2. die Lohn- und Sozialleistungssysteme beruhen auf anderen Normen;
  3. Jahresarbeitszeiten sind etwas kürzer als in japanischen Standorten;
  4. die in Japan informelle Arbeitsplatzgarantie ist vertraglich geregelt (NUMMI).

2.5 Arbeitszeit (s. Diagramm 4)

* Die langen, japanischen Arbeitszeiten ergeben sich aus:
  1. einer 40-Stundenwoche,
  2. 300-500 Überstunden pro Jahr,
  3. weniger Jahresurlaub, der nur teilweise als Freizeit genommen wird,
  4. weniger öffentlichen Feiertagen.
* Ein erheblicher Teil des japanischen Urlaubsanrechts wird für kurzfristige Krankheiten genutzt, weil die Geschäftsleitungen für Absentismus große Summen von den Prämienzahlungen (etwa 6 Monatslöhne) abzieht. Absentismus hat auch Minuspunkte in der Leistungsbeurteilung zur Folge.
* Angestellte arbeiten noch länger als ihre Kollegen im Betrieb.
* Freiwillige, unbezahlte Arbeit, zuweilen am Wochenende, muß noch zu den hohen Jahresarbeitszeiten gerechnet werden. 55% aller Beschäftigten sind davon betroffen.

Überarbeitung ist in Japan zu einem weit diskutierten Problem geworden; es existiert sogar ein Wort für "Tod durch Überarbeitung" - Karoshi. Aus einer kürzlich veröffentlichten Meinungsumfrage geht hervor, daß jeder zweite Japaner befürchtet ein Karoshi-Opfer zu werden.

Im März 1992 konnten die Gewerkschaften erneut Unternehmensverpflichtungen durchsetzen, Überstunden um 20% zu kürzen und die Urlaubsausnutzung für das kommende Jahr auf bis zu 90% zu erhöhen. Die Gewerkschaften schätzen, daß diese Maßnahmen das Arbeitsjahr um 100 Stunden verringern würden, womit man dem Ziel näher käme, das Arbeitsjahr bis Mitte der neunziger Jahre auf etwa 1.900 Stunden herabzusetzen.

Wegen der erschöpfenden, langen Arbeit meiden junge Arbeitnehmer die Automobilindustrie und andere Weiterverarbeitungssektoren. Dieser Druck scheint Toyota zu beeinflussen; das Unternehmen gibt vor, daß sein neues Werk in Fukuoka und die neuen Anlagen zur Einzelteilefertigung in Myagi und Hokkaido nicht so sehr aus Gründen der Produktionsexpansion, sondern zur Arbeitszeitverkürzung und der Verbesserung der Arbeitsbedingungen erbaut werden.

Tabelle 2

Lohnkosten in Japan, Europa und Nordamerika

Land/Jahr	1980	1985	1990	1991
Deutschland				
Lohnkosten	26,84	33,77	41,91	44,47
Bruttostundenlöhne	15,96	19,50	24,35	25,87
USA				
Lohnkosten	24,83	55,75	32,55	35,05
Bruttostundenlöhne	17,89	39,40	23,76	25,58
Japan				
Lohnkosten	14,50	27,44	29,03	33,87
Bruttostundenlöhne	11,33	21,11	22,33	26,05
Italien				
Lohnkosten	17,73	25,63	28,63	31,57
Bruttostundenlöhne	8,38	12,05	13,22	14,62
Spanien				
Lohnkosten	12,63	19,91	26,26	29,55
Bruttostundenlöhne	9,15	11,63	15,94	17,81
Großbritannien				
Lohnkosten	14,95	21,41	24,93	26,64
Bruttostundenlöhne	10,95	15,75	18,21	19,46
Frankreich				
Lohnkosten	19,66	25,14	25,07	26,43
Bruttostundenlöhne	10,98	13,45	13,76	14,50

Quelle: VDA

* Die höchsten Bruttostundenlöhne der Fahrzeugindustrie weltweit sind in Japan zu finden: DM 26,05 pro Stunde, knapp vor Deutschland mit DM 25,87.
* Mit Gesamtlohnkosten in Höhe von DM 33,87 ist Japan etwa in der Mitte der "entwickelten" Weltautomobilindustrie angesiedelt. Dies verweist auf niedrigere Soziallasten (Versicherungen, Urlaub usw.), verglichen mit anderen "entwickelten" Ländern wie Schweden und Deutschland.

3. *Schlußfolgerungen*

In den letzten 10-15 Jahren war Toyota der große Gewinner.

* das größte japanische Automobilunternehmen;
* das gewinnbringendste Unternehmen in Japan:
* der durchschnittliche Ertrag war 1988-1991 10,2%; im Vergleich: Nissan 3,3%, Honda 7,02%;[2]
* die reichste Autofirma der Welt - 13 Milliarden Dollar auf der Bank;[3]
* der drittgrößte Fahrzeughersteller der Welt;
* Erfinder der Schlanken Produktion.

Amerikanische Hersteller sind die großen Verlierer. Bis Ende des Jahrhunderts könnte ein Drittel ihres Marktes von japanischen Firmen, höchst prominent darunter Toyota, beliefert werden.

Die Europäische Industrie will das Schicksal der Amerikaner vermeiden und blickt mit Besorgnis über den Ärmelkanal. Daher der Druck, das erfolgreiche Toyota-System einzuführen.

* Die Schlagzeilen aus der Financial Times vom letzten Dienstag wiederholen Worte die Gewerkschafter schon lange hören: "Time to become lean and mean"[4] - Höchste Zeit schlank und hart zu werden.
* Der Untertitel: "Herausforderungen konfrontieren die deutsche Automobilindustrie".
  * "Schlankere" Belegschaften (17.000 weniger Arbeitsplätze bei Opel, VW, Mercedes und BMW in 1992; mehr als 30.000 weniger in 5 Jahren).
  * Geringere Lohnerhöhungen;
  * Neue Arbeitsorganisationen;
  * Verringerte Fertigungstiefe.

Ironisch ist, daß zur selben Zeit, als die Autoindustrie der ganzen Welt der Schlankheit zustrebt, große Bedenken im Heimatland aufkommen,[5] und sich Beweise häufen, daß Schlanke Produktion eher Ideologie als Tatsache ist[6] und daß ihre Auswirkungen für Arbeitsbedingungen höchst problematisch sind.[7]

Dank der Erfahrungen mit der Schlanken Produktion in den USA und Großbritannien, der neuen Untersuchungen, und der Berichte unserer japanischen Kollegen, sind Gewerkschafter heute besser gerüstet Widerstand zu leisten - Widerstand gegen den Unternehmerdruck alles, was als "schlank" gepriesen wird, so schnell wie möglich zu übernehmen.

Und dieser Widerstand ist höchst wichtig; nicht nur in unserem eigenen Interesse, sondern auch, weil die menschengerechten Arbeitsbedingungen hier in Europa zum Teil als Ziel und Argument der Gewerkschaften in Japan und Nordamerika dienen.

---

2 Financial Times, Toyota keeps to its tried and tested formula, 26 June 1992.
3 Ebenda.
4 Financial Times, Time to become lean and mean, 23 June 1992
5 JAW-Bericht (Anm.1).
6 *Williams, Karel, Colin Haslam*: Against Lean Production, Economy and Society, August 1992
7 *Altmann, Norbert*: "Japanische Arbeitspolitik", Beitrag zur Lean-Production-Tagung der IG Metall und der Hans Böckler Stiftung, 30 Juni/1. Juli 1992.

Eine wichtige Aufgabe der Gewerkschaftsbewegung wäre menschen- und umweltgerechte Produktionskonzepte zu formulieren, die auch als wirklich Alternativen in den aktuellen Wettbewerbsbedingungen vorgeschlagen werden könnten. Es ist nicht genug zum Taylorismus, oder zum Toyotismus Nein zu sagen. Unsere japanischen Kollegen haben mit ihrem Bericht einen wichtigen Schritt gemacht. Wir sollten ernstlich erwägen, ob die Gewerkschaften der wichtigsten automobilherstellenden Länder nicht diese Arbeit fortsetzen und konkretisieren sollten. Eine internationale Zusammenarbeit dieser Art könnte durch den IMB organisiert werden. Aber wir sollen uns hier nicht täuschen. Richtige Argumente und gute Konzepte allein zählen nichts in der Marktwirtschaft.

Ich bezweifle, daß wir das Ende des Toyota-Systems so schnell erleben werden. Obwohl manche es so möchten, war das Toyota-System auch nicht das Ende des Taylorismus, sondern eher seine Weiterentwicklung und Fortsetzung.

Ähnlich sehe ich den Wandel, den Prof. Nomura in der Schlanken Produktion beschreiben wird[8], und ich glaube, er hat recht, daß sie sich in Richtung Technisierung entwickeln wird.

1. Toyota hat noch viel Spielraum in diesem Bereich; bis jetzt wurde Technik verhältnismäßig sparsam eingesetzt.
2. Toyota hat die notwendigen Ressourcen.
3. Technisierung ist die logische Lösung für den Arbeitskräftemangel.
4. Die neuen Toyota Werke sind schon viel höher technisiert.

Auch ist die Wirtschafts- und Sozialpolitik nach der Weiterentwicklung noch unklar:

* Wird Toyota mehr oder weniger auf den alten Schienen mit neuen Mitteln weiterfahren? Dies würde Toyotas japanischen Konkurrenten, und auch die Überseekonkurrenz unter fast unwiderstehlichen Druck setzen, diesem Beispiel zu folgen.
* Oder wird das Unternehmen den Kritikern Gehör schenken und einen Kurs einschlagen, der sie den JAW Forderungen näher bringen würde?

Bemerkenswert ist, daß diese Fragen scheinbar auch innerhalb des Toyota-Managements debattiert werden.

* Die Strategie kleinerer Modellpaletten, längere Entwicklungszeiten, höhere Preise und Gewinne sowie besserer Arbeitsbedingungen habt ihre Befürworter auch innerhalb des Managements.[9]
* Viel kommt darauf an, ob die gegenwärtige Krise als Konjunkturschwankung betrachtet wird, oder als wirtschaftlicher Wendepunkt.
* Und da ist Herr Toyoda, der Präsident des Konzerns, laut Financial Times nicht der Meinung, "... daß die Rezession das Ende einer Ära des rapiden Wachstums für japanische Firmen bedeutet. Sie ist eine Konjunkturschwankung, deren Verlauf man einfach abwarten muß."[10]
* Und über Verlängerung des Entwicklungszyklus sagt Herr Toyoda Folgendes: "Wegen zweier Faktoren - wegen der Wünsche unserer Kunden und wegen der

8 *Nomura, Masami*: "Toyotismus am Ende?", Beitrag zur Lean-Production-Tagung der IG Metall und der Hans Böckler Stiftung, 30 Juni/1. Juli 1992.

9 Financial Times, 26 June 1992.

Hoffnungen der Gesellschaft - können unsere Techniker nicht nachlassen. Manche haben das Gefühl, daß wir zu erschöpft sind, und würde es nicht schön sein, wenn wir den Modellzyklus länger machen könnten, aber das ist schwer, weil wir nicht alle der selben Meinung sind."[11]

Der Titel des Artikels sagt es ganz klar, "Toyota bleibt beim erprobten Rezept". Oder genauer gesagt, Toyota weicht davon so wenig wie möglich ab. Abgesehen von eventuellen politischen Konsequenzen, zieht diese Strategie den bestmöglichen Nutzen aus den Wettbewerbsvorteilen des Konzerns:

* Toyota ist schon der "schlankeste" Hersteller mit Abstand, und wenn auch der Spielraum für Verbesserungen immer kleiner wird, so stimmt das auch für alle, die da nacheifern.
* Der Arbeitskräftemangel und die erschöpfenden Arbeitsbedingungen in Japan könnten zum Großteil technisch gelöst werden; und wenn das nicht mehr hilft, könnte man auch den jetzt geschlossenen Arbeitsmarkt den arbeitslosen Millionen Asiens öffnen - natürlich nur mittels raffinierter Auswahlverfahren.
* Toyota ist wie schon erwähnt gut bei Kasse - im Gegensatz zur Konkurrenz, die meistens Schulden hat. Die Firma kann sich noch lange eine große Modellpalette leisten, und auch in neuer, technisch avancierter Kapazität investieren, während die Konkurrenz teure Kredite aufnehmen muß, um im Rennen zu bleiben.

Ich will nicht behaupten, daß diese Entwicklung unaufhaltsam ist, nur sehe ich keine wahrscheinliche Alternative, solange wir uns nur auf das freie Spiel der Marktwirtschaft verlassen.

Ich glaube, unsere japanischen Kollegen haben dieses Problem ganz richtig verstanden, denn sie fordern Koexistenz, Menschen- und Umweltgerechtigkeit und sagen ganz offen, daß diese Konzepte über die Marktwirtschaft hinausreichen. Aber jenseits der puren Wirtschaft liegt die Politik, und wie wir alle nur zu gut wissen, ist das Verhältnis Politik-Wirtschaft eine äußerst heikele und komplizierte Frage. Der IMB ist eine Organisation, die eher koordiniert als Wirtschaftspolitik macht, und so möchte ich die folgenden Überlegungen nur als Anregungen zu einer mir notwendig erscheinenden Debatte vorlegen.

Es scheint mir, daß wir vor einer wichtigen Frage stehen: Darf Ware, die durch Raubbau am Menschen oder der Natur erzeugt wird, wirklich frei zirkulieren, besonders in Gesellschaften, die für Menschen- und Umweltgerechtigkeit Normen gesetzt haben? Der "unfaire" Wettbewerb, so treffend von Prof. Shimada beschrieben, wirft dieselbe Frage auf. Außerdem ist sie nicht nur in Europa aktuell sondern auch in anderen entwickelten Ländern, die relativ hohe soziale und Umweltnormen haben.

Es erscheint mir unvermeidlich, diese Fragen mit Nein zu beantworten, falls man die Normen aufrecht erhalten will. Denn Ware, die soziale oder Umweltkosten nicht genügend verkörpert und deshalb billig ist, vertreibt kostspieligere Ware vom freien Markt.

Sogar in den USA gibt es Ansätze einer Handelspolitik, die Menschenrechte berücksichtigt; es ist jetzt möglich Einspruch zu erheben gegen die Einfuhr von

---

10 Ebenda.

11 Ebenda.

Ware, die unter menschenrechtverletzenden Verhältnissen erzeugt wird. Diese Handelsbestimmung wurde bereits erfolgreich von der Automobilarbeitergewerkschaft UAW im Fall Südkoreas benutzt.

Es ist kein Zufall, daß ein heftiges Argument über Produktionskonzepte, Wettbewerbs- und Handelsstrategien in Japan jetzt ausbricht.

* Die Bevölkerung arbeitet bis zur Erschöpfung, aber ihr Lebensstandard liegt insgesamt unter dem des Westens.
* Die Jugend will nicht mehr mitmachen - und Vergleiche mit westlichen Normen sind sicherlich ein Faktor in dieser Entscheidung.
* Die aggressive Expansionspolitik von Toyota und anderen japanischen Unternehmen stößt zunehmend auf Widerstand und die Spannungen zwischen Japan und seinen Handelspartnern nehmen zu.

Der Bericht der japanischen Gewerkschaften zählte auch diesen letzten Punkt als eines der großen gegenwärtigen "Leiden" auf. Es ist ein wichtiges Argumente in der Debatte, die breite Schichten in Japan mit der alten Garde des japanischen Kapitals jetzt führen. Gewerkschaften im Westen können diese Debatte am besten beeinflussen, wenn sie ihre Arbeitsbedingungen verteidigen und verbessern, wenn sie zusammen mit ihren Kollegen in Japan neue Konzepte entwickeln, und wenn sie unmißverständlich klar machen - durch wirtschafts- und handelspolitische Forderungen - auf welcher Seite sie stehen.

Diagramm 1

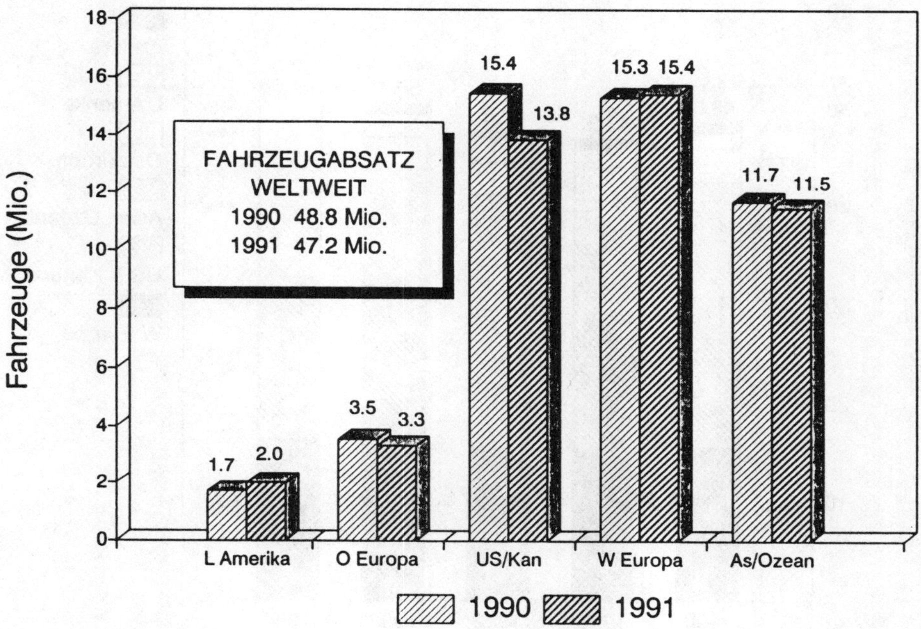

Diagramm 2

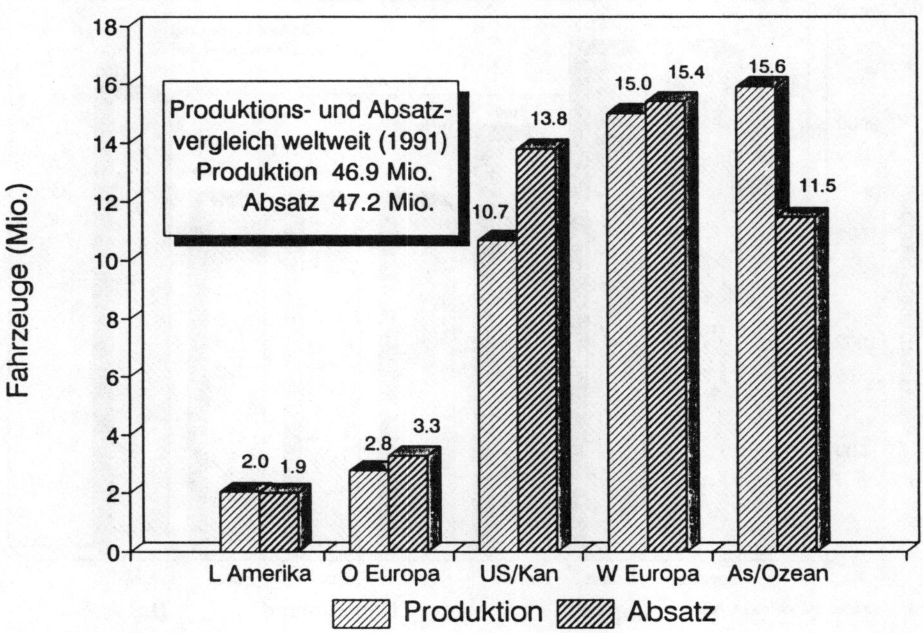

Diagramm 3

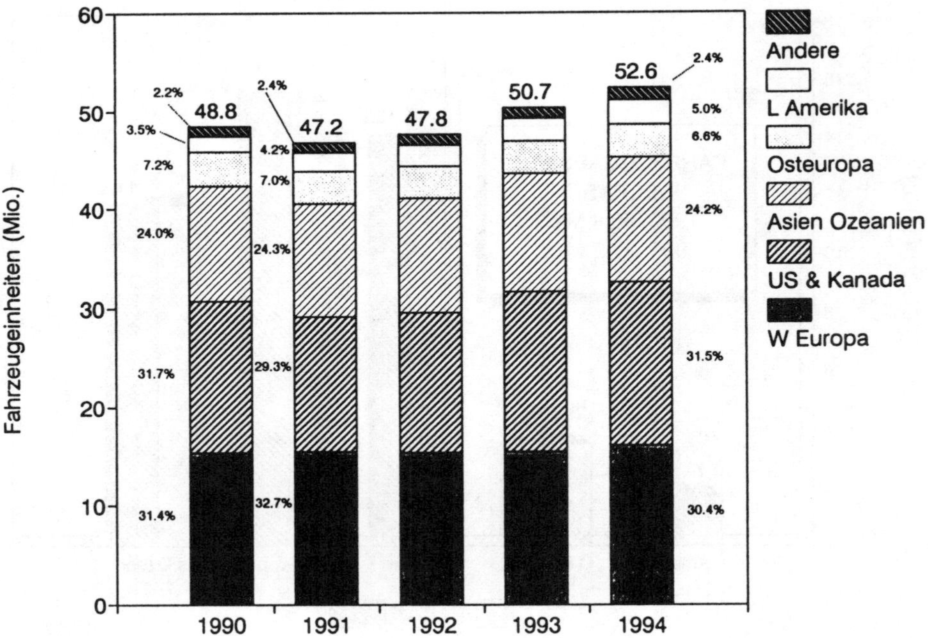

Diagramm 4

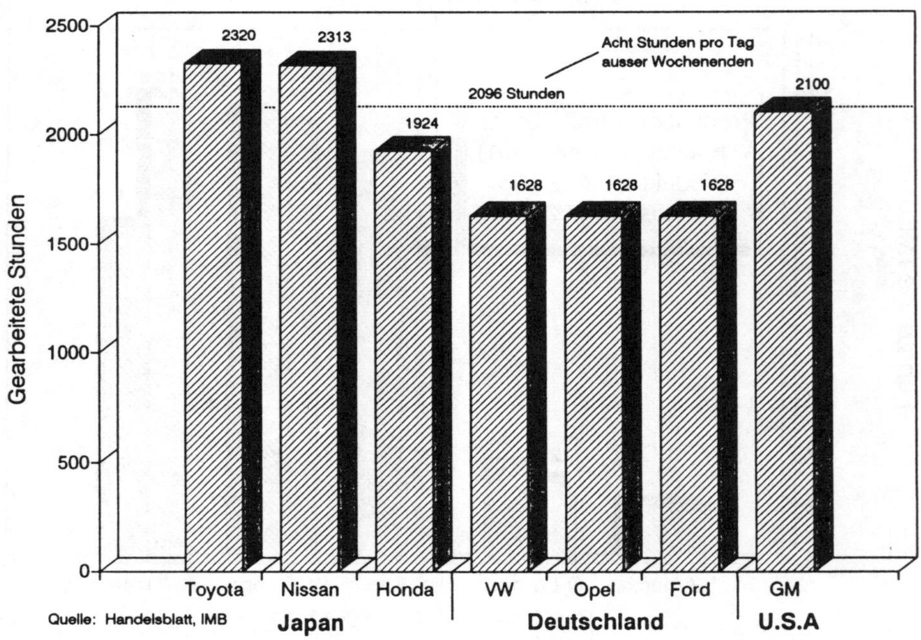

Quelle: Handelsblatt, IMB

Masami Nomura

Toyotismus am Ende?

Zur Reorganisation der "schlanken Produktion" in der japanischen Autoindustrie

1. *Warum fand die MIT-Studie keine große Resonanz in Japan?*

Ein Anlaß dieser Tagung ist die Diskussion um die MIT-Studie zur "Zweiten industriellen Revolution in der Autoindustrie". In Japan selbst fand dieses Buch keine große Resonanz. Warum? Der zentrale Grund liegt darin, daß das Buch zu einem Zeitpunkt veröffentlicht wurde, zu dem das in der MIT-Studie so hoch gelobte Produktionssystem bereits gezwungen war, sich zu ändern oder verändert zu werden.

Während die MIT-Studie das System der "schlanken Produktion" wegen seiner Potentiale zur Entfaltung menschlicher Ressourcen preist, sind viele Arbeiter in der Autoindustrie der Meinung, daß diese Industrie keineswegs attraktiv ist (Abb.1). Nach einer Untersuchung der japanischen Automobilarbeitergewerkschaft bei ihren Mitgliedern antworteten auf die Frage "Empfehlen Sie Ihren Kinder, einen Job in der Autoindustrie zu suchen?" nur 4,5% mit "ja" - über 40% aber mit "nein", der Rest war zumindest wenig zufrieden. Die wichtigsten Gründe, die in der Befragung dafür angegeben wurden, waren der niedrige Lohn, die harte Arbeit und die langen Arbeitszeiten (Tab.1).

Dementsprechend ist es auch zunehmend schwierig für die Autoindustrie, Produktionsarbeiter zu beschaffen. Dazu kommt, daß Neueingestellte binnen kurzer Zeit die Unternehmen wieder verlassen - die Fluktuationsquoten sind für japanische Verhältnisse sensationell hoch.

Die japanische Automobilarbeitergewerkschaft bezeichnet die gesamte Situation als ein "Trilemma", also geprägt durch die drei Merkmale: erschöpfte Mitarbeiter, geringer Gewinn, und heftige Kritik aus Übersee. Nach der Analyse der japanischen Automobilarbeitergewerkschaft (Abb.2) heißt die Managementstrategie der Autoindustrie "Produktionsmenge zuerst" und damit "Marktanteil zuerst". Diese Strategie wird als die Ursache des "Trilemmas" betrachtet.

2. *Ist die japanische Autoindustrie mit der "schlanken Produktion" glücklich geworden? Das Beispiel der Firma YMW.*

Wenn die MIT-Studie zutrifft, sollte die japanische Autoindustrie aufgrund ihrer "schlanken Produktion" eigentlich in einer glücklichen Lage sein - stets sinkende Kosten, null Fehler, keine Lager im Produktionsprozeß, beliebig viele Varianten bei den Produkten, und bei alledem auch noch "menschliche Arbeit". Aber wie paßt dieses mit dem Trilemma zusammen? Um diese Frage zu beantworten, werde ich im folgenden das Beispiel eines Autoherstellers behandeln, den ich einmal

anonymisiert YMW - Yamato Motorenwerke - nenne.[1] Dieser Hersteller ist weltweit berühmt wegen seiner "schlanken Produktion".
In den 80er Jahren verdoppelte sich der Umsatz bei YMW (Abb.3), der Gewinn sank indes im Verhältnis zum Umsatz. Da YMW durch eine Verschiebung seiner Produktion auf die oberen Wagenklassen pro Stück einen höheren Gewinn erzielte, ist der sich insgesamt verringernde Gewinn als um so problematischer zu betrachten.
YMW hat dementsprechend auch die Gründe für diese Entwicklung analysiert (Abb.4). Der Einfluß des Wechselkurses erwies sich dabei als ziemlich bedeutsam (Abb.5). Sieht man von diesem Einfluß einmal ab, so schälen sich drei wichtige Faktoren heraus: Der Effekt der Rationalisierung wurde kleiner, gleichzeitig steigen die Kosten für Forschung und Entwicklung und die Arbeitskosten. YMW zieht daraus den Schluß, daß die "schlanke Produktion" keineswegs kostensenkend wirkt.

3. Was unternimmt YMW?

1989 begann eine ganze Reihe von Reformmaßnahmen bei YMW. Diese Maßnahmen sind noch nicht abgeschlossen. Bis heute wurden folgende Veränderungen durchgeführt, bzw. ihre künftige Durchführung vorgesehen.
(1) YMW gründete einen "Ausschuß zur Verringerung der Anzahl der Autotypen und der Teile" Ende 1990. Dieser Ausschuß beschloß, die Anzahl der Autotypen um 20% zu reduzieren, die Anzahl der Teile soll durch Standardisierung um 30% reduziert werden. Damit sollen eine Verringerung der Forschungs- und Entwicklungskosten erreicht werden sowie Skaleneffekte aufgrund der Massenproduktion.
(2) Die vielstufige hierarchische Struktur im Bereich von Büro und Verwaltung sowie in den technischen Abteilungen wurde seit 1989 vereinfacht. Mit dieser neuen Organisationsform wurden schnellere Entscheidungen des Managements bei YMW erzielt.
(3) 1990 führte YMW ein neues Lohnsystem ein (Abb.6). Drei Dinge wurden dabei verändert: Erstens wurde der Anteil des Produktivitätslohns von 60% auf 40% reduziert. Zweitens wurde ein Fähigkeitslohn neu eingeführt sowie drittens ein Alterslohn.
Der Produktivitätslohn zielt auf den Wettbewerb zwischen den einzelnen "Kumi", das entspricht einzelnen Prozeßabschnitten oder Gruppen von Beschäftigten. Dabei wird die Produktivität der einzelnen Abschnitte monatlich errechnet. Die Produktivität beeinflußt nicht nur den Produktivitätslohn, sondern auch die Aufstiegschancen des "Kumicho", also des Vorarbeiters (wobei dieser viele Funktionen hat, die in deutschen Betrieben beim Meister liegen). Die Reduzierung des Anteils des Produktivitätslohns hatte also zum Ziel, den Wettbewerb zwischen den einzelnen Prozeßabschnitten oder Gruppen abzumildern; zugleich wurde die Bedeutung der Personalbeurteilung für die einzelnen Beschäftigten vergrößert.

---

1 Die Beschreibung von YMW beruht auf Interviews mit Managern und den Spitzen der Betriebsgewerkschaften bei YMW, die ich zusammen mit *Prof. Shoichiro Sei* und *Frau Shizuka Sato* im Dezember 1991 durchführte. Eine ausführliche Darstellung findet sich in: *Masami Nomura*: "Farewell to Toyotism? Recent Trend of a Japanese Automobile Company", GERPISA Discussion Paper Series, Paris, 1992. Dieses Papier wird auch das abschließende Kapitel eines Buches, das Ende 1992 erscheinen wird: *Masami Nomura/Ulrich Jürgens*: "Arbeitsbeziehungen und Arbeitsorganisation in der japanischen Automobilindustrie", edtion sigma, Berlin.

Der Fähigkeitslohn hängt von dem innerbetrieblichen "Rang" und der Personalbeurteilung durch den Vorgesetzten ab. Der Alterslohn bestimmt sich nach dem Alter. Ich kann diese zwei Löhne hier nicht ausführlich erklären.
(4) Die langen Arbeitszeiten sind ein besonders heißes Diskussionsthema in Japan. Die scharfe Kritik aus Übersee veranlaßt das Ministerium für Internationalen Handel und Industrie (MITI), einen starken Druck auf die japanischen Unternehmen auszuüben, kürzere Arbeitszeiten einzuführen. Danach muß gerade YMW, als eines der führenden japanischen Unternehmen, seine Arbeitszeit verkürzen.
Früher war das System einfach. Im Bereich von Büro und Verwaltung sowie in den technischen Abteilungen wurde von 8 bis 17 Uhr gearbeitet, im Produktionsbereich - mit Ausnahme des Bereichs Instandhaltung - hingegen in zwei Schichten mit zwei Gruppen. Unter dem starken Druck der Regierung zur Arbeitszeitverkürzung begann YMW, verschiedene Arbeitssysteme einzuführen.
Im Bereich der Produktion wurde versuchsweise ein neues Schichtsystem (zwei Schichten mit drei Gruppen) in einigen Bereichen eingeführt (Gießerei und mechanische Fertigung). Der entscheidende Punkt dieses neuen Systems ist die Trennung von Arbeitszeit und Betriebszeit (Tab.2). Unter dem neuen System ist die Betriebszeit länger, aber die Jahresarbeitszeit der einzelnen Beschäftigten ist kürzer. Bei der Einführung des neuen Systems versprach YMW, für die Arbeit am Samstag keine Just-in-Time-Anlieferung zu fordern, weil sonst die Zulieferer länger arbeiten müßten. Dementsprechend werden für die Samstagsarbeit bei YMW Lager aufgebaut.
Es ist jedoch nicht zu erwarten, daß dieses System mit zwei Schichten und drei Gruppen auch in der Montage eingeführt wird. Da fast alle Werke von YMW nach dem Just-in-Time-System organisiert sind, gibt es nicht genug Lagerraum zur Abdeckung der Samstagsarbeit. Dementsprechend plant YMW, hier zwei an einander anschließende Schichten mit zwei Gruppen einzuführen, d. h., daß die zweite Schicht unmittelbar nach dem Ende der ersten Schicht anfängt. Damit ist es nicht mehr möglich, Überstunden zwischen der ersten und zweiten Schicht zu machen.
Um Überstunden abzubauen und Nachtarbeit zu vermeiden, praktiziert unter den japanischen Autoherstellern bisher nur Honda zwei direkt aufeinanderfolgende Schichten. (Abb.7). Damit ist die tatsächliche Arbeitszeit bei Honda deutlich kürzer als bei den anderen Autoherstellern. YMW plant, Hondas Schichtsystem an der Montagelinie in seinem neuen Werk in Kyushu versuchsweise einzuführen.
(5) Ende 1989 gründete YMW ein gemeinsames Komitee von Management und Betriebsgewerkschaft mit dem Ziel, die Montagearbeit attraktiv zu machen. Dieses Komitee schlug eine Reorganisation der Gruppenarbeit in den Prozeßabschnitten sowie des Layouts der Montagearbeit vor.
Die derzeitige Montagearbeit hat viele Probleme. Erstens ist wegen der wachsenden Zahl von Varianten die Arbeitsbelastung an den Arbeitsplätzen nicht gleich. Zweitens ist ein stabiler und glatter Arbeitsablauf schwer einzuhalten, weil es zu viele nur befristet eingestellte Arbeiter gibt, die den Anforderungen nicht gerecht werden sowie das System der Ausleihe von anderen Abteilungen, das zum gleichen Problem führt. Drittens hängt die Qualität der Produkte in hohem Maße von der Arbeitsmoral und den Fertigkeiten der Arbeiter ab, da die Montagelinie sehr wenig automatisiert ist.

Um dieses Problem zu lösen, beschloß YMW, versuchsweise eine Pilotlinie für die Innenausstattung der Fahrzeuge neu durchzuorganisieren. Nach einigen Monaten kam man zu dem Schluß, daß die Anlernung bei der neuen Organisationsform leichter, die Arbeitsintensität aber kaum verringert wird. Das Unternehmen möchte diese Linie noch einfacher machen durch eine Reduzierung der Teilezahl und eine Vereinfachung der Konstruktion.
Darüber hinaus begann YMW ein neues Programm der Personalentwicklung für die Produktionsarbeiter. Diese hatten bisher nur eine Chance, aus dem direkten Produktionsprozeß herauszukommen, nämlich indem sie zu Vorgesetzten, also Gruppenführern, Vorarbeitern oder Meistern aufstiegen. Nach dem neuen Programm besteht aber jetzt auch die Möglichkeit, daß direkte Produktionsarbeiter durch Ausbildung am Arbeitsplatz oder auch durch weiterführende Ausbildungsmaßnahmen zu indirekten Arbeitskräften umgeschult werden. Durch dieses Programm wurde eine Motivierung der direkten Produktionsarbeiter erzielt.
(6) Im Oktober 1991 lief ein neues Montagewerk an. Dieses ist vom Konzept her sehr verschieden von den bisherigen Werken von YMW. Erstens liegt der Automationsgrad mit 15% höher als bei den bisherigen Montagewerken, wo der Automationsgrad bei 5% lag. Zweitens gibt es in diesem Werk mehr Raum. Drittens hat dieses Werk mehr Teilmontagelinien, und es gibt Zwischenlager zwischen den Teil- oder Vormontagelinien und der Endmontagelinie. Und viertens wurde der ergonomischen Gestaltung mehr Beachtung geschenkt, so wurde z.B. die Taktzeit von bisher einer Minute auf zwei Minuten ausgeweitet.

4. Was bedeuten die Umstrukturierungen bei YMW?

Die Umstrukturierungen bedeuten den Anfang vom Ende der "schlanken Produktion" bei YMW.
Die Arbeit in der Autoindustrie wird insbesondere von jüngeren männlichen Arbeitskräften als schmutzig, schwer und gefährlich betrachtet. Selbst dieses große Unternehmen kann die geplante Zahl von Arbeitskräften nicht mehr rekrutieren und viele Arbeiter verlassen das Werk bereits bald nach der Einstellung wieder. Woran liegt das? Bisher war YMW immer bestrebt, total schlank zu werden, also alle Arten von überflüssiger Arbeit, überflüssigem Raum usw. abzuschaffen ("Muda"). Jetzt heißt es bei YMW, daß es zwei Arbeiten von "Muda" gibt - notwendige Verschwendung und nicht notwendige. Um eine humane Arbeit zu erreichen, soll eine totale Verschlankung nicht mehr angestrebt werden - sogar Lager innerhalb des Produktionsprozesses soll es wieder geben.
Das Rationalisierungskonzept hat sich verändert. Bei YMW unterscheidet man zwei Produktionstechniken, nämlich die "Fertigungstechnik" und "Fabriktechnik". Die "Fertigungstechnik" bezieht sich auf die Organisation und die technische Gestaltung des gesamten Prozeßablaufs. Dafür sind die Ingenieure in der Zentrale zuständig. Die "Fabriktechnik" bedeutet dagegen die Ergänzung und Veränderung durch die kleinen Verbesserungen aufgrund des Know how, das die Techniker und die Vorgesetzten in der Fabrik durch ihre alltägliche Arbeit gewinnen, und die sie über das Verbesserungswesen in die Gestaltung des Produktionsablaufs einbringen. Diese "Fabriktechnik" erfordert wenig Kostenaufwand, mobilisiert aber die

Verbesserungsbemühungen der Beschäftigten. Bisher wurde bei YMW dieses "Fabriktechnik" als das wichtigste Rationalisierungsmittel betrachtet.
Diese Zeit ist vorbei. Das Management wie die Betriebsgewerkschaft sehen jetzt, daß die traditionelle Rationalisierungspolitik unter den veränderten Bedingungen nicht mehr beibehalten werden kann. Die "schlanke Produktion" kann die Probleme der Arbeitskräfteknappheit und der Arbeitszeitverkürzung nicht lösen, sondern sie nur verschärfen. Darüber hinaus waren die Ingenieure der Zentrale total frustriert bei dieser traditionellen Rationalisierungspolitik über die "Fabriktechnik" vor allem, weil nach ihrer Meinung ihre eigene "Fertigungstechnik", d.h. vor allem die Automatisierung, hinter der der Europäer und Amerikaner zurückbliebt. Die Arbeitskräfteknappheit und der Druck auf eine Verbesserung der Produktionsarbeit zwangen nun YMW, den Forderungen der Ingenieure nach einem Ausbau der "Fertigungstechnik" nachzugeben. Das oben erwähnte neue Montagewerk und das neue Werk in Kyushu sind das Ergebnis. Die Auferstehung der "Fertigungstechnik" hingegen bedeutet eine Revision des Konzepts der "schlanken Produktion".
Die "schlanke Produktion" kann die "endlose Produktpalette", wie es in der MIT-Studie heißt, nicht realisieren. Die Zahl der Modelle verdoppelte sich in den 80er Jahren. Damit verband sich eine Senkung der Gewinne und eine Erschöpfung und Vernutzung der Arbeiter. Die "schlanke Produktion" hatte ihre betriebswirtschaftliche und soziale Grenze überschritten.
Warum, so ist zu fragen, hat die MIT-Studie die Realität der "schlanken Produktion" mißverstanden?
Alle Systeme haben technologische und betriebswirtschaftliche Grenzen. Alle Systeme können nur unter bestimmten politischen, ökonomischen und gesellschaftlichen Bedingungen funktionieren. Wenn ein System seine Voraussetzungen verliert, verliert es auch seine Effektivität. Die MIT-Studie berücksichtigte diese Voraussetzungen und Veränderungen nicht und zeichnete ein historisch-abstraktes Bild, machte die "schlanke Produktion" zu einer Art utopischem Perpetuum Mobile.
Arbeiter, insbesondere junge Arbeiter, akzeptieren nicht mehr die Arbeitsbelastungen, die die "schlanke Produktion" fordert. Es zeichnet sich ab, daß es die wichtigste Voraussetzung der "schlanken Produktion" war, daß die Arbeiter alle Forderungen des Managements akzeptieren. Die erschöpften, vernutzten Arbeiter verlassen jetzt YMW. Das Unternehmen kann neue Arbeitskräfte nicht in ausreichender Zahl beschaffen.

5. Wohin läuft der Toyotismus ?

YMW hat den Rubikon überschritten, der Anfang vom Ende der "schlanken Produktion" hat begonnen. Aber es ist noch zu früh vorherzusagen, welches neue Produktionssystem in der Zukunft entstehen wird.
Für den Aufbau eines neuen Produktionssystems braucht YMW sehr viel Geld. Kann also YMW in "menschenfreundliche" Werke - so wird dieses Konzept des neuen Montagewerkes genannt - investieren, wenn die Gewinne sinken?
In welchem Bereich wird YMW konkurrenzfähig sein, wenn das Produktionskonzept auf der "Fertigungstechnik" beruhen wird? Die Ingenieure von YMW sind

sich der Tatsache bewußt, daß auf diesem Feld die Europäer weiter fortgeschritten sind als sie selbst. Sie besuchten und beobachteten beispielsweise die Werke von VW in der Phase, als sie das neue Montagewerk entwickelten.

Um sich über das neue Produktionssystem bei YMW klarzuwerden, muß nun sorgfältig beobachtet und untersucht werden, wohin das Ganze läuft. Aber mir scheint der Trend darauf hinauszulaufen, daß das neue Produktionssystem weiter technisiert und automatisiert sein wird, wenn auch mit einer humaneren Form der Arbeitsorganisation.

Abb. 1 Attraktive Autoindustrie?

Empfehlen Sie Ihren Kindern, einen Job in der Autoindustrie zu suchen?

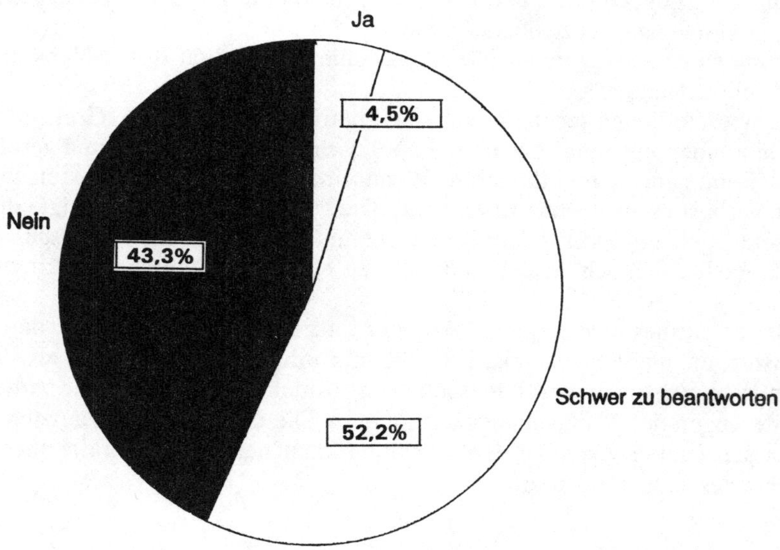

Tab. 1 Warum ist die Autoindustrie nicht attraktiv?

Warum empfehlen Sie sie nicht? Bitte nennen Sie die wichtigsten Gründe (bis 4 Gründe)

	Autohersteller (%)	YMC (%)
Lohn zu gering für intensive Arbeit	42.8	37.1
hohe Arbeitsintensität, scharfe Vorgabe	40.5	54.7
hartes Schichtsystem und Nachtschicht	40.1	56.0
viel Feiertagsarbeit und Überstunden	35.9	37.8
unfreundliches Personalmanagement	33.2	37.8
Angst um Zukunft der Industrie bzw. des Unternehmens	31.0	14.3
Zweifel an Managementspolitik	15.4	13.7
schwierig Aufstieg	14.0	19.2
uninteressante Arbeit	13.0	20.2
ich arbeite nur, um zu leben	12.3	16.0
viele Versetzungen und "Shukko"	10.7	6.5
Angst um Zukunft meiner gegenwätigen Arbeit	10.3	8.5
keine bestimmte Gründe	10.1	15.3
schlechtes Betriebsklima	9.0	8.5
unbedeutende Firma	4.3	1.0
meine Firma ist nicht sozial nützlich	2.3	1.6
ich wollte den Job in der gegenwärtigen Firma nicht	1.7	3.3

Abb. 2 Probleme der japanischen Autoindustrie

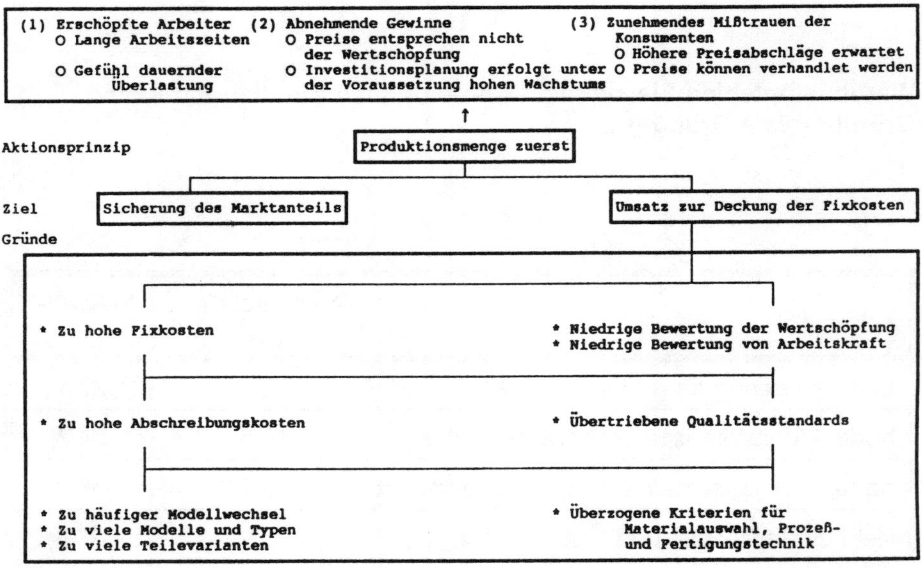

Abb. 3 Umsatz und Gewinn

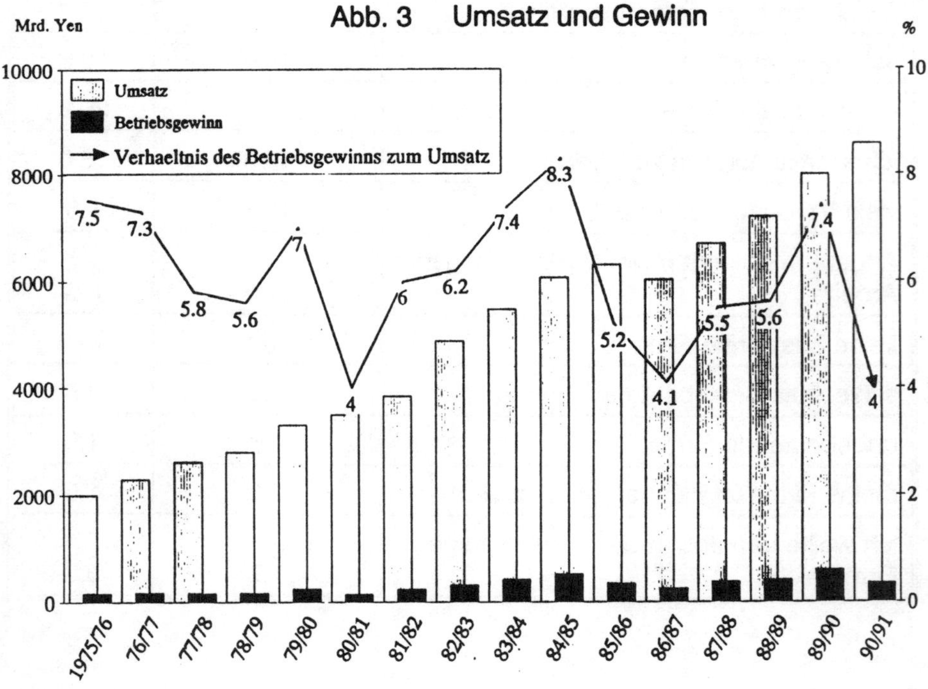

Abb. 5 Analyse des Betriebsgewinns

(Unter Neutralisierung des Einflusses durch den Wechselkurs)

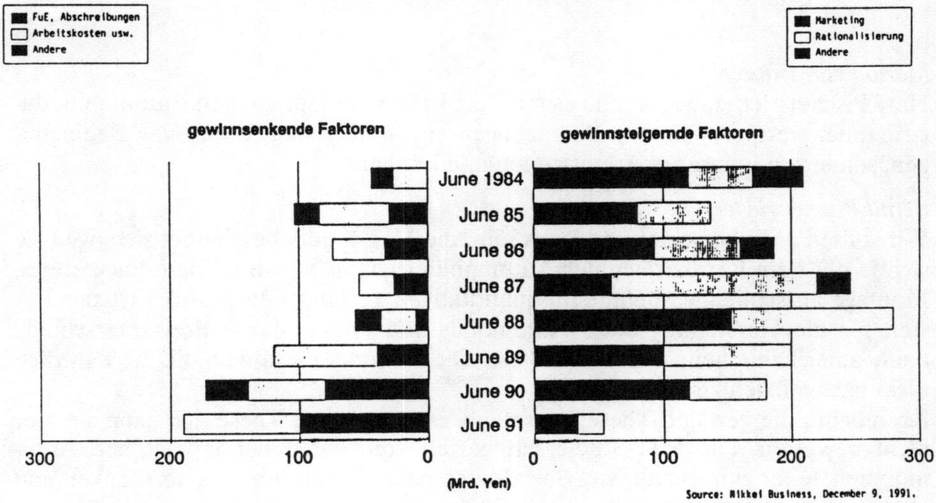

Source: Nikkei Business, December 9, 1991.

Abb. 6

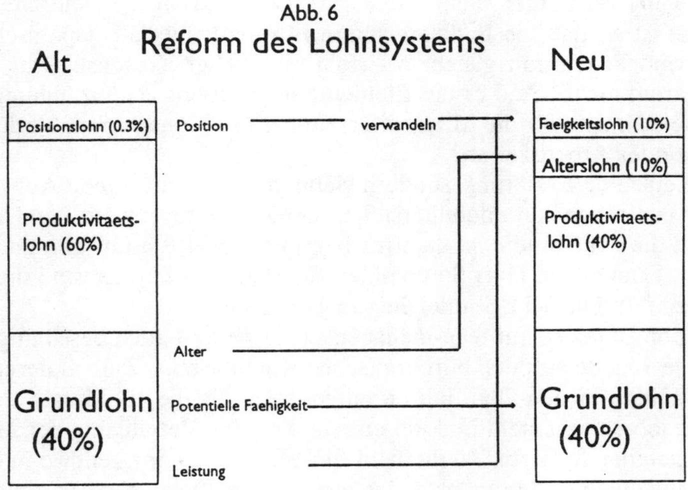

Tab. 2 Vergleich zwischen 2 Schichten mit 2 Gruppen und 2 Schichten mit 3 Gruppen

		2 Schichten mit 3 Gruppen	2 Schichten mit 2 Gruppen	Differenz
Tage im Jahr	Arbeitstage	297 Tage	245 Tage	+ 52 Tage
	Ruhetage	167 Tage	120 Tage	+ 47 Tage
Regel-Arbeitszeit	pro Tag	9.5 Stunden	8.0 Stunden	+ 1.5 Stunden
	pro Jahr	1881 Stunden	1960 Stunden	- 79 Stunden
Schichtzulage		35%	25%	+ 10%

Marion von Haaren:
Herr Pischetsrieder, wie stände es mit dem Erfolg der japanischen Automobilindustrie unter westeuropäischen Bedingungen - nicht unter den kulturellen Bedingungen, sondern mit unseren Arbeitszeiten und Löhnen?

Bernd Pischetsrieder:
Wir sollten uns über eines im klaren sein: die MIT-Studie beschäftigt sich, weil sie sich ja mit dem Kernbereich der Automobilfertigung, Karosseriebau, Lackiererei, Montage ausschließlich befaßt, im quantitativen Teil mit weniger als 10% der Kosten für die Herstellung eines Automobils und erklärt damit Preisunterschiede beim amerikanischen Markt von 30%. Diese Art der Mathematik ist natürlich nicht nachvollziehbar.
Ich möchte die gewagte These vertreten - es ist nur eine These, ich kann sie hier nicht beweisen: Die MIT-Studie hat gezielt von Seiten der japanischen Automobilhersteller zum Inhalt, von Sozialdumping und Preisdumping abzulenken, um zu behaupten, Preisdifferenzen von 30% seinen mit Produktivität begründbar. Vielleicht ist das überlegenswert.
Die Überzeugung vermutlich nicht nur von BMW, sondern der deutschen Automobilindustrie ist es, daß die Bedingungen in Europa keinesfalls japanischen Unternehmen ermöglichen, mit gleichem Erfolg in gleicher Kostenstruktur tätig zu sein. Aber warum nicht? Sind es die Elemente der von mir als Sozialdumping bezeichneten Verhältnisse für die Mitarbeiter, sind es die Management-Verhältnisse, sind es Löhne oder Arbeitszeiten?
Es gibt keine einzelne Erklärung, sondern vielmehr eine umfassende Antwort. Die Reaktion der deutschen Automobilhersteller, der Zuliefererindustrie und auch der IG Metall auf die MIT-Studie ist dadurch begründet, weil sie uns alle an wunden Punkten trifft. Zum einen, Herr Steinkühler, Sie sagten es bereits, sind die Unternehmen viel zu fett. Die MIT-Studie, die sich ja nicht nur mit
Lean Production, sondern mit lean-management insgesamt auch beschäftigt, deckt eindeutig diese Wunde auf: den bürokratischen Kapitalismus. Zum anderen wurde eine zweite Wunde in den 70er Jahren aufgerissen, als die IG Metall unter den Überschriften job-enlargement und job-enrichment eine Beteiligung der Mitarbeiter am Unternehmen forderte. Zu meinem Bedauern sind wir irgendwo in den Anfängen steckengeblieben. Ich möchte das jetzt an der Stelle nicht vertiefen. Entscheidend ist, vielleicht haben wir ein "schlechtes Gewissen", weil wir das Potential unserer Mitarbeiter, jedes einzelnen Mitarbeiters, nicht ausreichend nutzen.

Marion von Haaren:
Prof. Nomura, Fähigkeiten und Qualifikationen von Mitarbeitern werden zu wenig genutzt. Wie sieht es da in Japan aus, gibt es da ein Umdenken im Zusammenhang mit Lean Production?

Masami Nomura:
Die Qualifizierungsmethoden in Japan sind etwas anders als in Deutschland. In Japan gibt es zwei Karrieren: für direkte Produktionsarbeiter und für indirekte

Produktionsarbeiter. Für die direkten Produktionsarbeiter, besteht sie im Anlernen an ein paar Stationen (Polyvalenz), die Taktzeit ist etwa 60 Sekunden. Diese Qualifizierungsmethode für die direkten Produktionsarbeiter kann keine Attraktivität für die Montagearbeit ergeben. Das Management möchte jetzt eine neue Motivationsmethode, ein neues Ausbildungsprogramm für die direkten Produktionsarbeiter, denn bei der Arbeitskräfteknappheit seit der zweiten Hälfte der 80er Jahre konnte das Management durch Polyvalenz plus KVP keine Motivation mehr mobilisieren.

Marion von Haaren:
Herr Williams, Lean Production gerade in Hinsicht auf bessere Ausnutzung von Qualität und Qualifikation: Gibt es da möglicherweise Beispiele in Japan, wo wir etwas lernen könnten?

Karel Williams:
Die Frage bereitet mir Schwierigkeiten, denn bisher dreht sich die Diskussion um die Effektivitätslücke zwischen den Japanern und den Europäern. Man muß sich einmal vor Augen halten, wie groß diese Effektivitätslücke wirklich ist. Wenn man sich also anschaut, wieviele Wagen pro Person produziert werden - und man muß da natürlich noch berücksichtigen, daß z.B. Toyota wesentlich weniger Fahrzeuge oder weniger Teile des Fahrzeugs herstellt als VW - dann stellt man fest, daß der Unterschied zwischen Toyota und VW 20 bis 25% ist. Das ist also diese sog. Effektivitätslücke. Aber diese Zahlen haben eigentlich nichts mit Effektivität oder Effizienz zu tun, sondern sind das Spiegelbild der Arbeitszeiten: in Europa 1.500, in Japan 2.000 Arbeitsstunden pro Jahr.
Die *Kosten*unterschiede entstehen durch das hohe deutsche Lohnniveau; die *Effektivitäts*lücke besteht in institutionellen und sozialen Unterschieden zwischen den Ländern.

Wilfried Kuckelhorn:
Die Ansicht, daß fast 95% der Japaner ablehnen, in der Automobilindustrie zu arbeiten, ordne ich ein in eine Strategie des Vernebelns. Wie Sie vielleicht wissen, hat Ford Amerika nicht unerhebliche Aktienanteile an der Firma Mazda. Es gibt pausenlos einen Vergleich zwischen Mazda und Ford. Ford Europa, Ford weltweit, Mazda weltweit, Mazda für Europa, Mazda für Deutschland usw. Wenn wir diese Vergleiche einmal genau untersuchen, dann finden wir sofort, daß die Vergleiche miteinander nicht vergleichbar sind.
Die Fertigungstiefen sind völlig andere, der Automationsgrad ist ein völlig anderer. Während Mazda in Hiroshima und Hofu Taktzeiten von 1,2 und 1,1 Minuten haben, haben wir Taktzeiten zwischen 40 und 45 Sekunden.
Die angeblich zu hohen Lohnkosten sind nicht entscheidend als Produktivitätsvorteil zu sehen für andere, sondern entscheidend sind die Lohnstückkosten. Wenn wir einen Lohnstückkostenvergleich in Europa machen mit den einzelnen Firmen, dann würden wir einen Trend feststellen, daß gerade die Billiglohnländer in Europa höhere Lohnstückkosten haben als die traditionellen Länder mit hohen Lohnkosten. Das gleiche gilt bei den Arbeitszeiten. Wenn die Automobilisten ehrlich sind und nicht einerseits die gesamte Mehrarbeit in das Stundenvolumen mit reinrechnen und andererseits von Normalstunden ausgehen, also wenn alle mal

ehrlich sind, wieviel Mehrarbeit bei uns in den letzten Jahren verfahren worden ist, dann kommen wir in etwa auf gleichen Jahresstundenzahlen wie in Japan.
Bei der Frage der Humanisierung der Arbeitswelt sollten wir gar nicht so stark auf Japan gucken. Wir haben selbst genug Know how, um neue Arbeitsorganisationsformen mit zu erstellen als Gegenvorschlag zu Management-Konzeptionen. Wenn die Managements der einzelnen Betriebe immer die Gefahr der Japaner an die Wand malen, dokumentieren sie auch ein Stück Ohnmacht. Neue Arbeitsformen, die insbesondere die Automobilindustrie braucht, sind nicht ohne die Belegschaften durchzuführen, das weiß das Management. Das heißt, den Arbeitnehmervertretungen und den Gewerkschaften kommt in diesem Strukturwandel eine wesentliche Bedeutung bei, nämlich die Akzeptanz zu erzielen. Da liegt auch die Chance für uns als Gewerkschafter, daß wir mitgestalten und gleichzeitig unsere Präsenz als Gewerkschaften innerhalb der Belegschaft dokumentieren.
Gruppenarbeit ist für uns eine neue Arbeitsorganisationsform und kann nur langfristig angelegt sein, denn wir haben zu berücksichtigen einerseits die vorhandene Belegschaft und andererseits die Notwendigkeit neuer Qualifikationen. Für das Unternehmen kommt höhere Effizienz dabei heraus, für die arbeitenden Menschen vor Ort höhere Löhne und auch Gehälter sowie bessere Arbeitsbedingungen.
Die bisherigen Formen der Einführung einzelner Bereiche von Lean Production, Just-in-Time oder Modelle von Gruppenarbeit, so ist unsere Erfahrung, haben eher dazu geführt, daß der Einfluß und die Mitgestaltungsmöglichkeit von Betriebsräten oder Gewerkschaften vergrößert wurden, denn in Fragen der Gruppenarbeit sind Arbeitnehmervertreter gestalterisch vor dem Management präsent gewesen. Zu der Frage von Organisationszusammenlegung, nehmen Sie Entwicklung, Fertigungsplanung und Werksplanung in einer Organisation, da haben wir genau so viel zu bieten wie das Management.

Marion von Haaren:
Herr Pischetsrieder, was ist denn an dem japanischen Modell für Sie interessant?

Bernd Pischetsrieder:
Nach dem Vortrag von Herrn Prof. Nomura zögere ich zu sagen, welche Elemente wir von lean-manufacturing oder Lean Production übernehmen wollen. Die wichtigste Schlußfolgerung, die wir bei BMW daraus ziehen, ist: Wir haben Einstellungen zu ändern. Wenn ich sage wir, dann meine ich ganz bewußt uns alle, auch Sie.
Ich erlaube mir hier, eine Kritik an einem Begriff zu üben, der für Sie von großer Bedeutung ist, an dem Begriff Mitbestimmung. Ich meine, es ist Zeit, die Mitbestimmung zu beenden. Denn Mitbestimmung setzt ja voraus, daß jemand bestimmt. Und sie erheben den Anspruch, mitzubestimmen. Das ist die falsche Denkweise. Wenn wir die Potentiale unserer Mitarbeiter ausnutzen wollen, dann muß es nicht um ein Mitbestimmen, sondern um ein Mitgestalten gehen.
Wenn ich sage "Einstellung ändern", dann ist die schwierigste Aufgabe zu definieren, wer sie zuerst ändern muß. Das Management sagt, die Mitarbeiter müssen ihre Einstellung ändern, damit wir die Kontrollmechanismen aufgeben können. Die Mitarbeiter sagen, die Manager wollen uns immer kontrollieren und deswegen können wir unsere Einstellung nicht aufgeben. Wenn wir nicht gemeinsam der Meinung sind, zu einem Zeitpunkt X den Weg der Veränderung der Einstellung gemeinsam zu gehen, dann können wir noch so viele Tagungen in dieser und ähn-

licher Art veranstalten. Es ist eine Frage, wie gewillt die Arbeitgeberseite, das Management von großen Unternehmen, von kleinen Unternehmen, die Kollektivvertretung der IG Metall und die Betriebsräte sind, loszulassen, was uns über lange Zeit liebgeworden ist, nämlich an Ansprüchen und an Bestimmen. Das ist für mich der Hauptpunkt, die Schlußfolgerung, die wir gemeinsam ziehen müssen, weil es die einzige Chance ist, die schon angesprochene hohe Qualifikation aller Menschen in diesem Land auch auszunutzen.
Der Taylorismus kommt aus einer Zeit, wo eine unglaublich große Anzahl von Menschen mit keinerlei Qualifikation beschäftigt werden mußte. Wir alle tun so, als sei das heute noch so und arbeiten in Strukturen aus dem Jahre 1912 aus den Schlachthöfen von Chicago, wo der Taylorismus erfunden worden ist, und damals *vielleicht* richtig waren.

Marion von Haaren:
Herr Kuckelkorn, sollte die Mitbestimmung vor dem Hintergrund einer veränderten Wettbewerbssituation überdacht werden?

Wilfried Kuckelhorn:
Ich glaube, daß Herr Pitschesrieder den Begriff Mitbestimmung falsch interpretiert. Mitgestaltung heißt in erster Linie *keine* Gemeinsamkeit. Die Gemeinsamkeit kann erst *hergestellt* werden, wenn die Konzepte von uns und die des Unternehmens miteinander diskutiert werden und für den besseren Weg gerungen wird. Arbeitnehmervertretungen und Gewerkschaften haben genügend qualifizierte Arbeitnehmer - Vertrauensleute, Betriebsräte, aus den Fachabteilungen - um alternative Konzepte auf den Tisch zu legen.
Nun muß das Management sein Konzept auf den Tisch legen. Dann machen wir das sozialverträglich, entlohnungsmäßig und qualifikationsmäßig rund, und wenn das ganze Paket dann miteinander diskutiert ist, dann können wir uns nachher drüber streiten, ob es Mitbestimmung oder ob es Gemeinsamkeit war, aber an den Begriffen lassen wir uns nicht rütteln.

Marion von Haaren:
Prof. Nomura, Mitgestaltung, Mitbestimmung, das ist nicht nur ein sprachlicher Unterschied. Inwieweit ist dieser Begriff des Entscheidens über Produktionsprozesse in Japan heute ein Thema im Zusammenhang mit Lean Production?

Masami Nomura:
Es gibt Mißverständnisse in Deutschland über die japanische Partizipation. Die japanische Gesellschaft ist ganz autoritär und die Japaner sind immer sensibel bzgl. sozialer Positionen oder innerbetrieblicher Rangfolgen. Diese Kleinigkeit spielt eine wichtige Rolle in den japanischem Human Relations. Innerbetrieblich heißt Partizipation de facto, die Mitarbeiter stimmen mit der Meinung der Vorgesetzten überein, aber die Vorgesetzten sprechen nicht offen darüber. Also müssen die Untergeordneten immer versuchen, diese Meinung herauszubekommen. Und die zu unterstützen oder zu sagen, das ist die sog. Partizipation in der japanischen Gesellschaft. Ist das wirklich Mitbestimmungsrecht oder Partizipation? Ich glaube nicht.

Marion von Haaren:
Es hört sich so an, daß man dem jeweils hierarchisch höher Stehenden den Wunsch von den Lippen ablesen muß. Könnten Sie sich trotzdem vorstellen, daß

innerhalb der japanischen Werke Produktionsprozesse anders liefen, wenn Formen der Mitbestimmung, der Partizipation dort auch praktiziert würden?

Masami Nomura:
Arbeitssicherheit und Beschäfitigungssicherung, das ist alles, woran die japanischen Betriebsgewerkschaften bisher Interesse haben.
Jetzt beginnt eine Veränderung, weil das Management das akzeptiert. Es ist sehr schwierig für die japanischen Betriebsgewerkschaften, gegen den Willen des Managements etwas durchzusetzen.

Marion von Haaren:
Herr Pischetsrieder, wo sehen Sie das eigentliche Problem, wenn Sie von Mitbestimmung sprechen? Was ist da wettbewerbsgefährdend oder behindernd?

Bernd Pischetsrieder:
Ich habe über die Einstellung gesprochen und über diesen zweiten Teil des Wörtchens Mitbestimmung, nämlich die Bestimmung. Ich bin wirklich der Überzeugung, daß Bestimmen kein Management der Zukunft ist, weder von Arbeitgeber- noch von Arbeitnehmerseite.
Wir sollten den Punkt *Gestaltung* vertiefen, denn darauf kommt es an. Wir sind uns alle darüber einig, daß wir die Wettbewerbsfähigkeit unseres Standortes, auch wenn wir in Standortqualität zusammen mit Japan auf den ersten beiden Plätzen liegen, erhalten und verbessern müssen. Und dieses ist nur durch Gestalten und Umgestalten möglich. Dieses kann nicht, nach den Kriterien erfolgen, die insbesondere von Prof Altmann geschildert wurden. Deswegen müssen wir die Stärken unseres Standortes nutzen: hohe Qualifikation der Menschen und hervorragende Infrastruktur (alle Kommnikations- und Transporteinrichtungen sowie die Breite der uns zur Verfügung stehenden Technologien).
Das Automobil ist dasjenige unter allen Serienprodukten, das den höchsten Integrationsgrad unterschiedlicher Technologien hat. Infolgedessen wird die Wettbewerbsfähigkeit eines Automobilunternehmens und seiner Zulieferer dadurch bestimmt, wie effizient es in der Lage ist, unterschiedliche Technologien zu integrieren. Das ist im übrigen der Aspekt Simultaneous Engineering, der die Lieferanten sehr nachhaltig betrifft.
Der Kernpunkt ist nicht ein Streit zwischen der IG Metall und den Arbeitgebern darum, ob Gruppenarbeit die richtige oder die falsche Art der Verbesserung der Produktivität ist. Die Probleme sehe ich mehr im Umfeld dieser Thematik. Wenn Sie, Herr Steinkühler, mit der Gruppenarbeit lohnpolitische Themen wie zum Beispiel die Frage der Erholungszeiten in Verbindung bringen *oder* die ganz kritische Frage, an der wir ja schon in der Vergangenheit mal gescheitert sind, die Bewertung der Lohngruppen, die bei höherer Integration ja zwangsläufig zu einer Höherstufung führen muß *oder* verschiedene andere Themen, die mehr auf der Lohnseite liegen als auf der Arbeitsgestaltungsseite, wenn diese verbunden werden und die Lohnpolitik dann sozusagen Unterstützung erhält durch Gruppenarbeit, die ja zu höheren Lohngruppen führt, dann erzeugen sie auf der Arbeitgeberseite Widerstände. Jedenfalls für unser Haus gilt, daß deshalb in den 70er Jahren die Humanisierung "begraben" wurde.
Wir müssen aus Gründen der Produktivität an unserem Standort die Höherqualifikation unserer Mitarbeiter nutzen. Ich akzeptiere auch, daß wir die höhere Qua-

lifikation in irgendeiner Form bezahlen müssen in Form von Löhnen. Die Bitte heißt, berücksichtigen Sie dieses in der gesamten Lohnpolitik der IG Metall und nicht additiv zu den ohnehin Jahr für Jahr notwendigen Tarifrunden. Die Arbeitszeitverkürzung wurde auch eingebunden in Tarifrunden. Warum sollte man denn nicht diesen Aspekt der Höherqualifikation durch Gruppenarbeit auch in die Tarifpolitik mit einbinden und Produktivitätsfortschritte dadurch anstreben?

Wilfried Kuckelhorn:
Herr Pischetsrieder, ich glaube nicht, daß Sie die Gruppenarbeit zum Nulltarif bekommen. Für eine Gruppenarbeitszulage werden Sie auch keine Gruppenarbeit bekommen in einer Form, die da lautet: neue Arbeitstechniken. Gruppenarbeit können Sie ja nicht flächendeckend durchführen, sondern Sie müssen sich einen Produktionsprozeß herausnehmen und den Produktionsprozeß neu gliedern. Wenn Sie Gruppenarbeit richtig organisieren, geht er letztendlich zu Lasten der Werks-, Gruppen- und der Fertigungsplanungsstäbe. Wenn Sie an die 40% in einem Bereich an Gruppenarbeit herankommen, werden die personellen Auswirkungen in diesen Stabsbereichen enorm sein, weil sie das fachliche Potential der Kolleginnen und Kollegen nutzen. Dies für Sie alleine einzustreichen, das geht nicht. Das geht nur entweder über ein völlig neues Entlohnungssystem oder aber in dem bestehenden mit höheren Lohngruppen. Eine andere Lösung kann es nicht geben. Sie können von Gewerkschaften und Arbeitnehmervertretungen nicht erwarten, daß wir für Sie die Überzeugungsarbeit machen, weil sie es alleine nicht schaffen, und Sie dann den Profit des Ganzen als Beitrag zur Konkurrenzfähigkeit einstecken.

Bernd Pischetsrieder:
Ich plädiere nicht dafür, Gruppenarbeit zum Nulltarif zu haben. Ich bin überzeugt, Herr Steinkühler, daß der Weg in die Gruppenarbeit, insbesondere wie er von Herrn Kuckelkorn geschildert wurde, nur über ein integriertes Lohn- und Gehaltssystem geht. Ich halte es für einen absoluten Anachronismus, zu unterscheiden zwischen den Angestellten und den Lohnempfängern, insbesondere in den Bereichen, um die es bei Gruppenarbeit eigentlich geht.
Wie ist denn die Situation in der Industrie? Wir haben einen hochqualifizierten Werkzeugmacher, bei uns in Bayern in Tarifgruppe 8 eingestuft. Wenn er jetzt den sozialen Fortschritt haben will und nicht mehr Arbeiter heißen will, dann wird er Fertigungsplaner in Tarifgruppe 5. Er ist an der untersten Hierarchiestufe der technischen Planungstätigkeiten einer von vielen und kann seine spezifischen Qualifikationen nicht ausnutzen, hat aber gleichzeitig in Mangelberufen eine offene Stelle hinterlassen. Und alles motiviert dadurch, daß wir zwei unterschiedliche Lohn- und Gehaltssysteme haben mit einem unterschiedlichen Sozialstatus. Dieser Werkzeugmacher ist selbstverständlich in der Lage, Angestelltentätigkeiten auszuüben. Und wenn man das nun entsprechend beschreibt, dann kann man diesen Werkzeugmacher tatsächlich zum Angestellten machen. Es ist aber ein Umweg, wo es auch einen geraden Weg gäbe. Ich kann Ihnen auch hier wieder nur sagen, daß die Integration zwischen Angestellten und Lohnempfängertätigkeiten nicht dazu benutzt werden sollte, zusätzliche Lohn- und Gehaltsforderungen zu stellen.

Johann Welsch, DGB Düsseldorf:
Wir diskutieren über Fragen der Verbesserung der Produktivität, und zwar der Arbeitsproduktivität in bundesdeutschen Automobilfabriken. Selbst wenn es gelingen würde, Lean Production hier einzuführen in modifizierten Formen, so daß sie auch der Humanisierung der Arbeit zugute kämen, dann würden wir auf einem höheren Produktivitätsniveau produzieren und damit bei gegebener Produktion mit *weniger Arbeitskräften* auskommen. Alleine bei Opel, VW und Mercedes ist für die nächsten 5 Jahre ein Arbeitsplatzabbau von rund 40.000 Stellen vorgesehen. Die Frage ist doch, was produzieren wir eigentlich und in welcher Menge? Will BMW z.B. noch schnellere Autos produzieren, damit von der Produktionsseite her der negative Beschäftigungseffekt aufgefangen werden kann? Wir müssen zusammen mit der Lean-Production-Diskussion auch die Frage nach *neuen Produkten* und *Diversifizierungsmöglichkeiten* der Automobilindustrie stellen.
Herr Pischetsrieder, welche Vorstellung hat denn BMW von seiner Produktpalette im Jahre 2010?

Bernd Pischetsrieder:
Produktivitätssteigerung, unter welcher Überschrift zu welcher Zeit in der Industriegeschichte sie auch immer stattfand, führt entweder dazu, daß der Absatz erhöht werden kann aufgrund besserer Wettbewerbsfähigkeit oder dazu, daß die Zahl der Mitarbeiter reduziert werden muß.
Im letzten Jahr hat BMW ein Ergebnis von 1,7 Milliarden erwirtschaftet, hat 550.000 Fahrzeuge verkauft und wenn sie beide Zahlen durcheinander dividieren, dann ist es ein Ergebnis von 3.000 DM pro Fahrzeug. Die durchschnittliche Preisdifferenz unserer Produkte in USA zu vergleichbaren Konkurrenzprodukten ist 10.000 Dollar. Das heißt, es geht für uns eindeutig um die Frage, die Wettbewerbsfähigkeit nicht nur zu sichern, sondern wiederzugewinnen. Und ich bin wirklich überzeugt davon, daß uns dieses gelingen wird, weil ich weiß, daß in vielen Unternehmen und mit Ihrer Unterstützung der Prozeß der Effizienzsteigerung gut vorangeht, auch bei BMW.
Die Frage nach der Produktpalette und den Märkten - diese sind nicht nur nach dem Segment, sondern auch nach der Region zu unterscheiden - ist eine Schlüsselthematik.
Wir haben auf dem ersten von Herrn Unterweger gezeigten Diagramm gesehen, daß die Vereinigten Staaten ein großer Importeur von Automobilen sind, unglücklicherweise nicht aus Europa, sondern aus Japan. Die Chance der Europäer ist eindeutig, sich in diesem Markt und in anderen Märkten zu etablieren, wo wir als Europäer und insbesondere BMW heute überhaupt nicht vertreten sind. Eine Verteidungsstrategie versucht, unsere heutigen Märkte zu sichern - mit der Sicherheit, sie in 10 Jahren zumindest in einem relativ großen Segment verloren zu haben. Deswegen müssen wir zusätzliche regionale Märkte und auch Produktmärkte erschließen. Ob es sich jetzt um Kleinwagen, Elektrofahrzeuge, City-Fahrzeuge oder dreirädrige neue Verkehrsträger handelt, darüber kann man diskutieren.
Ich plädiere also dafür, unsere Märkte regional und vom Inhalt her auszuweiten, um die aufgrund der Produktivitätsverbesserungen erforderlichen Mitarbeiter nicht abbauen zu müssen, sondern effizientere Produktion bei höherem Volumen gestalten zu können.

Rudolf Berger, ACEA, Europäischer Automobilherstellerverband, Brüssel:
Japan ist kein Modell, sondern eine Anregung, wettbewerbsfähiger und produktiver zu werden, und ich hatte das von dieser Diskussion hier erwartet, etwa an drei Punkten:

- Das japanische System ist kollektivistisch organisiert im Vergleich zu dem eher individualistischen System in anderen Ländern, Frankreich, Italien usw. Deutschland steht Japan noch am nächsten. Wir haben Einheitsgewerkschaften, wir haben Einheitsorganisationen auf Arbeitgeberseite, das ist eine unserer Chancen im Wettbewerb mit Japan.
- Wettbewerb und Umwelt sind die beiden großen Herausforderungen. Wir müssen sie miteinander verbinden. Wer im Umweltschutz vorne ist, ist auch im Wettbewerb vorne.
- Kundenorientiertung: Kein Wort ist bisher über die starke Kundenorientierung der japanischen Hersteller überhaupt gefallen. Ich glaube, daß die Vielfalt der Japaner nicht eingestellt wird, weil die Kunden vielfältige Autos wollen. Das wäre auch eine Chance Europas, denn wir sind vielfältig in Europa.

Peter Unterweger:
Die Japaner haben zweifellos ganz besondere Wettbewerbsvorteile. Die Frage ist nur, was sind genau die Vorteile? Die MIT-Studie präsentiert es so, als ob das ganz einfach ein effizienteres *Produktions*konzept wäre. Aber es gibt noch andere Vorteile, das habe ich versucht klarzumachen. Ein Teil dieses Vorteils liegt im starken Gefälle der Löhne in der Zuliefererpyramide, in den langen Arbeitszeiten usw.
Das japanische System kann auf jeden Fall übertragen werden - wie man am Beispiel USA sehen kann. Aber die Frage ist, wie effektiv dieses System dort wirklich arbeitet. Wieviel Gewinn erzielen die Japaner in USA? Viele Leute sagen, sie können dort garnicht rentabel produzieren und sie sind nur dort, um wie auch schon früher Marktanteile zu vergrößern, und das ist wahrscheinlich von ihrem Standpunkt aus gesehen eine erfolgreiche Strategie. Ich wünsche mir manchmal, daß General Motors auch so intelligent wäre, anstatt die Preise fortwährend zu erhöhen.
Die erste Frage ist: Woher kommt dieser Vorteil? Ist es wirklich nur dieses wunderbare Konzept, das in dem Buch beschrieben wurde, oder sind es eher soziale Gründe?
Zweitens: Geht es mit manchen von diesen Vorteilen zu Ende? Wird es noch weiterhin möglich sein, so effizient und produktiv zu sein wie bis jetzt, wenn es so schwer ist, diese Arbeitskräfte zu finden?
Drittens: Ist es vielleicht gar nicht möglich, sich auf einen freien Konkurrenzkampf mit solchen Methoden einlassen? Da werden das soziale Niveau, die Sozialleistungen untergraben, die die Arbeitnehmer in Deutschland und in Europa haben. Da muß man politisch reagieren. Zum Beispiel gibt es jetzt eine große Diskussion in den Vereinigten Staaten über das Handelsabkommen mit Mexiko: Soll man Automobile in die USA importieren, die mit Stundenlöhnen von nur zwei Dollar erzeugt werden und deren Herstellungsprozeß die Umwelt und die Gesundheit der Beschäftigten zerstört?

Masami Nomura:
Wenn wir über die Wettbewerbsfähigkeit sprechen, müssen wir zwei Dinge unterscheiden: Qualität und Kosten.
Die Arbeitsstundenstatistik in Japan ist nicht zuverlässig, weil es in Japan üblich ist, sogenannte Service-Überstunden zu leisten oder Überstunden zu Hause, d.h. die Überstunden werden nicht bezahlt und nicht in die offizielle Arbeitsstundenstatistik eingeschlossen. Überstunden zu Hause heißt, daß Arbeiten innerhalb der normalen Arbeitszeit nicht erledigt werden können. Natürlich ist es sehr schwer zu beurteilen, wie viele Überstunden es in Japan tatsächlich gibt. Aber es ist zu vermuten, daß man in den Büro- und technologischen Abteilungen mindestens 200 Überstunden leistet (nicht bezahlt). Also die tatsächliche Arbeitszeit ist viel länger, als die offizielle Arbeitsstundenstatistik zeigt.
Der Urlaubsbenutzungsgrad in Japan ist jetzt knapp über 50%. In großen Unternehmen wie Toyota oder Nissan hat ein Mitarbeiter ungefähr 20 Tage Urlaub. 10 Tage sind nicht benutzt. Die Unternehmen bezahlen nichts für diese unbenutzten Urlaubstage. Und das bedeutet bei 70.000 Mitarbeitern einen Kostenvorteil von 7 Mio. Yen für das Management. Oder für das Arbeiten der Qualitätszirkel (Aktivitäten in kleinen Gruppen) bezahlt die Firma normalerweise nur 30 Minuten in der Woche als Überstunden. Die normale Arbeitszeit beginnt um 8.00 Uhr, aber in den japanischen Großunternehmen ist es üblich, um 7.50 Uhr Termine auszumachen. Diese Zeiten werden weder bezahlt noch in die Arbeitsstunden einbezogen. Die Überstunden- und die Feiertagszulage ist in Japan 25 bis 30%. Das ist niedriger als bei Ihnen.
Würden die japanischen Firmen alle diese wirklichen Überstunden bezahlen und die Überstundenzulagen erhöhen, und wenn die japanischen Unternehmen dann wettbewerbsfähig wären, dann könnten wir von Wettbewerbsfähigkeit der japanischen Unternehmen bezüglich der Kosten sprechen.
Um eine gewisse Qualität zu erreichen, brauchen Japaner viele Arbeitsstunden. Lange Arbeitszeiten sind sehr eng verbunden mit der höheren Qualität und niedrigen Kosten. Da jetzt unter dem Druck der japanischen Regierung die Arbeitszeit auf 1.800 Stunden verkürzt werden soll, haben einige große und berühmte japanische Unternehmen heimlich die Kosten kalkuliert. Darüber hat ein Unternehmen hat einen Bericht vorgelegt. Aussage: Mit tatsächlich 1.900 Arbeitsstunden wird unsere Firma kaputtgehen.
Die Arbeitszeitverkürzung ist jetzt ein sehr schwieriges Problem für die japanischen Unternehmen.

Karel Williams:
Meine Meinung ist, daß man soziale und institutionelle Bedingungen nicht übertragen kann und daß man bei den Transplants Einschränkungen berücksichtigen muß. Das zeigt sich auch bei den japanischen Firmen. Die sagen dann zwar, daß 80% lokal produziert wird, aber der echte japanische Anteil ist 50% bei der Produktion. Sie können einfach nicht auf ihre billigen Zulieferer in Japan verzichten. Das ist das Hauptdilemma der japanischen Transplants.
Aufgrund dieser Lage wird auch die deutsche Industrie bald einem sehr großen Druck ausgesetzt. Ihre Diskussion gründet sich auf die Annahme, daß ausreichend Zeit und Raum für diese Anpassung vorhanden ist. Die Japaner richten sich aber darauf ein, daß bald Millionen von Einheiten in Europa produziert werden sollen

und dazu noch sehr viele Import-Fahrzeuge kommen werden. Dadurch wird der Wettbewerb sicherlich enorm verstärkt und die Preisstrukturen in wichtigen Segmenten werden dadurch unterminiert. Das Schicksal der amerikanischen Industrie ist von daher eine Warnung an die deutsche Industrie. Wenn sie diesen Druck spüren, werden sie voraussichtlich nicht angemessen reagieren, sondern ihn auf die Zuliefererbetriebe verlagern. Das ist der Hebel, an dem man ansetzen wird, wenn man mit dem Rücken an der Wand steht. Dann wäre es hier wie in Großbritannien: Man hat eine Autoindustrie, die eigentlich nur noch Montage betreibt.

Franz Steinkühler:
Erstens, es fällt mir zunehmend schwerer, unsere doch so erfolgreichen Unternehmer noch in jedem Fall zu verstehen. Da schreiben drei Wissenschaftler ein gut lesbares Buch, die MIT-Studie, und reihenweise fangen die Unternehmer an, dies für eine neue Bibel zu halten und in Hektik nachzuahmen, was im Detail, weil die sozialen Bedingungen bei uns völlig andere sind, gar nicht nachzuahmen ist.
Wenn es um den Abbau von Verschwendung geht, dann haben die Unternehmen die Gewerkschaften immer auf ihrer Seite. Und Verschwendung gibt es in den Betrieben schon lange und in vielfacher Art und Weise, bis hin zu Millionen-Gehältern.
Wenn ich Herrn Pischetsrieder mit den Untertönen höre, habe ich den Eindruck, da ist ja jemand, der mindestens eine gewisse Sensibilität für diese Probleme hat, was leider durchaus nicht verallgemeinert werden kann. Um was es jetzt eigentlich geht, ist, wenn ich es vereinfacht ausdrücken soll, ein Deal zwischen Arbeitnehmern und Arbeitgebern. Es geht um eine neue Konsensfindung und es geht letzten Endes auch um eine neue Unternehmensverfassung. Und da haben wir als IG Metall eine ganze Menge einzubringen, aber, dies hat mein Kollege Kuckelkorn schon gesagt, dies geht nicht zum Nulltarif, da werden auch die Arbeitgeber eine ganze Menge einbringen müssen, und zwar materiell und immateriell.
Ich bin ganz froh, daß Herr Pischetsrieder sagt, Mitbestimmung als Alternative zur Alleinbestimmung sei ohnehin überholt. Die Worte höre ich wohl, mir fehlt manchmal der Glaube, aber ich stimme vollkommen mit Ihnen überein, ich denke die Alleinbestimmung ist in der Tat überholt. Wir meinen, wir haben durchaus etwas anzubieten. Daß die Arbeitnehmer in großen Bereichen die Kompetenz im Arbeitsvollzug zurückerhalten müssen, dies bringt Leistungssteigerung, Produktivitätssteigerung. Dies bringt mehr Gewinn für die Unternehmer. Dies muß auch mehr Lohn und letzten Endes mehr Sicherheit für den Arbeitnehmer bringen.
Ich bin Herrn Pischetsrieder dankbar, daß er in von mir durchaus beachteter Offenheit gesagt hat, warum beispielsweise BMW die Bemühungen zur Humanisierung der Arbeit eingestellt hat, die 1970 und 1973 auf dem Höhepunkt waren. Die Gründe damals bei vielen Unternehmern waren erstens, es führt zu mehr Mitbestimmung am Arbeitsplatz und zweitens, es kostet mehr Geld wegen der Hochgruppierungen. Ich kenne Beispiele aus anderen Fabriken, um wirklich BMW hier nicht ins Schußfeld zu bringen, die haben mit Unterstützung von Bundesmitteln HdA-Forschungsprojekte gehabt. Da haben wir gemeinsam wunderschöne Sachen entwickelt, wo wirklich Job Enrichment und Job Enlargement durchgesetzt werden konnten; aber weil der Tarifvertrag dann zu Hochgruppierungen geführt hat, wurde von den Firmen angeordnet, daß die Beschäftigten an den Montagetischen,

wo sie wechseln konnten, wieder sozusagen auf ihren Stühlen festgebunden blieben.
In der heutigen Diskussion entsteht manchmal der Eindruck, daß Gruppenarbeit eine neue Erfindung wäre. Die ist nicht neu. Gruppenakkord ist uralt und Gruppenarbeit ist uralt. Wir waren stets deshalb für Gruppenarbeit im Gegensatz zu Einzelplatzarbeit, weil wir uns davon versprochen haben, daß in Gruppenarbeit erstens die in kurzen Taktzeiten eher stattfindende Vereinzelung, Vereinsamung und Isolierung am Arbeitsplatz aufgebrochen werden könnte und weil die Menschen, wenn sie soziale Kontakte im Arbeitsprozeß haben, nicht nur zufriedener, sondern auch gesünder sind.
Aber wir haben auch immer gesagt, Gruppenarbeit birgt auch Risiken, damit niemand in Euphorie ausbricht. Wir haben in Großbetrieben nicht nur Hundertschaften, sondern Tausendschaften von Leuten, die wesentlich besser bezahlt sind als die Arbeiter, die nichts anderes tun als Arbeitsvorbereiten, Arbeitsplanen, Zeitkontrollieren vorher, Zeitkontrollieren nachher, die graue Haare darüber kriegen, wie sie im Arbeitsprozeß "mittels teuflischer Methoden", so haben wir MTM früher abgekürzt, noch ein paar Hundertstelsekunden rauszwacken können. Ein großer Teil dieser Funktionen fällt weg. Aber es kann wohl nicht sein, daß die Schwierigkeiten der Arbeitsplanung, der Arbeitsgestaltung nun in der Weise sozialisiert werden, daß die vorbereitenden Stäbe gestrichen werden, die Arbeiten machen die Gruppen selber, aber das Geld dafür kriegen sie nicht. Dies wäre nicht in Ordnung.
Wir meinen, daß Gruppenarbeit, so wie wir Gruppenarbeit verstehen, mit größeren Arbeitsinhalten, mit frei wählbaren Arbeitsinhalten, eine Form ist, die die Arbeitnehmer nicht mehr zwingt, wie es am Fließband bei 30- und 40-Sekunden-Takten der Fall ist, die eigene Kreativität 8 Stunden lang in die Emigration zu schicken, um so eine stupide Arbeit überhaupt zu ertragen. Die Zeit ist überfällig. Es kann ja wohl nicht sein, daß wir heute Arbeitnehmer haben, die 8, 9 und 10 Jahre Schulbildung hinter sich haben, dann 3 oder 3 1/2 Jahre Berufsausbildung und dann im Produktionsprozeß auf einfachste kurze Arbeitsinhalte, hochrepetitiv, beschränkt werden. Wenn wir es hier schaffen, Arbeit zu gestalten in der Form, wie wir es 1973 bereits wollten: selbstbewußten Arbeitnehmern auch zu gestatten, daß sie selbst entscheiden, wie was gemacht wird - dann schaffen wir Arbeitsprozesse, wo die größten Kreativitätspotentiale, die durch falsche Arbeitsorganisation bislang abgedeckelt waren, wirklich entfaltet werden können.
Und nun eine Frage: Sind Sie, das geht an den Kollegen Kuckelkorn genau so wie an Herrn Pischetsrieder, aufgrund Ihrer Erfahrung meiner Auffassung, daß der Krankheitsstand bei anspruchsvolleren Arbeiten weitaus niedriger ist als bei wenig anspruchsvollen hochrepetitiven Arbeiten? Ich frage das nicht ohne Hintergrund. Das Bundeskabinett hat heute beschlossen, zur Einführung der Pflegeversicherung einen unbezahlten Karenztag einzuführen oder einen Urlaubstag zu streichen.
Glauben Sie beide nicht auch, daß weitaus mehr Geld für die Arbeitgeber zu sparen wäre, wenn sie vernünftig organisierte Arbeitsformen einführen, die dazu führen, daß die Krankheitszeiten insgesamt sinken, statt sich auf solche Dinge zu konzentrieren wie jetzt die Regierung?
Ich hoffe, daß wir zwischen Arbeitgebern und uns wenigstens die ersten Anfänge von Verständigung feststellen können.

Bernd Pischetsrieder:
Herr Steinkühler, es ist überhaupt keine Frage, gut geführte Bereiche mit entsprechender gestalteter Arbeit haben erheblich niedrigere Abwesenheitszeiten jeglicher Art als schlecht geführte. Der Begriff Führung ist mir daher wichtig, nicht Bestimmung, denn Führung ist eine Aufgabe, die wir nicht nur als die Aufgabe des Managements sehen, sondern als die Aufgabe jeden einzelnen Mitarbeiters - nicht nur im Sinne von Ausführen, und deswegen ist die Korrektur, die Sie angebracht haben zum Thema Mitgestalten, vollkommen richtig. Auch bei BMW wird in einer Gruppenarbeit der Arbeitsprozeß im Rahmen der vorgegebenen Ziele, Produktionsabläufe usw. gestaltet und nicht mitgestaltet.

Manfred Wuggazer, Osram:
Herr Pischetsrieder, um Ihnen einen anderen Begriff anzubieten: Wie wär es mit *gleichberechtigter* Partnerschaft? Dann sind wir nämlich da, wo wir als Gewerkschaft hin wollen.
Ich habe in einer Aufsichtsratssitzung die Herren unserer Mutter gefragt, wie es eigentlich mit der Höhe des Gewinns sei; nach unten sei die Grenze sicherlich die roten Zahlen, aber wie sieht es nach oben aus, ab wann wird verteilt? Das wäre auch eine Frage, wenn wir hier über neue Arbeitsformen reden und über deren Belohnung.
Herr Nomura, warum üben in Japan viele Leute Konsumverzicht, Lohnverzicht, Urlaubsverzicht?

Masami Nomura:
Warum die japanischen Arbeiter die Urlaubstage nicht voll benutzen, ist ganz einfach. Die Personalbesetzung ist ganz knapp, ganz "schlank". Das Management rechnet für die Personalbesetzungsplanung damit, daß nicht alle Mitarbeiter ihre Urlaubstage voll benutzen. Wenn ein Mitarbeiter seine Urlaubstage voll nutzt, dann leidet sein Team. Also besprechen die Teammitglieder untereinander, die Urlaubstage nicht voll zu benutzen. Die Aufstiegschancen und auch die Lohnhöhe hängen von der japanischen Personalbeurteilung ab. Wenn die japanischen Arbeiter Überstunden absagen oder die Urlaubstage voll benutzen, dann sind die Noten bei der Personalbeurteilung sehr schlecht und sie haben keine Aufstiegschancen oder die Lohnerhöhung ist gering. Das sind die Hauptgründe, warum die japanischen Arbeiter Überstunden nicht absagen oder die Urlaubstage nicht voll benutzen.
Der neue Trend in der japanischen Autoindustrie ist *Technisierung und Automatisierung in Verbindung mit menschlicher Arbeitsorganisation* und in diesem Bereich, glaube ich, haben die Deutschen viel bessere Erfahrungen - zwar in einer Pilot-Etappe, aber trotzdem ausreichend.
Ich hoffe, die Deutschen gehen diesen Weg; sie werden dann Vorbild für Japan sein.

Udo Klitzke, IG Metall Vorstand, Abt. Automation/Technologie/HdA:
Herr Williams, wenn wir über die Chancen und Risiken von Lean Production diskutieren, stellt sich auch die Frage nach der Erfahrung mit den Transplants, insbesondere der in England. Die Frage unter zwei Gesichtspunkten. Erstens, was an den Lean-Production-Konzepten japanischen Ursprungs ist für die Transplants übertragbar? Zweitens, wie ist die Diskussion um die Transplants jetzt, nachdem

in Japan selbst das Konzept von Lean Production fortgeschrieben und wesentlich verändert wird?

Karel Williams:
Ich glaube, daß das Konzept der Transplants hier große Konzessionen macht an die Arbeitszeit, andererseits wird es aber nicht den Gewerkschaften groß zugestanden. Die Gewerkschaften befragen die Arbeitnehmer, ob sie mitmachen wollen, das ergibt aber nicht sehr viel Sinn, da die Gewerkschaft nichts für diese Arbeitnehmer tut. Die Transplants sind sehr gut aufgenommen worden eben aufgrund ihrer hohen Effizienz, allerdings ist bei Nissan/Sunderland diese Effizienz keineswegs so hoch wie vielleicht woanders; was das Unternehmen nicht mitteilt, sind die entsprechenden Arbeitsinhalte.
Die eigentliche Tragödie besteht darin, daß Europa ein geteiltes Haus ist, daß nämlich England die Transplants unterstützt, und zwar gegen die anderen Länder und vor allem auch gegen Deutschland.
Warum sollte man gegen die Auslagerung in andere Länder sein, wenn man Montage macht? Nun, es ist eine historische Tatsache, daß die EWG, wie sie mal hieß, die Randregionen eben nicht unterstützt und gestärkt hat. Die Auswirkung dieser struktur- und regionalpolitischen Entscheidung könnte sein, daß jetzt das Zentrum geschwächt wird.

Gerd Bosch, Institut Arbeit und Technik:
Ich habe den Eindruck, um es zuzuspitzen, den Europäern wird von Japanern erzählt, sie wollten etwas ändern - und genau das Gegenteil passiert.
Wir selber haben eine Studie in 25 europäischen und einigen japanischen Automobilbetrieben über Arbeitszeit durchgeführt, und wir waren auch in England und in Holland bei Transplants. Ich glaube, daß sehr viel übertragen wird aus Japan. Das fängt schon dabei an, daß man kein Interview mit einem Betriebsrat oder den Gewerkschaften durchführen kann, daß Vertrauensleute Angst haben, selbst außerhalb der Arbeitszeit Auskunft zu geben über ihre Arbeitsbedingungen und es setzt sich fort in der Arbeitsorganisation. Bei Nissan Sunderland sind die Überstunden doppelt so hoch wie sonst in England und die gesamte Arbeitsorganisation ist anders als in den europäischen Betrieben, wenn ich etwa denke an Gruppenarbeit oder Schichtsysteme.
Ich bin enttäuscht über die Diskussion, welche Konsequenzen Japan für Europa hat. Es wurden die Rosinen herausgepickt: Gruppenarbeit, höhere Löhne und Qualifizierung. Ein Punkt fehlt völlig. Das ist die Frage Personalabbau!

Wilfried Kuckelhorn:
Gerd, in der Automobilindustrie ist immer Personalabbau betrieben worden. Egal wie. Wir haben in den letzten fünf Jahren über 4.500 vorzeitige Pensionierungen gehabt Personal abgebaut; und über den anderen Teil, daß wir über 5.000 Leute neu eingestellt haben, reden wir gar nicht groß, weil wir kein typisches deutsches Unternehmen sind, sondern ein amerikanisches Unternehmen, wo auch die Einstellungspolitik in den Zentralen bestimmt wird. Da gehen wir halt mal sonderbare Wege.

3. *Fallbeispiele: Lean Production in der deutschen Automobil- und Zuliefererindustrie*

Michael Schumann:
Es ist sehr gut, daß wir uns gleichsam von der Meta-Ebene der Diskussion über Lean Production herunterbegeben zu einer Diskussion der Praktiker, zu einer Diskussion derer, die nun tatsächlich die Gestaltung gegenwärtiger Rationalisierung in der Automobilindustrie durchführen.
Wir haben m.E. mit Mercedes-Benz und VW gerade eben auch zwei Unternehmen, die in den 80er Jahren - lange vor dieser Lean-Production-Diskussion - eine ganze Menge versucht haben in Bezug auf neue Rationalisierungsansätze. Wir haben gerade im Werk von Mercedes-Benz, was hier vertreten ist, sehr breitgefaßte neue Rationalisierungsansätze, um Montagehandarbeit technisch wie organisatorisch mit breiteren Arbeitsinhalten neu zu gestalten. Der VW-Konzern hat - so wie es sich aus unseren Recherchen darstellt - in Bezug auf die Aufgabenintegration im High-tech-Bereich eigentlich besonders weitgehende Experimente in den vergangenen Jahren betrieben. Er hat tatsächlich schon in bestimmten Bereichen den Produktionsfacharbeiter erreicht, der gleichermaßen Überwachungs- und Regulierungsfunktionen hat wie auch Instandhaltung und Qualitätssicherung. Das heißt, wir haben hier zwei Konzerne und zwei Werke auf dem Podium vertreten, die nicht nur über Konzepte etwas sagen können, sondern bereits über reale Umsetzungen von neuen Produktionskonzepten.
Wir haben beide Werke in der Doppelbesetzung mit dem verantwortlichen Management und dem verantwortlichen Betriebsrat: Herr Kurt Krause, BR-Vorsitzender bei Mercedes-Benz im Werk Marienfeld, Berlin, gleichzeitig Sprecher der Kommission Arbeitsgestaltung des Gesamtbetriebsrates, jetzt auch in der Planungskommission von dem neuen Werk in Rastatt. Herr Dr. Dietrich Zeyfang, von Haus aus Techniker, heute technischer Werksleiter der Mercedes-Benz-Werke in Bremen, vorher auch einige Zeit in Sindelfingen in der Verfahrensentwicklung. Herr Heuß, von Haus aus Techniker, Dipl.-Ing., heute Sprecher der Geschäftsführung VW Sachsen, auch ein alter VW-Mann. Last not least Herr Dietmar Schopf, Betriebsrat bei VW in Wolfsburg und Mitglied des GBR bei VW, und dort Vorsitzender des Planungsausschusses.

Gerd G.Heuß

Lean Production - Fallbeispiel VW Sachsen GmbH

1. Vorbemerkung

VW hat sich entschlossen, mit seinem Engagement am Standort Sachsen einen aktiven Beitrag zum wirtschaftlichen Aufschwung in den neuen Bundesländern zu leisten und die Machbarkeit eines neuen wirtschaftlichen Inlandwerkes nachzuweisen.

Die VW Sachsen GmbH verfügt über die Standorte

Zwickau Mosel	Aufbau der neuen Fahrzeugfertigung Mosel II
Eisenach	Zylinderkopffertigung als Zulieferant
Chemnitz	VW - Motorenfabrikation als Zulieferant

und die Beteiligung an der Sächsischen Automobilbau GmbH (87,5% Treuhandanteile); Produktion von SKD/CKD Fahrzeugen (Mosel I).

2. Zielstellung des Werkes

Neben dem Betrieb der bestehenden Fabrikationsstätten konzentriert sich die Arbeit bei VW Sachsen auf Projektierung und Realisierung der neuen Fertigungsstätten nach folgenden Zielsetzungen:

- Beschäftigung in der Region
- Einführung moderner Fertigungstechniken
- Verwirklichung eines neuen Zulieferkonzeptes, nämlich Anlieferung von Teilen und Baugruppen in Sequenz der Fahrzeugfertigung
- Verwirklichung von neuen Formen der Arbeitsorganisation

Entsprechend dieser Zielsetzung vollziehen sich Planung und Weg der Umsetzung unter ständiger Optimierung.

3. Das Projekt:

Der Entwurf des Werkes Mosel basiert auf dem Grundsatz der VW Verbundsysteme und sieht die Bereiche Preßwerk, Karosseriebau, Lack und Endmontage vor.

Unter unserer Forderung, eine ständige Optimierung des Entwurfes zu betreiben, vollzieht sich mit den Mitarbeitern an den Anlagen vor Ort eine ständige kritische Durchleuchtung der Planungsstände.

Derartige Diskussionen dienen der Integration der Mitarbeiter bereits im Planungsstadium und haben wesentlich Beiträge erbracht. So konnte beispielsweise der bereits detaillierte Planungsansatz der Flächenbelegung der Rohbauhalle reduziert werden.

Es erfolgt eine Konzentration auf die Kernfertigung im Werk mit einer Fertigungstiefe von ca. 30%. Das Unternehmen setzt auf sehr enge Verflechtung mit Zulieferern, deren Status sich deutlich zum Systemlieferanten qualifiziert. Die Lieferanten werden dabei sehr weitgehend in die Werksplanung einbezogen, wir denken, daß dies bis zu einem gemeinsamen *Business*-Plan ausweitbar ist.

Derzeit vollzieht sich die Ansiedlungsphase von Systemlieferanten und Dienstleistern unmittelbar in der Region.
Diese enge Anbindung erfordert konsequente Just-in-Time Konzepte der Logistik durch Direktanlieferung (8 Umfänge) bzw. Sequenzherstellung (12 Umfänge) in einem externen Versorgungszentrum in einer on-line-Steuerung im Verbund mit dem Werk Mosel. Die Beziehungen von VW Sachsen zu den Lieferanten in der Region bzw. in die neuen Bundesländer sind in den Bildern 1 und 2 zusammengefaßt. Für die gesamte VW AG ergibt sich ein Zulieferbereich aus den neuen Bundesländern entsprechend Bild 3.
Die Dienstleistungsaufgaben werden durch eine weitgehende Outsourcing-Strategie in das Umfeld der Fabrik verlagert.
Insgesamt hat dieses Projekt dominierenden Einfluß auf die wirtschaftliche und damit infrastrukturelle Entwicklung der Region Westsachsen.
Einige Bemerkungen zum Stellenwert der künftigen Formen der Arbeitsorganisation bei VW Sachsen.
Der ernsten Situation, die sich mit der Prognose einer sich zunehmend verschärfend Konkurrenzsituation auf dem internationalen und speziell europäischen Automobilmarkt durch die sattsam diskutierten Einflüsse unserer asiatischen Wettbewerber verbindet, sind wir uns wohl alle bewußt. Eine hohe Produktivität und Qualität sind demzufolge unabdingbare Voraussetzung der Wettbewerbsfähigkeit und damit einer Arbeitsplatzstabilität. VW Sachsen sieht den Wettbewerbsvorteil in der Verknüpfung modernster Technologie im Fertigungsprozeß und einer optimalen Gestaltung der internen Betriebsorganisation an.
Damit kommt der schlanken Organisationsgestaltung eine entscheidende, wenn nicht gar die entscheidende Rolle zu.
Die Bedingungen am Standort Deutschland gestatten nicht die bedingungslose Kopie einzelner aus Studien japanischer Wettbewerber abgeleiteter Arbeits- und Organisationsformen.
Wir nutzen selbstverständlich bei unseren Überlegungen alle modernen Ansätze der Produktionsmethoden und Arbeitsorganisationsformen, analysieren den internationalen Stand und formen daraus unsere Herangehensweise in Sachsen. Wir wollen durchaus die "Rosinen" unserer Wettbewerber als Zutaten für unseren Kuchen nutzen, aber keine Rezepte übernehmen. Eine Lösung muß die spezifischen Bedingungen des Standortes berücksichtigen, einen ganzheitlichen Charakter aufweisen und sich in einem ständigen Abstimmungprozeß aller Mitarbeiter verfeinern.
Wir tun dies mit einer deutschen, aber international erfahrenen Führungsmannschaft.
Ein lean-Ansatz, um diesen Begriff zu strapazieren, bedeutet für das Projekt Mosel das Konzept einer flache Hierarchie, deren Struktur durch ihre Wirksamkeit auf den Fertigungsprozeß begründet wird.
Wir nehmen damit Abschied von den traditionellen Strukturen und Organisationsformen, die sich bisher ohne Zweifel als sehr erfolgreich erwiesen haben, aber mit dem Bild eines modernen Mitarbeiters an ihre Grenzen gestoßen sind.
Kernstück einer neuen Arbeitsorganisation bildet die konsequente Einbeziehung der Kreativität und des Know how der Mitarbeiter. Es sind für die Standortentwicklung in Sachsen moderne Verhaltensweisen aller Mitarbeiter erforderlich. Die

Chancen dazu stehen gut, bauen wir doch eine neue Mannschaft auf, können sie auswählen und qualifizieren.
Dazu ist eine Motivation erforderlich und gleichzeitig ein grundsätzlicher Wandel im Verhältnis Mitarbeiter und Vorgesetzter zu einem sehr engen Schulterschluß hin zur eingeschworenen Mannschaft. Es handelt sich um einen sehr sensiblen wie auch außerordentlich dynamischen Entwicklungsprozeß, der einer gemeinsamen Arbeit bedarf auch des Tarifpartners und nicht durch die straffe Umsetzung eines wohldurchdachten Organisationshandbuches regelbar ist!
Einstellungen und Verhaltensweisen der Mitarbeiter im gesamten Unternehmen ("von oben nach unten") unterliegen einem mentalen Wandels mit dem Ziel einer weitgehenden Identifikation mit dem Unternehmen. Dies ist eine sehr anspruchsvolle Aufgabe, welche einerseits ein straffes Coaching des Management in der Zielorientierung moderner Formen der Unternehmenskultur erfordert und andererseits mit einem generellen Stilwandel der Personalführung verbunden ist. Dazu ist nach der permanenter Auswahl entsprechender Mitarbeiter ein Formierungsprozeß auf diese Zielsetzung erforderlich. Der Komplexität dieser Aufgabe sind wir uns in Mosel bewußt.

Welche Ansätze zum Organisationsentwurf verfolgen wir?

Das Kernelement der künftigen Produktionsorganisation bildet das Team in seiner Gruppenverantwortung für die Lösung einer komplexen Aufgabe im Fertigungsprozeß (Bild 4). Dazu ist der notwendige Handlungsrahmen für die Selbstorganisation zu setzen.
Repräsentant des Teams ist dabei der Teamführer mit ca. 12 MA. Dem Gruppenleiter obliegt es, verantwortlich alle Aufgaben der materiellen, personellen und planungstechnischen Absicherung zur Lösung der Teamaufgabe zu übernehmen.
Die Organisationsformen fassen sinnvoll indirekte Aufgaben dezentral zusammen und orientieren auf einen hohen Grad der Selbstorganisation. Ausgangspunkt bildet dazu immer grundsätzlich die eigentliche Fertigungsaufgabe.
Damit werden an den Mitarbeiter höhere Anforderungen hinsichtlich seiner Ausgangsqualifikation und seiner Bereitschaft zur ständigen Weiterbildung, sowohl fachlich als auch überfachlich gestellt. Und diese Delegation von Verantwortung macht ihm Freude.
Die Phase der technischen Umsetzung des Projektes geht damit synchron zur Entwicklung der Arbeitsorganisation. Unterstützung bei diesem Prozeß geben geeignete Kommunikationsbereiche:

Pausenräume
als multifunktioneller Bereich für Pausenzeiten, aber auch für Information, Schulung und Arbeitsbereich des Gruppenleiters

try-out Räume
zur Erprobung technologischer Varianten und Trainingsmöglichkeit der persönlichen Fertigkeiten von Mitarbeitern bzw. Neueingestellten

Kaizen-Räume
zur direkten Umsetzungen von Ideen des kontinuierlichen Verbesserungsprozesses durch den Mitarbeiter

Die Werksorganisation erfolgt in einer in Cost Center Strukturierung durch Segmentierung des Fertigungsablaufes und Zuordnen der notwendigen Servicebereiche Planung/Instandhaltung.
Konzeptionelle Arbeiten sind in kooperativer Form aller Fachbereiche angelegt.
Der Betriebsrat als Arbeitnehmervertretung ist dabei schon in der Konzeptphase voll integriert.
Die bestehende Fertigung der Fabrik Mosel 1 bietet dabei die Chance, Arbeitsstände an Erprobungsvorabrechnungen auszuprobieren.
Die Umsetzung der arbeitsorganisatorischen Ansätze erfordert einen mentalen Wandlungsprozeß bei Führungkräften/Betriebsrat und Mitarbeitern. Diesen Prozeß sollen verschiedene Formen von Informations- und Motivationsprogrammen unterstützen.
Einige Beispiele dazu sind:

- Die visuelle Darstellung laufender Managementprozesse und Problemstellungen im Unternehmen wurde im Informationszentrum ("Kontrollraum") als ein allgemein im Unternehmen zugängliches Darstellungsmedium eingeführt.
- umfangreiche begleitende Schulungsprogramme zur Einstimmung der Mitarbeiter in die neuen Formen der Arbeitsorganisation durch ein internes Moderatorensystem (ausgebildete Mitarbeiter informieren thematisch in festen Kleingruppen). Beispielthemen: Wettbewerbssituation, Produktarbeit, Kontinuierlicher Verbesserungsprozeß, Teamarbeit ...
- zyklische Seminarveranstaltungen zum Stand der Erarbeitung des Organisationsentwurfes mit verschiedenen Mitarbeitergruppen
- Schaffung von engen Kommunikationspunkten verschiedenster Art über den normalen "Dienstweg" hinaus z.B: tägliche Werkergespräche, regelmäßig "Montagabendessen" der Geschäftsführung und Mitarbeitern u.ä.

Unsere Aufgabe als Management besteht darin, die notwendigen Bedingungen zur Umsetzung dieses angestrebten Einstellungswandels zu schaffen.

4. Aktueller Arbeitsstand

Ausgangspunkt für das von uns als Mosel 1 bezeichnete Werk bildeten die Fertigungslinien der letzten Modifikationsstufe des Trabant, der Variante 1.1 mit VW Motorisierung. Beginnend mit einer CKD-Fertigung von VW Polo ab Mai 1990 und einer späteren Umrüstung die Montage auf Golf A2. Lack und Montage erfolgen in Mosel, die Lieferung von Rohkarossen sicherte Sachsenring Zwickau ab.
Die Mannschaft brachte damit das Kunststück von drei Modellwechseln innerhalb von 2 Jahren fertig - ein Maßstab der Qualität, des Einsatzes und Motivation unserer Mitarbeiter.
Ende Juni 1992 erfolgt der Auslauf des Golf A2. Der Werksurlaub dient dem Modellwechsel auf die Fertigung A3 sowie des Abschlusses der Vorbereitung der Rohkarossenfabrikation am Standort.
Gegenwärtig beschäftigen wir in Sachsen und Thüringen etwa 3.200 Mitarbeiter, deren planmäßigen Qualifizierung (Bild 5) und systematischen Trainings von Fertigkeiten (Bild 6) wir eine sehr hohe Bedeutung zumessen.

Für das Werk Mosel 1 (Sächsische Automobilbau GmbH) ergibt sich folgende Bilanz ab Mai 1990:

VW Polo: 1. Polo 31.05.1990 15.000 Stück
VW Golf 1. Modell A2 15.02.1991 80.000 Stück
1. Modell A3 08.05.1992

Der Werksaufbau vollzieht sich planmäßig, der Aufbau des neuen Rohbaus ist abgeschlossen, die bauliche Hülle der Lackiererei zeichnet deutliche Konturen, die Bereiche Preßwerk und Montage sind zumindest erschließungsseitig erkennbar.

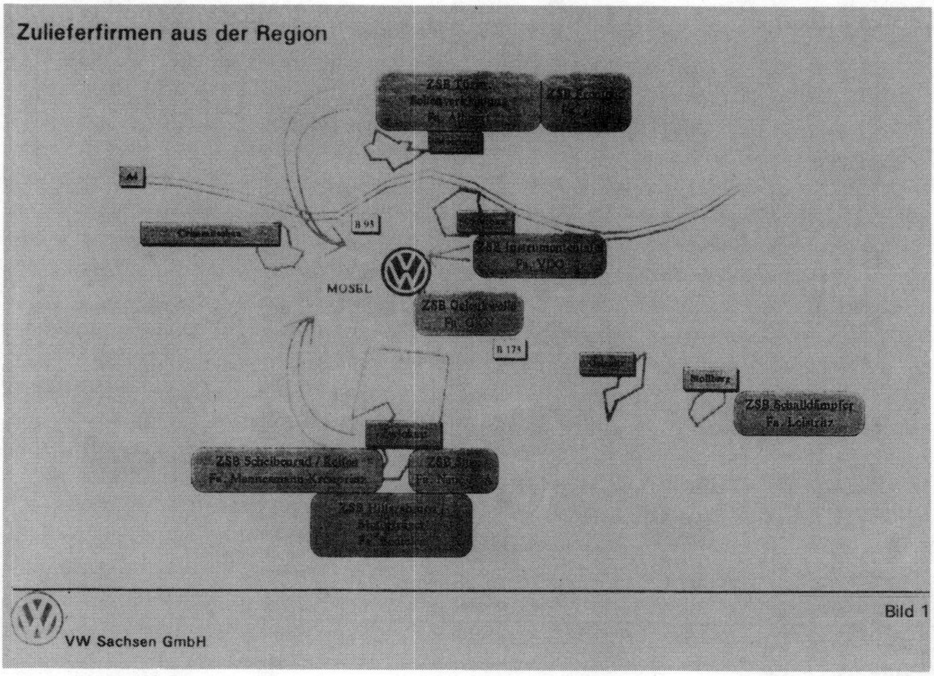
Zulieferfirmen aus der Region
B 95
MOSEL
Fa. VDO
ZSB Schalldämpfer
Fa. Leistritz
Stollberg
VW Sachsen GmbH
Bild 1

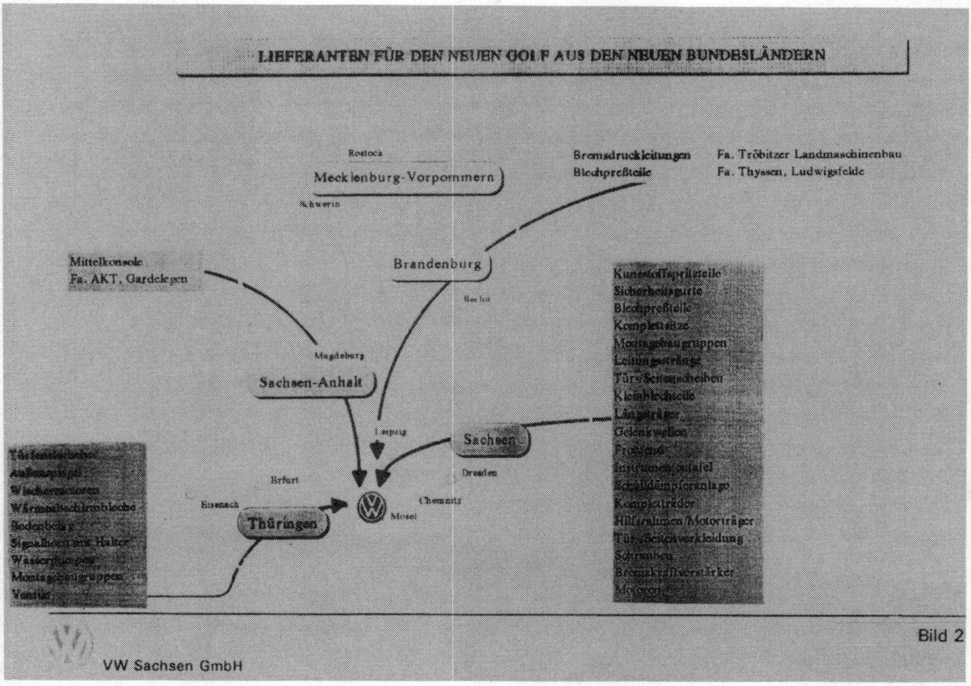
LIEFERANTEN FÜR DEN NEUEN GOLF AUS DEN NEUEN BUNDESLÄNDERN
Rostock
Mecklenburg-Vorpommern
Schwerin
Bremsdruckleitungen
Blechpreßteile
Fa. Tröbitzer Landmaschinenbau
Fa. Thyssen, Ludwigsfelde
Mittelkonsole
Fa. AKT, Gardelegen
Brandenburg
Berlin
Magdeburg
Sachsen-Anhalt
Leipzig
Sachsen
Dresden
Chemnitz
Erfurt
Eisenach
Thüringen
Mosel
Außenspiegel
Wischermotoren
Wärmeabschirmbleche
Bodenbelag
Signalhorn mit Halter
Wasserpumpen
Montagebaugruppen
Ventile
Kunststoffspritzteile
Sicherheitsgurte
Blechpreßteile
Komplettsitze
Montagebaugruppen
Leitungsstränge
Tür-/Seitenscheiben
Kleinblechteile
Längsträger
Gelenkwellen
Instrumententafel
Schalldämpferanlage
Kompletträder
Hilfsrahmen/Motorträger
Tür-/Seitenverkleidung
Schrauben
Bremskraftverstärker
Motoren
VW Sachsen GmbH
Bild 2

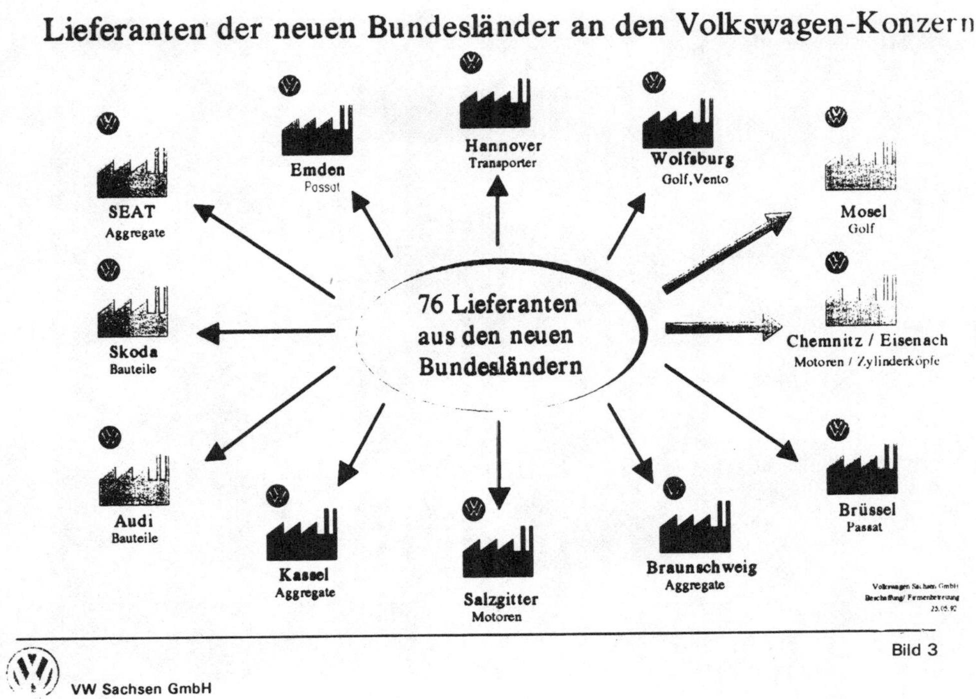
Lieferanten der neuen Bundesländer an den Volkswagen-Konzern
76 Lieferanten aus den neuen Bundesländern
SEAT
Aggregate
Emden
Passat
Hannover
Transporter
Wolfsburg
Golf, Vento
Mosel
Golf
Skoda
Bauteile
Chemnitz / Eisenach
Motoren / Zylinderköpfe
Audi
Bauteile
Kassel
Aggregate
Salzgitter
Motoren
Braunschweig
Aggregate
Brüssel
Passat
Bild 3
VW Sachsen GmbH

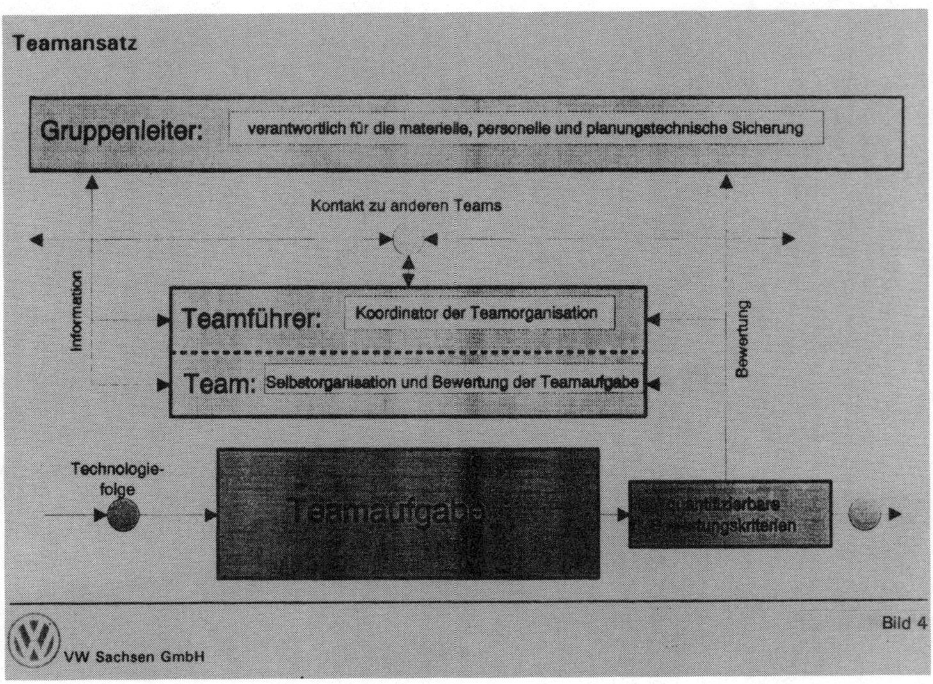
Teamansatz
Gruppenleiter:
verantwortlich für die materielle, personelle und planungstechnische Sicherung
Kontakt zu anderen Teams
Information
Bewertung
Teamführer:
Koordinator der Teamorganisation
Team:
Selbstorganisation und Bewertung der Teamaufgabe
Technologie-folge
Teamaufgabe
quantifizierbare Bewertungskriterien
Bild 4
VW Sachsen GmbH

Qualifizierung

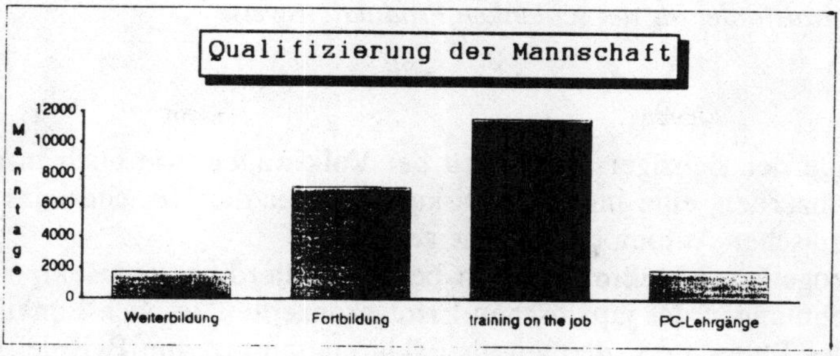

Weiterbildung	Fortbildung	training on the job	PC-Lehrgänge
o Mitarbeiterschulung o Kooperatives Führen o Moderatorentraining o Sprachkurse o BetrVg o Gesprächstechnik o Verhandlungstechnik o Rhetorik o Präsentationstechnik	o Komplexlehrgang Karosserierohbau o SPS o Roboterprogrammierg. o Schweißstromsteuerg. o Gabelstaplerlehrgänge o MTM-Lehrgänge o Anlagenspezif. Qualifizierung	Schulung an den Anlagen in anderen Werken der VW AG in den Bereichen: o Montage o Lackiererei o Rohbau o Qualitätssicherung	o Systemsoftware o MS DOS o MS WINDOWS o MS WINWORD o MS EXCEL o DESIGNER

VW Sachsen GmbH

Bild 5

Training on the job / try out

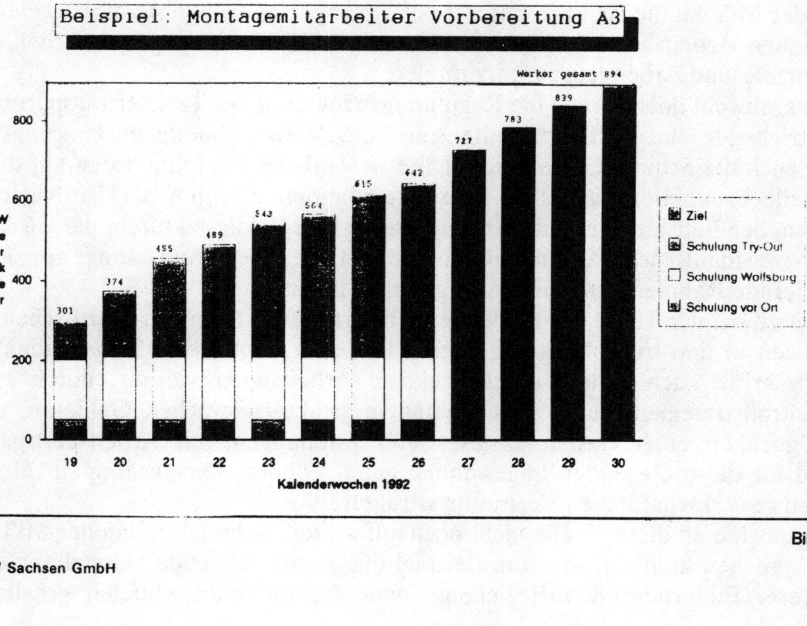

VW Sachsen GmbH

Bild 6

Dietmar Schopf

Automobilproduktion bei Volkswagen

- Die Herausforderung der schlanken Produktionsweise

Seit Ende der siebziger Jahre wird bei Volkswagen, wie auch in anderen Automobilkonzernen, eine intensive Diskussion über die Ursachen des Markterfolges der japanischen Automobilindustrie geführt.

Die gezogenen Schlußfolgerungen belegten allerdings nur sehr eindimensionale Wahrnehmungen des japanischen Erfolgskonzeptes. Je nach Funktion und Standpunkt des Betrachters, dienten als Erklärungsansatz zum Beispiel Lohnhöhe, Arbeitszeiten, Fertigungstiefe, Qualifikationsniveau oder Lebensarbeitszeitgarantie.

Allerdings ist im Management zunehmend deutlicher geworden, daß derartige einseitige Erklärungsmuster nicht ausreichen. Daraus lassen sich keine wirksamen ganzheitliche Lösungsstrategien entwickeln. Die Schlußfolgerung der Japan-Debatte Anfang der 80er Jahre war schließlich : Von Japan lernen, ja; Japan kopieren, nein - das funktioniert nicht.

In der viel diskutierten MIT-Studie mit dem Konzept der "Lean Production" bieten Womack und Mitautoren nun allerdings wieder einen umfassenden Erklärungsansatz an. Danach bietet die schlanke Produktion den "einzigen besten Weg", der sich weltweit übertragen lasse. Und zugespitzt sagen sie, wer sich der Herausforderung der Übertragung dieses überall einsetzbaren Rationalisierungsansatzes nicht stelle, hätte keine Überlebenschance.

Ich muß allerdings gestehen, daß wir an die Allmächtigkeit dieses Ansatzes nicht glauben, sondern das Selbstvertrauen besitzen, daß wir bei Volkswagen und auch bei den anderen deutschen Herstellern eigenständige Antworten finden werden.

In der MIT Studie ist, nach unserer Auffassung, eine völlige Abstraktion von industriellen Arbeitsbeziehungen, als Gesamtheit der Beziehungen zwischen Arbeitnehmern und Arbeitgebern, vorzufinden.

Dies, obwohl doch gerade die Regulationsstrukturen der Tarifvertragsparteien, der Betriebsräte und Vertrauensleute, sowie die damit verbundenen Umgangsformen als auch die Schutz- Gestaltungsinhalte wesentliche Einflußfaktoren auf die industrielle Produktion darstellen. Diese Regulationsstrukturen der Tarifvertragsparteien, der Betriebsräte und Vertrauensleute sind Erfolgsfaktoren, die vor allem in der westdeutschen Automobilindustrie zur flexiblen Anpassung an sich verändernde Rahmenbedingungen beigetragen haben.

Es wird bei der These der weltweiten Übertragbarbeit von den spezifischen Bedingungen in den transplants abgesehen. In den transplants werden Produktivitätsfortschritte auch erzielt, durch schlichte Arbeitsintensivierung, durch effektive Kontrollstrategien, durch Ansiedelung in strukturschwachen Gebieten, mit der Möglichkeit einer Besten-Auslese bei Einstellungen, mit Arbeitsplatzgarantien und für diese Gegenden ungewöhlich guten Löhnen. Dies gekoppelt mit schwachen gewerkschaftlichen Vertretungsstrukturen.

Ich möchte an dieser Stelle nicht noch auf weitere Schwachstellen der MIT-Studie zu sprechen kommen wie zum Beispiel die harmonisierende Darstellung der Zulieferer/Endproduzenten-Beziehung, oder die unberücksichtigten gesellschaftli-

chen und sozialen Folgelasten ausgepowerter Belegschaften mit Karoshi, dem Tod durch Überarbeitung, als Spitze des Eisberges.
Ich möchte im folgenden auf das von meinem Vorredner dargestellte Konzept einer Automobilproduktion bei VW-Sachsen eingehen, die Strategie des Konzernmanagements hinterfragen, die Herausforderungen für die Volkswagen Standorte beschreiben und Konsequenzen für den Betriebsrat aufzeigen.

1. Gestaltungselemente VW-Sachsen und Seat-Martorell - Einschätzungen aus Sicht des Gesamtbetriebsrats der Volkswagen AG

Betrachten wir das Konzept für das Werk Mosel bei VW-Sachsen, so ist auf den ersten Blick die Parallelität zu den Vorstellungen bei Seat, für das Werk Martorell bei Barcelona, ersichtlich. Beide Konzepte wurden am Reißbrett entwickelt, unter Berücksichtigung der Vorstellungen eines ehemaligen Nissan-Managers, der bei dem Aufbau von Nissan Sunderland beteiligt war.
Mein Vorredner hat die schlanke Produktion für das Werk Mosel dargestellt und herausgehoben, daß es sich um ein typisch sächsisches Konzept handelt. Auch in Martorell, wird immer wieder hervorgehoben, daß es sich um eine spanische, ja eine katalanische Fabrik, mit katalanischen Führungskräften und katalanischen Personal handelt.
Angeblich wurde die Fabrik in Martorell weder nach deutschen noch nach britischen und schon gar nicht nach japanischen Vorstellungen gestaltet, sondern an spanischen Verhältnissen ausgerichtet. Trotzdem lassen sich unter anderem folgende gemeinsame Merkmale der Fabriken in Mosel und Martorell finden:

1. Die generelle Technikgestaltung orientiert sich stark an japanischen Vorbildern. Die technischen Anlagen sind im wesentlichen nach dem Fließprinzip geplant. Eine Entkoppellung der Takte, bis auf den Einsatz von Schlepphaken, erfolgt nicht. Man ist bestrebt, einfache Technik einzusetzen, auch bei Inkaufnahme von reduzierten Automatisierungsgraden. Boxenstrukturen, z.B. in der Montage, sind nicht vorsehen, obwohl sie weniger Taktbindung bedeuten.
2. Es wird eine sehr flache Hierarchie umgesetzt. Unterhalb eines Cost-Center-Leiters arbeiten Schichtleiter. Ein Schichtleiter betreut Supervisers bzw. Gruppenleiter. Diese sind jeweils für 2 bis 3 Teams mit einem Teamführer zuständig.
3. Die Personalauswahl soll über Auswahlverfahren stattfinden und neben manuellen Fertigkeiten, dem geistigen Leistungsvermögen, vor allem die Bereitschaft und die Kompetenz zur Zusammenarbeit erfassen. Die abschließende Entscheidung über die Einstellung soll nach den Vorstellungen des Managements der Supervisor bzw. Gruppenleiter haben. Supervisor bzw. Gruppenleiter soll darüber befinden, ob der Bewerber oder die Bewerberin für die Arbeit in seiner Gruppe geeignet und teamfähig ist.
4. Eine herausgehobene Funktion soll in Martorell dem Supervisor beziehungsweise in Mosel dem Gruppenleiter zugewiesen werden. Diese Personengruppe soll zum Beispiel für die Optimierung der Fertigung zuständig sein, soll unter anderem die Abwesenheit kontrollieren, die Personalauswahl vornehmen, und die Qualifizierung der Gruppenmitglieder durchführen.

Der Supervisor soll unter anderem Budgetverantwortung haben, qualitätssichernde Aufgaben übernehmen, sowie den Materialfluß organisieren. Ebenfalls soll es zu den Aufgaben des Supervisors gehören die Teamführer für die Arbeitsgruppen auszusuchen.

Der Supervisor, ungefähr auf Fachhochschulniveau anzusiedeln, soll in Martorell ausschließlich von Werkleitung und Personalabteilung ausgewählt bzw. eingestellt werden. In Mosel ist das Auswahlverfahren der Gruppenleiter noch nicht geklärt.

Ich kann an dieser Stelle nicht auf weitere interessante, anregende und bisweilen deckungsgleiche Details der Konzepte Mosel und Martorell wie "Visuelles Management", "Kaizen-Aktivitäten" oder "Try out" eingehen.

Es sollte jedoch deutlich geworden sein, daß hier nicht von eigenständigen Entwicklungen in diesen Standorten ausgegangen werden kann. Anscheinend wird vom Konzernmanagement der Versuch unternommen, an ganz bestimmten Stellen in Europa eine japanische Produktionsphilosophie nach Nissan-Vorbild zu implantieren und auszuprobieren.

Die neuen Standorte in den neuen Bundesländern, die Standorte in der CSFR und in Spanien, haben völlig im Umbruch befindliche oder anders entwickelte industrielle Arbeitsbeziehungen, einen teilweise desolaten Arbeitsmarkt und günstigere Lohnkosten. Deshalb muß die Frage erlaubt sein, ob diese Standorte für jedes Produktionskonzept offen und als Einfallstore für mitbestimmungsfreie Räume erscheinen.

Daß die Strategie des Imports des "einzigen besten Weges", wie sie die MIT-Studie nahelegt, natürlich auch auf gewachsene Strukturen, Kulturen, Traditionen und damit auf Widerstände trifft, müßte an dieser Stelle ebenfalls thematisiert werden. Ich möchte mich jedoch im nächsten Schritt auf die Auswirkungen dieser Strategie für die Arbeitsbeziehungen bei Volkswagen konzentrieren.

Im Sinne unserer bei Volkswagen geprägten Form der kooperativen Konfliktbewältigung, muß die Zusammenarbeit von Interessenvertretung und Management, bei VW-Sachsen noch entwickelt oder besser weiterentwickelt werden. Erst dann wird die Mitbestimmung des Betriebsrates z.B. bei Technikgestaltung, Personalentscheidungen und Qualifizierungsmaßnahmen unseren Vorstellungen entsprechen.

Durch das von mir beschriebene Konzept einer sehr starren und hierarchisierten Teamarbeit besteht die Gefahr, daß die sich erst im Aufbau befindliche Ebene der gewerkschaftlichen Vertrauensleute unterlaufen wird. Wenn wenig flexible, eher einer Kommandowirtschaft entsprechende, Führungsmodelle etablierte werden, knüpfen diese zwar an der Vergangenheit an, taugen aber nicht für die Zukunft.

2. *Herausforderungen für die Automobilproduktion bei Volkswagen*

Die eigentliche Herausforderung bei Volkswagen liegt nicht allein in der Gestaltung der Produktion an den neuen Standorten. Die Herausforderung bei Volkswagen liegt auch und gerade in der Gestaltung der notwendigen Veränderungen an den alten Standorten.

Noch zu hierarchisch und starr geführte Unternehmungen, sind in modernere, anpassungsfähigere, und demokratischere Organisationen zu wandeln. Mehr Eigenverantwortlichkeit und Kreativität der Beschäftigten ist zuzulassen. Kooperation

ermöglichende und Kommunikation fördernde Organisationsstrukturen, wie wir sie uns vorstellen, bauen auf vor allem auf einer Gruppenorganisation auf.
Wir benötigen Organisationsformen, die in einem ganzheitlichen und vernetzten Ansatz entsprechen. Alle beteiligten Funktionen und Qualifikationen vom Design, über Entwicklung, Konstruktion, Planung, Einkauf, Qualitätssicherung bis hin zum Controlling sind näher an den Produktionsprozeß und die Menschen, die in ihm arbeiten, heranzubringen.

2.1 *Führungsstrukturen, Arbeitsorganisation und Beteiligung*

Wir haben in den Werken der Volkswagen AG bereits an einigen Stellen sehr positive Erfahrungen mit der Beteiligung der Arbeitnehmer an betrieblichen Entscheidungs-, Gestaltungs-, und Optimierungsprozessen gemacht.
Überall dort, wo wir Freiräume für eigenständige Gestaltungs- und Kooperationsmöglichkeiten einräumen, die horizontalen und vertikalen Abgrenzungen überwinden, erzielen wir eindeutige Erfolge. Unser Qualitätszirkelkonzept, die "VW-Zirkel", oder die für die Serienanlaufvorbereitung wichtigen "Try out - Räumlichkeiten", in denen Konstrukteure, Planer und Produktionsbeschäftigte zusammenarbeiten, weisen nach unserer Meinung den richtigen Weg.
Aus diesem Grund wollen wir z.B. die werksbezogenen Serienplaner räumlich vor Ort in den Fertigungsbereichen ansiedeln, für die sie verantwortlich sind. Auch im Bereich der Entwicklung muß ein transparentes System von verfügbaren Ansprechpartnern vorhanden sein, um konstruktionsbedingte Fertigungsprobleme schnell und unkompliziert zu lösen.
Überall dort, wo wir die Führungskräfte und Beschäftigten bei Umstrukturierungen auf ihre neue Aufgabe ausreichend vorbereiten und sie ihre Vorstellungen in diesen Prozeß einbringen können, sind Erfolge zu verzeichnen.
Wichtig ist, ihnen die Sicherheit zu geben, ihre zukünftige Aufgabe und Position zu kennen. Mit einer konzeptionslosen Radikalkur der Hierarchieabflachung ist uns nicht geholfen, dadurch entstehen nur unüberwindbare Widerstände der berüchtigten mittleren "Lähmschicht". Dabei kennt dieser Personenkreis viele der Probleme nur zu gut und wird, wenn er erst einmal für notwendige Veränderungen gewonnen wurde, eine wesentliche Kraft bei Veränderungen darstellen.
Wir bei Volkswagen wissen nur zu gut, daß bei der Rangfolge der strategischen Erfolgsfaktoren eines Unternehmens die von Menschen getragenen Erfahrungen, also das Humanpotential, die gemeinsamen Werte und die erarbeitete Kultur eines Unternehmens an oberster Stelle stehen. Diese Aspekte sind bedeutsamer für den Erfolg eines Unternehmens und langfristiger angelegt als z.B. das Wissen um Fertigungsverfahren oder Produkteigenschaften.
Wenn vollmundig von katalanischen oder sächsischen Produktionskonzepten gesprochen wird, so steht der Beweis aus, ob die Menschen auch wirklich mit aller Sorgfalt in ihrer kulturellen Eigenart in die Gestaltung dieser hochproduktiver Einheiten einbezogen werden. Uns helfen keine einfältigen Übertragungen, sondern wir stehen vor der großen Herausforderung, unser qualifiziertes Personal vor allem unsere Ingenieure, unsere exzellentes Facharbeiterpotential, aber auch langjährig Angelernte, ihrem Leistungsvermögen entsprechend einzusetzen. Dies setzt entsprechend gestaltete Arbeitsformen und Organisationsstrukturen voraus.

Zum Beispiel erproben wir in den Standorten der Volkswagen AG bei unseren Gruppenarbeitsprojekten zur Zeit verschiedene Gestaltungsvarianten.
Zu den Aufgaben der Gruppen gehört z.B. die An- und Abwesenheitsplanung, die Qualifizierungsplanung, und die Aufteilung der Arbeitsaufgaben. Diese Gruppen übernehmen verstärkt Aufgaben der Qualitätssicherung, der Optimierung der Produktionsabläufe und geben Anregungen zur produktionsgerechteren Gestaltung.
Wir erproben unterschiedliche Modelle der Gruppenkoordination bzw. des Gruppensprechers. So wechseln in einem Projekt die Gruppenkoordinatoren wöchentlich, in einem anderen alle 8 Wochen und in einem dritten alle 6 Monate. Zielsetzung ist generell die Eigenverantwortlichkeit der Beschäftigten zu fördern.
Insgesamt gehen wir nicht davon aus, daß der Meister der Supervisor oder wie mir erscheint der Supermann sein soll, sondern der Meister soll eher die sehr wichtige Rolle des Betreuers, des Coachs, der Gruppen übernehmen.
Dabei hat es aber wenig Zweck, den Meistern einen einheitlichen Hut überstülpen zu wollen, sondern wir müssen sie je nach Erfahrungshintergrund und spezifischen Bedingungen der Fertigung dort abholen, wo sie zur Zeit stehen. Deshalb geben wir nicht einseitige Ziele vor, sondern die Meister erarbeiten sich in speziellen Workshops ihre zukünftigen Aufgabenfelder und ihre neue Rolle.
Weiterhin bereiten sich die jeweils zuständigen Meister und die Produktionsteams gemeinsam auf ihre neue Aufgabenteilung bei der neuen Arbeitsorganisation vor. Auch hier erproben wir in den Werken zur Zeit unterschiedliche Vorgehensweisen, die jedoch im Kern alle darauf hinauslaufen, den Beschäftigten mit ihren direkten betrieblichen Vorgesetzten mehr Handlungsspielräume und größere Gestaltungsmöglichkeiten ihrer Arbeit zu geben.
An dieser Stelle bin ich optimistisch, daß auf der ausführenden Ebene in der Produktion die Herausforderung einer effizienteren, qualitätsbewußteren Produktion bei hoher Anlagenverfügbarkeit angenommen wird. Wir machen z.B. in unserer neuen Lackiererei in Wolfsburg die Erfahrung, daß so unterschiedliche Gruppen wie Instandhalter, Anlagenführer und Lackierer in eine Produktionsgruppe zu integrieren sind. Sie arbeiten effektiv zusammen und erbringen erstaunliche Kooperationsleistungen, wenn ihnen die Rahmenbedingungen, die eine ganzheitliche Anlagenverantwortung ermöglichen, gegeben werden. Motivation ist dabei vor allem die gemeinsame sehr anspruchsvolle ganzheitliche Arbeitsaufgabe und das Lernen mit- und von einander.
Die Führungskräfte bei Volkswagen sind allerdings nur unzureichend auf diese Aufgabe, neue Arbeitsorganisationsformen zu gestalten, und Beteiligungsmanagement durchzuführen, vorbereitet. Die Schwachstelle, wie sie sich für uns darstellt, ist das nicht ausreichend vorhandene Know how, der Führungskräfte um den kulturellen und organisatorischen Wandel der bei Volkswagen zweifelsohne notwendig ist, voranzutreiben. Uns fehlen noch die Prozeßbegleiter die soziales Veränderungswissen ins Unternehmen hineintragen. Uns fehlen die Visionäre, die eigenständige Entwicklungen zulassen und unterstützen. Uns fehlen die engagierten Macht- und Fachpromotoren für diese Prozesse.

2.2 Fertigungsorganisation und Fertigungstechnologie

Mit der Arbeitsorganisation direkt in Verbindung stehen die Fertigungsorganisation und Fertigungstechnologie. Die Fertigungsorganisation und vor allem die Fertigungstechnologie weisen noch Schwächen auf in der Strategie der deutschen Hersteller, auch der von Volkswagen.

Man beschäftigt sich intensiv mit neuen Fertigungsorganisationen und Fertigungstechnologien, ohne den Menschen, der dieses komplexe Netzwerk von Informationen, Prozessen und Maschinen am laufen halten soll, intensiv einzubeziehen und zu qualifizieren.

Unsere Techniker, vor denen ich höchste Achtung habe und von deren Lernfähigkeit ich überzeugt bin, werden lernen müssen, ihren Technikfetischismus zu zügeln. Statt hochkomplexer, nicht durchdringbarer und entsprechend anfälliger persönlicher Kunstwerke, müssen sie in Zukunft robuste Technik mit sicheren Prozessen unter Beteiligung der später daran Beschäftigten konstruieren.

Wir werden auch weiterhin mechanisieren und automatisieren, jedoch die Anlagenverfügbarkeit nur mit den Beschäftigten und ihrem Erfahrungswissen steigern können.

Mit robusten Fertigungstechnologien einhergehen muß eine Reduzierung der Teile- und Variantenvielfalt. Die konstruktiven Voraussetzungen für die Reduzierung der Teilevielfalt müssen im Rahmen der Produktentwicklung durch laufende Programme geschaffen und vertriebsseitig abgestimmt werden. Dies ist verbunden mit dem gewünschten positiven Effekt einer Entlastung des Produktionsprozesses von unnötigem Ballast.

2.3 Fertigungstiefen- und Dienstleistungstiefenoptimierung, Zuliefererbeziehungen und Produktentwicklung

Ein weiterer Aspekt, durch den vor allem die Fabriken Mosel und Martorell gekennzeichnet sind ist die geringe Fertigungstiefe und die Ansiedelung von Zulieferbetrieben um das jeweilige Werk herum.

In den alten Standorten der Volkswagen AG verschließen wir uns nicht der Diskussion um notwendige Fertigungstiefen- und Dienstleistungstiefenoptimierungen. Fertigungstiefen- und Dienstleistungstiefenoptimierung darf allerdings nicht als bloßes Köpfezählen betrachtet werden, um dem entsprechenden Verhältnis zwischen Gesamtbeschäftigten und Fahrzeugen, unter Berufung auf die MIT-Studie, gerecht zu werden.

Im Zusammenhang mit der Diskussion um Fertigungstiefen- und Dienstleitungstiefenoptimierungen ist für uns von besonderer Bedeutung, die Neustrukturierung der Entwicklungsfähigkeiten an den produzierenden Standorten und die Neugestaltung des Entwicklungsprozesses in Kooperation mit den Zulieferern.

Es macht keinen Sinn, Fertigungs- und Dienstleistungstiefe zu reduzieren, aber die Entwicklungsfähigkeit und damit wichtiges Know how zu verlieren. Wir dürfen nicht

Schritt um Schritt von zukunftsträchtigen Entwicklungen bei der Autoelektronik, der Getriebetechnik oder beim Fahrzeugunterbau abgekoppelt werden. Hier erwartet der Betriebsrat vom Unternehmen auch die Einhaltung sozialer Verpflichtungen für die am jeweiligen Standort Beschäftigten und für die Region.

Wenn Fertigungstiefenoptimierung mit der Ansiedlung attraktiver Zulieferindustrien in der Region und einer aktiven regionalen Struktur- und Wirtschaftspolitik verbunden ist, macht sie Sinn. Und wenn Fertigungstiefenoptimierung mit dem Erhalt und dem Ausbau der Entwicklungskompetenz verbunden ist und der immer notwendigeren Innovationsfähigkeit bei Fahrzeugkonzepten und Verkehrssystemen beiträgt, macht sie natürlich noch mehr Sinn. Damit wird die Leistungsfähigkeit des Unternehmens gesteigert und werden Arbeitsplätze gesichert. Bei Volkswagen ist der Vorstand dieser Verpflichtung mit einer Vereinbarung zur Standort- und Beschäftigungssicherung eingegangen.

2.4 Produktstrategie, Integrierte Verkehrssysteme, Umweltschutz und Recycling

Volkswagen wird sehr gute Zukunftschancen haben, wenn wir mit unserer Produktstrategie für die verkehrspolitische Diskussion deutliche Signale setzen. Auf die wachsenden ökologischen Verpflichtungen des Automobils und der Verkehrssysteme im Verbund müssen wir innovative Antworten parat haben.
Mit den Konzepten "Integrierter Vekehrssysteme", den Vorgaben bei "Umweltschutz" und "Recycling" die Volkswagen mit geprägt hat, können wir der Herausforderung einer schlanken Produktion unseren eigenen Stempel einer sozialen und umweltverträglichen Produktion aufdrücken.

3. Konsequenzen für die Arbeit der Interessenvertretung

Zum Abschluß meiner Ausführungen möchte ich auf die Konsequenzen neuer Produktionskonzepte für die Arbeit der gewerkschaftlichen Interessenvertretung zu sprechen kommen.
Die bei uns vorhandenen Erfahrungen mit neuen Organisations- und Produktionskonzepten zeigen die hohe Gestaltbarkeit der Arbeit im Zusammenhang mit neuen Technologien. Die Wirkungen der neuen Beteiligungs-, Organisations- und Produktionskonzepte lassen keine Ebene des Unternehmens unberührt. Dadurch verändern sich nicht nur die Hierarchie und die Arbeitsorganisation.
Die bisherigen Formen von Entlohnung, Leistungsbeurteilung, Qualifikation, Arbeitsgestaltung, Personalpolitik, Mitbestimmungsregularien und die Arbeitsformen der Interessenvertretung werden sich dadurch ebenfalls ändern.
Die klassische Organisation der Arbeit der Interessenvertretung, vor allem die starr abgegrenzten Zuständigkeitsbereiche der Fachausschüsse des Betriebsrates werden den derzeitigen Entwicklungen nicht mehr gerecht. Eine übergreifende projektbezogene Begleitung unternehmerischer Planungen und Projekte mit unseren Mitbestimmungsmöglichkeiten und unserer Fachkompetenz ist notwendig.
Nur durch projektbezogene Beratungen können wir wirkungsvoll alle Facetten eines Großprojektes, wie z.B. einer neuen Lackiererei, verantwortungsbewußt und ganzheitlich mitgestalten. Die Beteiligung der betroffenen Kolleginnen und Kollegen wird dabei immer wichtiger, wie unsere Erfahrungen bei den neuen Lackierereien in Hannover, Emden und Wolfsburg bewiesen haben.
Gewerkschaftliche Betriebspolitik muß die Chance nutzen, durch Einbeziehung des Sachverstandes der Beschäftigten, alternative Produktionskonzepte zu gestalten. Nur so kann erreicht werden, daß die institutionalisierte gewerkschaftliche und betriebliche Interessenvertretung sinnvoll ergänzt und weiterentwickelt wird.

Die Interessenvertretung muß auch in Zukunft ihren Schutz- und Überwachungsverpflichtungen nachkommen. Sie muß aber die gestaltenden Möglichkeiten die das Gesetz, Tarifverträge, Betriebsvereinbarungen usw. zulassen stärker als bisher ausbauen.

Schließlich wird der Prozeß der Strukturveränderungen im Fahrzeugbau auch seinen Druck auf bestehende gewerkschaftliche Organisations- und Entscheidungsstrukturen ausüben. Dies kann nicht mit einzelgewerkschaftlich- organisationspolitischem Strukturkonservatismus beantwortet werden.

Die Internationalisierung des Volkswagen Konzerns macht das Thema Arbeits- und Betriebsorganisation zunehmend auch zu einer Fragestellung von hoher Bedeutung im Rahmen unserer internationalen Gewerkschafts- und Betriebsratsarbeit bei Volkswagen.

Als ersten Ansatzpunkt hierzu haben wir gemeinsame Seminare mit unseren Kolleginnen und Kollegen von VW-Sachsen und SEAT durchgeführt, weil hier das Management sehr ähnliche Konzepte umsetzen wollte. Wir werden die Diskussion und den Erfahrungsaustausch um Produktions- und Arbeitsorganisationskonzepte im multinationalen Konzern Volkswagen intensivieren.

Ziel ist es, die hohe Durchdringung der Strategien und Konzepte, über die nationalen Konzernstandorte hinweg, transparent zu machen. Hierin sehen wir auch eine der zentralen Aufgabenstellungen unseres europäischen Konzernbetriebsrats bei Volkswagen.

Wir erleben zur Zeit wirklich eine Revolution in der Automobilindustrie, die uns herausfordert, sie aktiv mit zu gestalten. Dabei gilt es unsere sozialen Grundlagen unsere Stärken in den Bereichen Produkte, Technologie, Ausbildung, Infrastruktur und politisches System vor allem die Einsatzbereitschaft der Belegschaften zu erhalten und auszubauen.

Dr. Dietrich Zeyfang

Kurzreferat

Was ich Ihnen zu berichten habe, ist letztendlich ein Produkt gemeinsamer Arbeit, nicht nur der Belegschaft des Werkes Bremen, sondern auch der Belegschaftsvertretung und der örtlichen IG Metall-Verwaltung. Wir pflegen wie jedes Automobilunternehmen in Deutschland und weltweit nationale und internationale Erfahrungsaustausche, und die Erkenntnisse daraus werden so umgesetzt, wie wir es für unser Unternehmen angemessen und für zeitlich angebracht halten.
Deswegen möchte ich für unser Haus deutlich sagen, die MIT-Studie war und ist für uns nur ein kleiner Baustein. Sie ist deshalb interessant, weil sie in vergleichenden Untersuchungen versucht hat, statistisch auszuwerten - mit all den Fehlern, die da drin sind. Ein Baustein, der unter anderem dazu geführt hat, auch ein Strategiepapier mit 18 wesentlichen Punkten zu aktualisieren, aus dem schon zitiert wurde. Ich möchte in diesem Zusammenhang über die Einführung von Gruppenarbeit berichten.
Die Voraussetzung für diesen evolutionären bis revolutionären Weg heißt Delegation von Kompetenz und Verantwortung an den Ort der Wertschöpfung. Und das ist uns nicht erst eingefallen, als wir das Buch gelesen haben, sondern wir haben damit in Bremen sehr früh beginnen können, weil wir in den frühen 80er Jahren in Bremen eine Mannschaft aus einem erfahrenen Arbeiterstamm heraus aufgebaut haben. Dazu haben wir junge hochqualifizierte Mitarbeiter einstellen können. Dies war letzten Endes die Grundlage für die Entwicklung.
Über die Zeitachse verteilt sieht es so aus, daß wir auf diesem Potential aufbauten und dem Wunsch nach Rotation, nach Erweiterung der Arbeitsinhalte nachkamen (Folie 1). Zuerst waren Gruppengespräche da und danach erst kamen wir zu Rotation in Gruppen, zu den Elektrikboxen - immer überschrieben mit der Maßgabe, die Mitarbeiter selber diese Arbeit hier beginnen und aus Gruppengesprächen heraus ihre Potentiale erkennen und auch erkennen, welche Aufgaben übernommen werden können und welche nicht. Wenn hier als allerletztes steht, MIT 202, dann hat das mit der MIT-Studie nichts zu tun, sondern das ist ein internes Kürzel für Mitarbeiter-Information und -Training, bezogen auf das neue Produkt W 202, das also hier als letzte Maßnahme mit in der Entwicklungslinie zu sehen ist.
Wenn ich etwas schematisieren darf, dann ist hier dargestellt, daß man auf drei Achsen aufbauend (Folie 2) die Entwicklung der Gruppenfähigkeit bei jedem einzelnen Mitarbeiter fördern muß, im übrigen auch und sehr wesentlich bei den betrieblichen Vorgesetzten. Da gab es am Anfang nicht unerhebliche Widerstände auch bei der Belegschaftsvertretung und beim Vertrauensleutekörper. Dies ist aber inzwischen überwunden und wir sind gerade am anderen Ende angekommen, nämlich daß wir gemeinsam mit der Belegschaftsvertretung und mit der IG Metall Bremen eine Broschüre für die Mitarbeiter entwickelt haben zur Gruppenarbeit.
Die Arbeitserweiterung ist eine Selbstverständlichkeit, weil ansonsten eine Gruppenarbeit nicht möglich ist und die Arbeitsanreicherung ist ebenfalls in gewissem Umfang vorhanden. Dort gibt es dann allerdings auch Fragestellungen, die bei der Qualifikation beginnen, nämlich, wo kann welcher Facharbeiter welche Tätigkeiten mit übernehmen.

Das typische Beispiel und der Auslöser für den eigentlichen Übergang von Rotation zu echter Gruppenarbeit sind die Ihnen sicher aus Veröffentlichungen bekannten Standarbeitsplätze für die Kabelsatzmontage beim 190er in Bremen, wo wir ausgehend von einer Bandarbeit übergegangen sind zu diesen 18 Standarbeitsplätzen (Folie 3). Dort liegen die Arbeitsinhalte in diesen Standarbeitsplätzen pro Mitarbeiter zwischen 20 und 60 Minuten. Wenn ein Mitarbeiter alle Arbeitsgänge, die in dieser Box auftreten, beherrschen will, dann erweitert sich das um den Faktor 3. Ein Mitarbeiter muß also bis zu 180 Minuten Arbeitsinhalt beherrschen. Und noch extremer wird dies an den Sternboxen (Folie 4) beim R 129, also beim SL, wo wir Standzeiten für die Fahrzeuge bis zu 1 1/2 Stunden haben und Arbeitsinhalte für die Mitarbeiter zwischen 4 1/2 bis 6 Stunden. Dort kommt dann neben diesen reinen Arbeitsinhalten noch mit dazu, Nebenaufgaben zum Montieren, nämlich Kommissionieren, Disponieren, Kontrollieren selbstverständlich. Der Mitarbeiter möchte seine Arbeit selber so machen können, daß er sie i.O. abgeben kann und wenn es unbedingt sein muß, möchte er und sollte seine Nacharbeit selber abarbeiten.
Wir haben dem ganzen überlagert den Übergang zu Werkstattkreisen, die als Arbeitsgruppe, als eine in sich geschlossene handelnde Gruppe, neben der Verbesserung der Arbeitsabläufe, der Qualität, des Arbeitsumfeldes. Eines der wesentlichen zu lösenden Gruppenprobleme ist, daß die Gruppe selbst damit fertig werden muß, auch die schwächeren Mitarbeiter in der Gruppe zu behalten. Die Gruppe muß also mit ihren Gruppenmitgliedern selbständig eine Arbeitszuteilung und -einteilung so finden, daß auch Schwächere mitarbeiten können.
Wie geht der Prozeß weiter? Wir haben die Gruppenarbeit noch nicht flächendeckend umgesetzt, sie ist aber in den vorgetragenen Formen durchaus schon so zu sehen. Wir haben einige Beispiele automoner Gruppenarbeit (Folie 5). Das ist nun also eine Arbeitsgruppe, die auch ihre eigene Arbeitsablaufplanung mit organisiert, ihre eigenen Arbeitstermine mit verwaltet und die ebenfalls die vorgelagerten und die nachfolgenden Bereiche mit steuert bzw. aus den nachgelagerten Bereichen ihre Arbeitssequenzen und ihre Arbeitsreihenfolge mit aufnimmt. Hier gibt es die Funktion des gewählten Gruppensprechers, der die Gruppe als Ganzes nach außen hin vertritt - durchaus mit der Problematik: Ist es nur eine fachliche Außenvertretung oder kann das auch eine disziplinarische Außenvertretung sein? Lassen Sie mich darauf bitte eine Antwort vorenthalten, weil das ein Prozeß ist, der sich noch in der Entwicklung befindet.
Wir sehen, daß die Mitarbeiter an der Gestaltung ihres Arbeitsprozesses, der auf sie zukommt, selbst mitwirken und nicht nur auf die Segnungen von oben warten, daß sie diesen Prozeß mitgestalten und von unten nach oben mitwirken wollen und müssen (Folie 6). Daraus läßt sich ableiten, daß Veränderungen dieser Prozesse und dieser Arbeitsinhalte nicht direktiv erfolgen können, sondern daß die Prozesse von der Gruppe aus selbst bestimmt werden müssen. Deshalb kann man nicht von heute auf morgen solche Veränderungen anordnen, sondern die müssen über die Zeitachse wachsen.
Die Mitarbeiter und Vorgesetzten wurden früher geführt und werden heute beobachtet, geleitet, gelenkt, ja, sie werden in ihrem Selbstverhalten dort mit Hilfen unterstützt, wo sie diese Hilfe anfordern (Folie 7). Die Darstellung kann durchaus

so gelesen werden, daß der Mitarbeiter nun auf seinen Vorgesetzten zukommt, um hier seine Probleme vortragen und ins Gespräch zu bringen zu können.
Zusammengefaßt, die direkt am Ort der Wertschöpfung tätigen Personen haben ihren eigenen Kompetenz- und Verantwortungsbereich. Die damit verbundene Selbstsicherheit und das Selbstbewußtsein steigt, die Entwicklungskompetenz der Menschen selbst wächst, die individuellen Spielräume werden größer, das Zulassen von Eigeninitiative wird zur Selbstverständlichkeit. Die Führungsaufgaben wandeln sich und beziehen die Beobachtung von Entwicklungsprozessen ebenso mit ein, wie sie übergreifendes "systemisches" Denken verlangen.

Folie 1

Übersicht der Maßnahmen im Bereich Montage und zeitliche Zuordnung

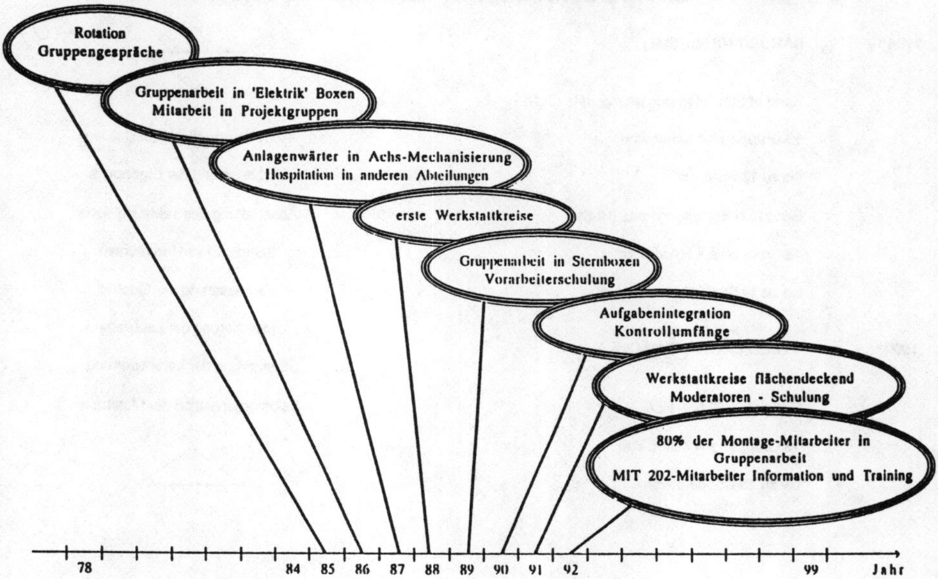

Folie 2

Gruppenarbeit seit 1983

Wenn Kommunikation und Kooperation ausreichend entwickelt sind

können sich Gruppen bilden

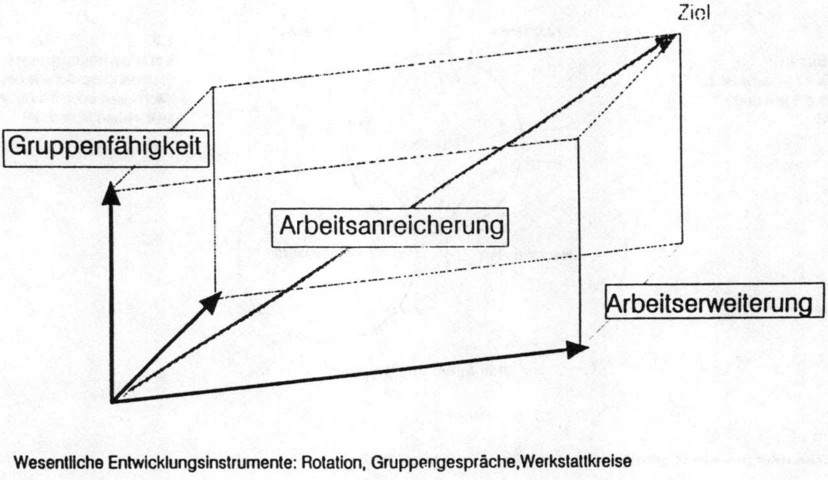

Wesentliche Entwicklungsinstrumente: Rotation, Gruppengespräche,Werkstattkreise

Folie 3

Gruppenarbeit in 'Elektrik' Boxen

IV 201

1984* **BÄNDER** (78 Ma/Sch.)

Band 5: Schlußlampenleitungssatz (SLS)

10 Gruppen à 3 Mitarbeiter

bis zu 12 Stationen

Band 9: Hauptleitungssatz (HLS)

12 Gruppen à 4 Mitarbeiter

bis zu 14 Stationen

1986* **STELLPLÄTZE** (72 Ma/Sch.)

Stellplätze: SLS + HLS

18 Gruppen à 4 Mitarbeiter

bis zu 18 Doppelboxen

Reduzierung der Arbeitsteilung

Verbesserung der Ergonomie

Abschaffung des Taktausgleichs

Schaffung von Freiräumen

Verbesserung der Qualität

Minimierung der Laufwege

Steigerung der Verantwortung

Selbstorganisation der Mitarbeiter

* 275 Einheiten/Schicht

Folie 4

Gruppenarbeit in Sternboxen

R 129

Aufgabenspektrum
eines Mitarbeiters

z.B.
'Elektrik' Boxen
Rotation für 47 Mitarbeiter auf 10 Stellplätzen à 4 MA und 7 MA in VM

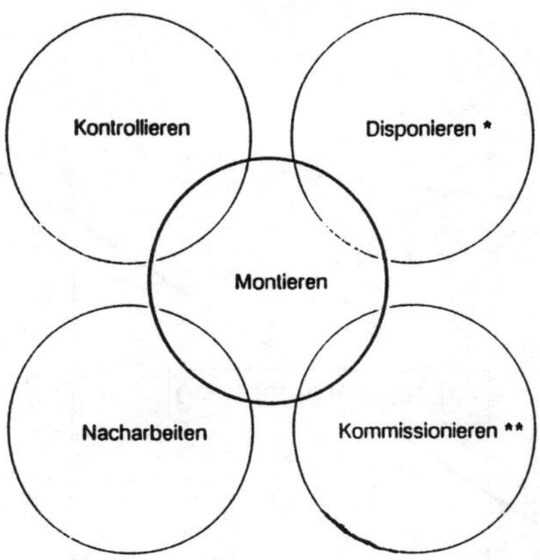

z.B.
Veränderungsprozesse
Gruppengespräche je nach Wichtigkeit auch mit AL und HGL neben M und GM

Ziel: Autonome Gruppen

* Technische Voraussetzungen werden z.Z. geschaffen

** Reduzierung von Taktausgleichszeiten

Folie 5

S 124

Autonome Gruppenarbeit

Vormontage für Motore + Hinterachsen R129/S124

Qualifikationsprofil eines Mitarbeiters

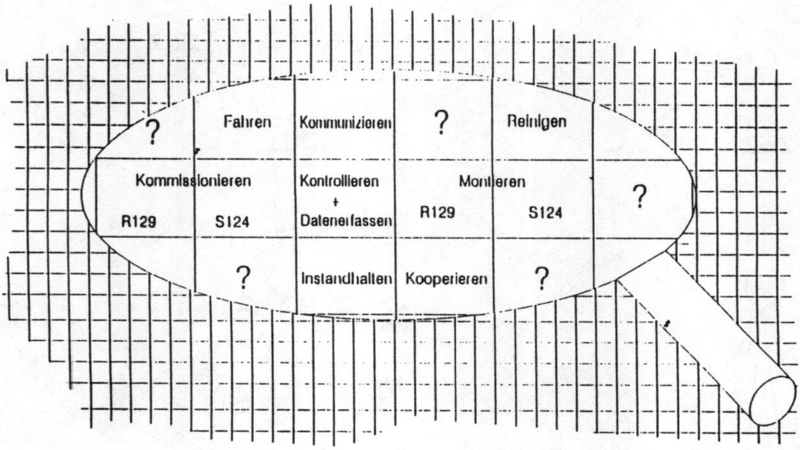

Die Vertretung der Gruppeninteressen nach außen übernimmt ein Gruppensprecher

Folie 6

Einleitung von Veränderungsprozessen

Prozeß-Definition Prozeß-Ausprägungsfeld

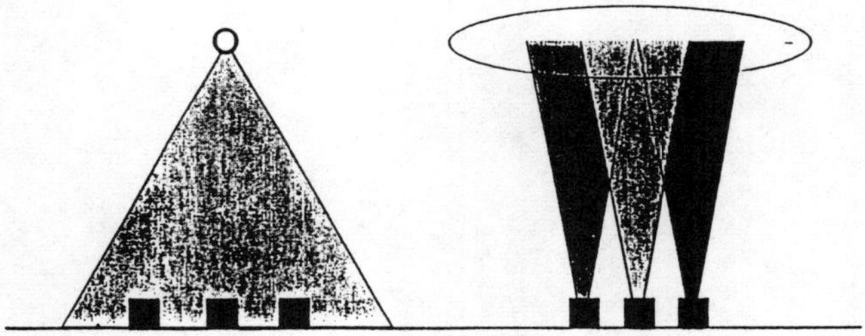

direktiv selbstbestimmend

Führungsverhalten gestern und morgen

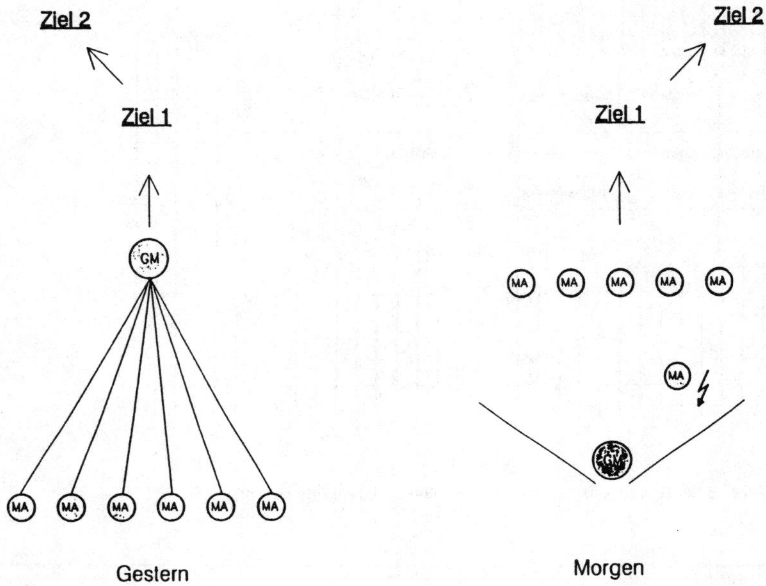

Kurt Krause:

Kurzreferat

Ich habe meinen Beitrag in vier Punkte gegliedert: die Planung des PKW-Werkes Rastatt, zum Vergleich die Planung des NFZ-Werkes Ahrensdorf, die z.Z. anstehenden Strukturveränderungen in den Werken der MB AG und zum Abschluß eine Bewertung zum Stand der Gruppenarbeit.

Die offizielle Inbetriebnahme Rastatt ist von den Medien am 25.Mai begleitet worden. Nicht zu erkennen war der ca. 4 1/2-jährige Planungsprozeß. Dieser hatte folgenden Ablauf. Nach der Entscheidung der Standortfrage, der GBR begrüßt das ausdrücklich, daß sich die MB AG sowohl mit Rastatt als auch mit Ahrensdorf für Deutschland entschieden hat. stellte der GBR den Antrag, diese Planung zu begleiten. Zwei Zielsetzungen wurden von uns verfolgt. Die Begleitung des Planungsprozesses selbst und durch den Ablauf dann den Abschluß einer Betriebsvereinbarung, um endlich einmal die Information nach §§ 90/91 Betriebsverfassungsgesetz sicher zu stellen.

Nach anfänglichen Grundsatzdiskussionen, ob die Planung Rastatt in die Zuständigkeit des GBR fällt, stimmte der Vorstand einer Planungsgruppe zu bestehend aus Vertretern des Unternehmens und von uns benannten Kollegen. Die Zuständigkeitsdiskussion war ausgelöst durch den Umstand, daß die Planer des Werkes Sindelfingen eine Fabrik in Rastatt, damals Werk Gaggenau, planten quasi als 'verlängerte Werkbank Sindelfingen'.

Das PKW-Werk Rastatt hat sich erst am 17.3.92 eine eigene Interessenvertretung gewählt. Das Ziel, eine Betriebsvereinbarung zu §§ 90/91 BetrVG abzuschließen, wurde nicht erreicht. Den Planungsprozeß hat jedoch der GBR vom ersten Federstrich bis zur Inbetriebnahme begleitet. Diesen gleichen Ablauf hat der GBR auch für das Projekt Ahrensdorf erreicht. Anhand der Originalfolien könnt Ihr den qualitativen Unterschied Rastatt zu Ahrensdorf selbst beurteilen.

Es ist eine Originalfolie zur Montage Rastatt, von uns bewußt nicht nachgezeichnet (Abb.1). Dies waren die ersten Vorstellungen der Planung; oben sind die Montagelinien abgebildet. Ausgelöst durch die Diskussion Volvo/Udevalla war es für uns selbstverständlich, eine Fabrik ohne Fließbänder zu fordern. Anfangs hat uns die andere Seite ausgelacht.

Ihr seht dann hier (Abb.2), daß man einfach einen Katalog von Zielen beschrieben hat.

Mit Begriffen wie Produktivitätssteigerung oder kleine Regelkreise kamen Begriffe, die durch die MIT-Studie eine angebliche Bedeutung gewonnen haben. Daß zum Beginn der Planung niemand über die Studie geredet hat, sei am Rande erwähnt. Wenn Ihr so wollt, hat man uns auf einem losen Blatt die Ziele aufgezeigt, die man in Rastatt verfolgen will. Also Steigern der Qualität, der Flexibilität und der Rationalisierung. Zum ersten Mal tauchte der Begriff der flächendeckenden Gruppenarbeit auf. Bei Betrachten der Planung wurde jedoch nur die Möglichkeit der Teamarbeit angeboten, also die Übernahme von zusätzlichen Aufgaben.

Um der Gesamtaufgabe, Begleitung einer Planung, besser gerecht zu werden, hat die APG-Kommission des GBR ein Planungsseminar durchgeführt. Unterstützt durch den Kollegen Manfred Muster, der damals noch in der Vorstandsverwaltung

war, haben wir mit den betreffenden Betriebsräten eine eigene Planungsvariante entwickelt. Wir sind schnell zu dem Ergebnis gekommen, daß wir uns selbst mit neuen Zielen des Automobilbaus auseinandersetzen müssen.
Als sehr positiv ist anzumerken, daß uns alle in Deutschland ansässigen Automobilkollegen in ihre Fabriken gelassen haben. (Dies trifft auch auf die Schweden bei Volvo und Saab zu.) Ziel war es, den damals gängigen Stand der Technik kennenzulernen. Mit Hilfe des GBR-Sekretariats wurde daraus ein Zielkatalog erarbeitet. Dieser Katalog mit der Gliederung Ergonomie und Arbeitsorganisation wurde vom GBR dem Unternehmen als Forderung überreicht.
Das möglicherweise Besondere war, daß schon Prinziplösungen aufgezeigt wurden. Wir haben also nicht gesagt, wir fordern dieses oder jenes Detail, sondern diesen Lösungsansatz stellen wir uns vor.
Wir mußten nach der zweiten Sitzung überrascht und erfreut feststellen, daß der Verantwortliche der Planung, das war damals der Werksleiter aus Sindelfingen, uns bescheinigt hat, wir möchten doch bitte nicht so ungeduldig sein, denn letztendlich hätten seine Planer die letzten 30 Jahre nichts anderes als Fließbänder geplant, und somit müßten sie den Planungsprozeß erst nachvollziehen. Es ist also zugestanden worden, daß beide Seiten sich gegenseitig befruchtet haben. Wir haben dann bei der Ergonomie natürlich Körperhaltung, Materialbereitstellung, Umwelt aufgeführt; bei den Zielkriterien der Arbeitsorganisation *generelle* Anforderungen, erweiterten Handlungsspielraum.
Der GBR hat da das erste Mal die Forderung aufgestellt, daß ein Arbeitsinhalt nicht unter 30 Minuten sein darf. Wir haben dann aufgrund der Untersuchungen festgestellt, daß Herr Schumann mit seinem Buch durchaus recht hatte, hochqualifizierte Facharbeit läßt sich noch viel besser organisieren; aber bei einfacher Montagetätigkeit wird es dann schon unwahrscheinlich schwierig, die anzureichern, dort Arbeitsinhalte hinzubekommen, die wirklich den Anspruch der Arbeitserweiterung beinhalten und nicht nur das Aneinanderreihen noch stumpfsinniger Tätigkeiten.
Durch das Einmischen des BR wurde erreicht, daß wirklich ein Drittel der Fließbänder aus der Fabrik herausgekommen sind, daß Transportsysteme installiert wurden, die sich sehen lassen können. Es gibt eine Plattform, die sich zwar bewegt, aber der Werker selbst montiert am stehenden Fahrzeug und wir waren zu Recht ein bißchen stolz, was aus der Fabrik geworden ist.
Die flächendeckende Einführung von Gruppenarbeit haben wir damals auch so bewertet, daß dann, wenn man ein Werk auf die grüne Wiese setzt, Strukturen und Änderungen vielleicht (oder leider) einzuführen sind. Wir haben aber vergessen, daß es ja alles Kollegen sind, die über Jahre entweder in Rastatt oder in Sindelfingen gearbeitet haben, die ihr Denken mitbringen.
Als die Ankündigung dann kam, die NFZ-Produktion in Ludwigsfelde oder später Ahrensdorf zu erweitern, setzte der GBR ebenfalls eine Planungsgruppe durch. Nach dem ersten Planungsgespräch wird schon durch die Folien die Veränderung deutlich. Dort wird von der Produktionsphilosophie in Ahrensdorf geredet, und Ihr findet mit einer Selbstverständlichkeit die Begriffe aus der MIT-Studie wieder (Abb.3-5). Man will also in Ahrensdorf den kontinuierlichen Verbesserungsprozeß, man will das sogenannte Null-Fehler-Ziel, den Fehler beheben sofort am Entstehungsort. Hier scheint sich das Management selbst etwas vorzumachen über

den notwendigen Schulungsaufwand. Es soll von den zur Zeit bei Mercedes bestehenden sieben Hierarchie-Ebenen runtergefahren werden auf vier Hierarchie-Ebenen. Das Ganze soll im Cost-Center-Prinzip geleitet werden. Dieses Konzept wird jetzt aufgrund der SGP, Strategische Geschäftsplanung, in allen 12 Werken der Mercedes-Benz AG gefahren. Wir werden zur Zeit damit konfrontiert, daß alle Werke bis zum 1.1.1993 auf diese Konzeption umgestellt werden sollen.
Interessant war für uns die Offenheit der Informationspolitik, auch Arbeitszeit und Arbeitswirtschaft werden sofort am Anfang mit in der Planung vorgegeben, daß man dort in 2 mal 8,75 Stunden an 4 Tagen ohne Freischichten arbeiten lassen will, das wird Verhandlungsgegenstand des Betriebsrates sein, aber hier sind die Forderung schon klar.
In der Presse war zu lesen ist, daß die Mercedes-Benz AG 20.000 bis 25.000 weniger Beschäftigte haben will. In den Planungen werden zumindest schon die indirekten Arbeitskräfte ins Minus geplant. Hier sind wir natürlich sehr hellhörig geworden. Im Augenblick ist das Verhältnis von Angestellten und Arbeitern etwa 1 : 1. Da kommt also einiges an Rationalisierung uns zu (Abb.5). Die Planungsunterlagen sprechen eindeutig gegen den großen Schub im Angestelltenbereich. Abb.6 zeigt das Leitbild zur Veränderung und Vision der Mercedes-Benz-Zielsetzung. Dort wird von einer kleinen Gruppe, das ist ja "klar", die Spitze ist immer ein bißchen kleiner, eine Vision erarbeitet, da werden die Leitbilder und Ziele nach unten gegeben, da werden Strategien entwickelt, da wird die Umsetzung gemacht. Es mag Zufall sein, die Folie ist ja von der anderen Seite, aber ich könnte mir vorstellen, daß Pfeile in umgekehrter Richtung sehr hilfreich wären.
Dort gibt es die schöne Formel "von der Mißtrauens- zur Vertrauens-Gesellschaft"; so positiv, wie dieses klingt, haben wir natürlich die gleichen Fragen gestellt, die heute schon angesprochen wurden. Müßte man dann nicht zuerst alle Kontrollinstrumente, die man hat, überprüfen und abschaffen? Gerade bei der Diskussion der neuen Arbeitszeit- und Arbeitsorganisationsmodelle muß man sich schon fragen lassen, was dann noch die Stempeluhren in den Betrieben sollen: die Mannschaft kommt doch hochmotiviert dort hin und will arbeiten!
Die Überraschung bei uns ist nicht groß, daß dort Formulierungen hochkommen, die einem gar nicht so neu sind; daß es Forderungen sind, die wir über Jahre schon gestellt haben, und wo wir uns immer gewünscht haben, daß diese Prozesse endlich mal ingang kommen.
Wir wissen, daß wir eine hochmotivierte, leistungsstarke Mannschaft haben, die soll also mitdenken. "Wollen" wollen wir auch alle, also müssen wir auch Führen (lassen), und das Können, das heißt handeln wollen, daraus erwächst dann das Wachstum (Abb.7), das die Mercedes-Benz AG in den nächsten Jahren wieder an die Spitze bringt, denn es kann ja nicht richtig sein, daß Toyota besser ist als wir.
Die Entscheidungsprozesse in der Mercedes-Benz AG werden radikal verändert: Es wird fast alles nur noch über Projektgruppen abgewickelt. Hier wird der Meinungsbildungsprozeß abgeschlossen, hier wird sich also die Interessenvertretung wiederfinden und einbringen müssen.
Wir befürchten, daß wir es sehr schwer haben werden, unsere Betriebsratsarbeit, die Interessenvertretungsarbeit, auf solche Konzepte umzustellen. Ob die Strukturen der Betriebsratsarbeit und unsere Qualifikationen dazu ausreichen, um den

Prozeß zu begreifen und mitgestalten zu können? Das wird auf jeden Fall noch eine große Anstrengung bedeuten.
Das erste Mal hat das Unternehmen die gesamte Mannschaft verunsichert, und vor einem solchen Hintergrund die Hoffnung und den Glauben zu haben, daß so viel Motivation rüberkommt, daß die Mannschaft wirklich erkennt und begreift, die Ärmel hochkrempelt, um den Prozeß zu gestalten, wage ich infrage zu stellen.
Ich habe versucht zu verdeutlichen, vor welchen Schwierigkeit wir im Augenblick stehen (Abb.9). Es läuft immer noch in den Werken die Optimierung der Gemeinkosten; die Auswirkung personeller Art haben wir noch. Daneben schwebt das SGP-Projekt und die Umstellung auf Profit-Center. Daneben die große Wolke des Personalabbaus, die erwähnten 20-25.00; die Untersuchung der Eigen- oder Fremdfertigung. Dazu kommt die Suche nach geeigneten Entlohnungsmethoden, dazwischen das Pflänzchen der Gruppenarbeit, das durch die dunklen Wolken so eingenebelt wird, so daß ich mir wirklich im Augenblick schlecht vorstellen kann, daß Führungskräfte die Mannschaft motivieren können, zu neuen Ufern aufzubrechen.
Zur Gruppenarbeit hatte der GBR die idealistische Planung, daß wir in den Werken der Mercedes-Benz AG Projekte durchführen und aus den Erfahrungen der Projekte dann eine Betriebsvereinbarung machen. Durch den Antrag des Vorstandes, flächendeckend die Gruppenarbeit einzuführen, sind wir wieder einmal von unserer Zielsetzung abgebracht worden. Die Betriebsvereinbarung Pilotprojekte zur Gruppenarbeit mit einer Laufzeit von drei Jahren regelt im Grundsatz unser geplantes Vorhaben.
Es ist zur Zeit zu befürchten, daß durch falsches Wirtschaftlichkeitsdenken die Projekte verkommen und sich die anderen Chancen somit infrage stellen. Die Werke haben im Augenblick die Verpflichtung, der Zentrale zu melden, wie viele Gruppenarbeitsprojekte eingerichtet wurden. So ist es nicht verwunderlich, daß es in allen Werken angeblich funktionierende Gruppenprojekte gibt. Nach unserer fundierten Kenntnis gibt es zwar einzelne positive Ansätze, bei denen auch wir die Hoffnung haben, daß sie sich in die richtige Richtung entwickeln. Alle anderen sind im Anfangsstadium, so daß eine Beurteilung noch garnicht möglich ist. Welche Auswirkungen sie haben oder ob sie erfolgreich sein werden, wird auch von der zu leistenden Betreuung abhängen.
Der GBR hat in der Gruppenarbeit die Chance gesehen, ein durchgängiges Entwicklungskonzept sowohl in der Fort- und Weiterbildung als auch in der Lohnentwicklung anbieten zu können. Darüber hinaus haben wir die Chance darin gesehen, daß die Belegschaft endlich mal in die Situation kommt, wirklich ihren Produktions- oder Arbeitsprozeß zu begleiten, mitzubestimmen, daß wir das Gefühl vermitteln, daß sie gefragt werden.
Wir hatten natürlich die Hoffnung, ein bißchen mehr Demokratie in den Betrieben einführen zu können, und das scheint hier die schwerste Übung zu sein.
Ich habe vor Führungskräften im Dezember im Werk Berlin-Marienfelde gesagt, es ist schon merkwürdig, daß Werksleitung und Betriebsrat vor alle Führungskräfte treten, um einer alten gewerkschaftlichen Forderung endlich zum Durchbruch zu verhelfen. Das Förderprogramm zur Humanisierung des Arbeitslebens der 70er Jahre erwuchs aus einem Anspruch auf die Aufhebung der Arbeitsteilung, in der die Gruppenarbeit damals leider nur diskutiert wurde. Heute sehen wir, daß

die Gruppenarbeit ein Rationalisierungsinstrument ist bzw. zur Rationalisierungsmethode instrumentalisiert werden soll.
Der wichtigste Satz der MIT-Studie ist, daß der Prozeß in Japan bei Toyota 20 Jahre gedauert hat. Wer also glaubt, solche Methoden 1:1 sofort übertragen zu können in einem Einjahresrrhythmus, der irrt sich gewaltig. Ich kann nur warnen, kreatives Potential entfaltet sich nicht durch kaninchenhaftes Anstarren der Schlange oder die Verkündung von Revolutionen.

Abb. 1

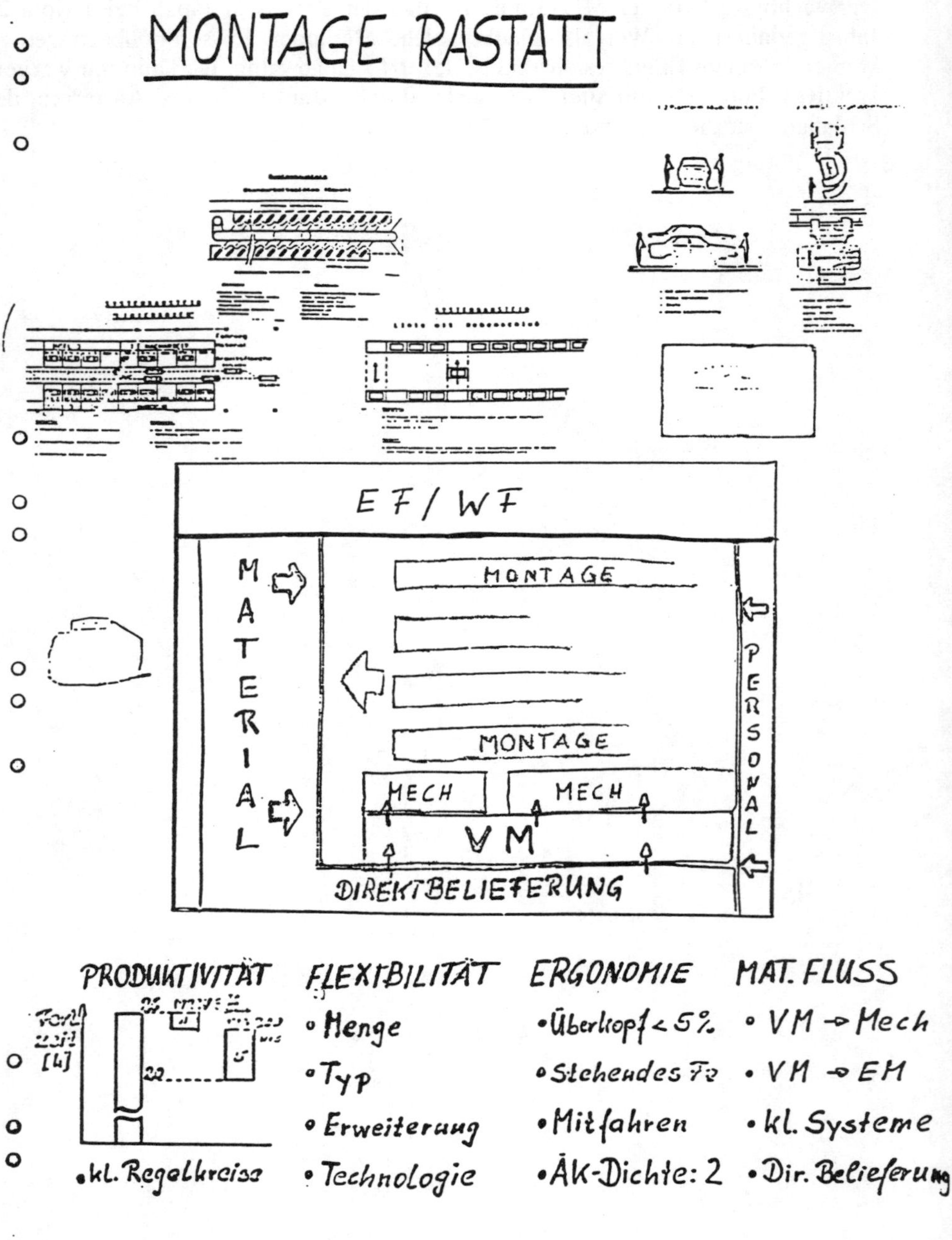
MONTAGE RASTATT
EF / WF
MATERIAL
MONTAGE
MONTAGE
MECH
MECH
VM
PERSONAL
DIREKTBELIEFERUNG
PRODUKTIVITÄT
•kl. Regelkreise
FLEXIBILITÄT
• Menge
• Typ
• Erweiterung
• Technologie
ERGONOMIE
•Überkopf < 5%
•Mitfahren
•ÄK-Dichte: 2
MAT. FLUSS
• VM → Mech
• VM → EM
• kl. Systeme
• Dir. Belieferung

Abb. 2

Zielsystem

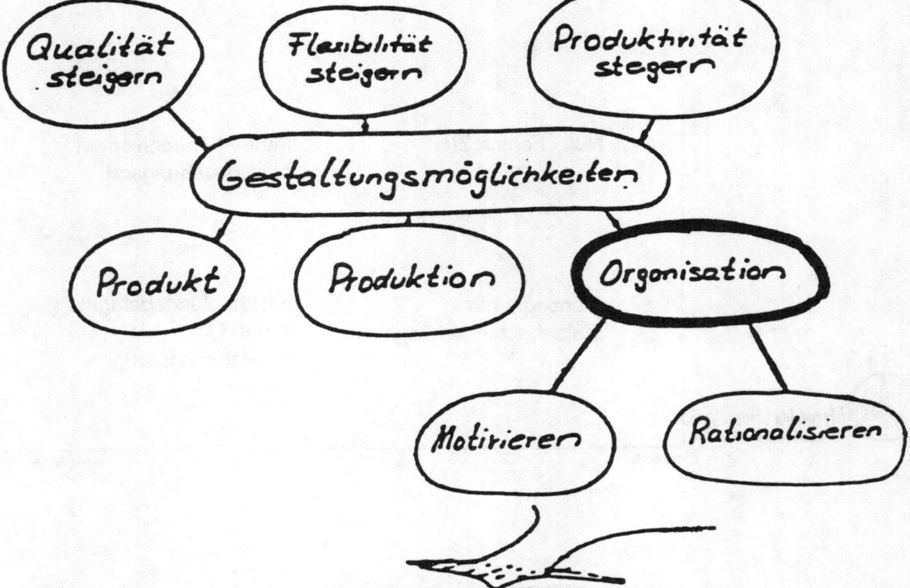

Ziele

- Schaffung kleiner Regelkreise
  - Abgeschlossene Arbeitsumfänge
  - Integration von Kontrolle / Nacharbeit
- Reduzierung von Nacharbeit
- Reduzierung von Nebenzeiten
- Möglichkeit zur Teamarbeit
- Möglichkeit zur Übernahme von Umfeldaufgaben
- Möglichkeit zur individuellen Leistungsentfaltung
- Möglichkeit zur Höherqualifizierung (Facharbeiterplätze)
- Schaffung einer durchgängigen Aufbauorganisation

Produktionsphilosophie Ahrensdorf

Kontinuierlicher Verbesserungsprozeß	Verbesserung ist ein Prozeß ohne Ende
Null - Fehler Ziel	Fehler beheben sofort am Entstehungsort
Konsequente Entscheidungsdelegation	Entscheidungsbefugnis an den Ort der Wertschöpfung

Mercedes-Benz AG
Geschäftsbereich Nutzfahrzeuge

Abb. 3 PPA2-sch ahre09.drw

Werk Ahrensdorf Leitlinien

	Werk Ahrensdorf
Organisationsstruktur	4 Hierarchieebenen 1 Cost Center Leiter Cost Center - Produktion - Engineering - Logistik - Controlling - Service

Mercedes-Benz AG
Geschäftsbereich Nutzfahrzeuge

Abb. 4 PPA2-sch ahre041.drw

Werk Ahrensdorf
Leitlinien

	Werk Ahrensdorf
Arbeitszeit	2 x 8,75 h x 4 Tage bei 35 h - Woche ohne Freischichten
Arbeitswirtschaft	Reduzierung dir AK - 20 % , durch * kürzere Fertigungszeit * Reorganisation Zeitwirtschaft * Gruppenarbeit Verhältnis dir AK / indir AK+Ang. 1 : 0,5

Mercedes-Benz AG
Geschäftsbereich Nutzfahrzeuge

Abb. 5

Vision und Leitbild

▌Vision und Leitbild durchdringen das MB-Zielsystem

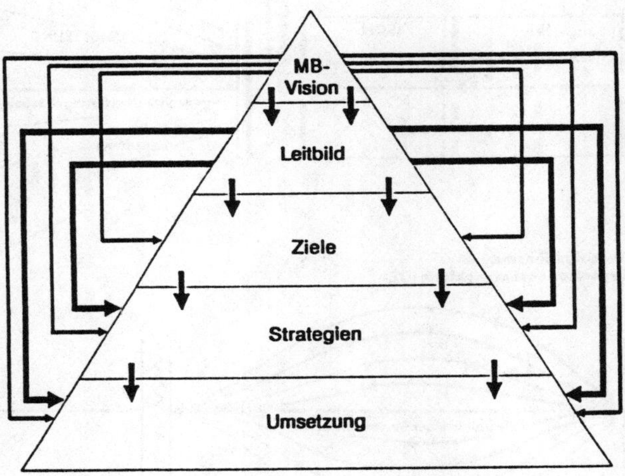

von der Mißtrauensgesellschaft

zur

Vertrauensgesellschaft

Abb. 6

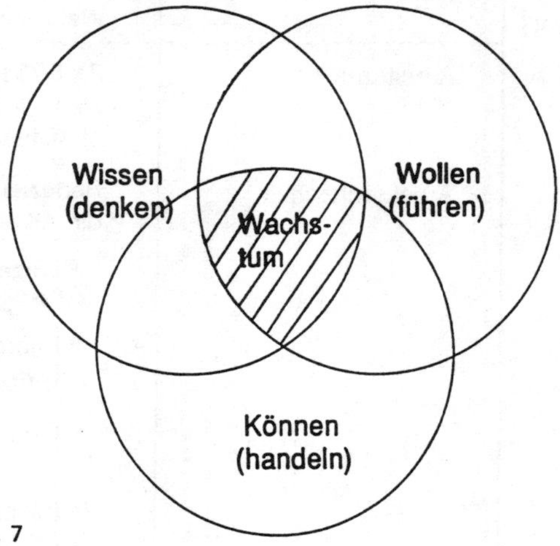

Abb. 7

Wissen > Wollen > Können

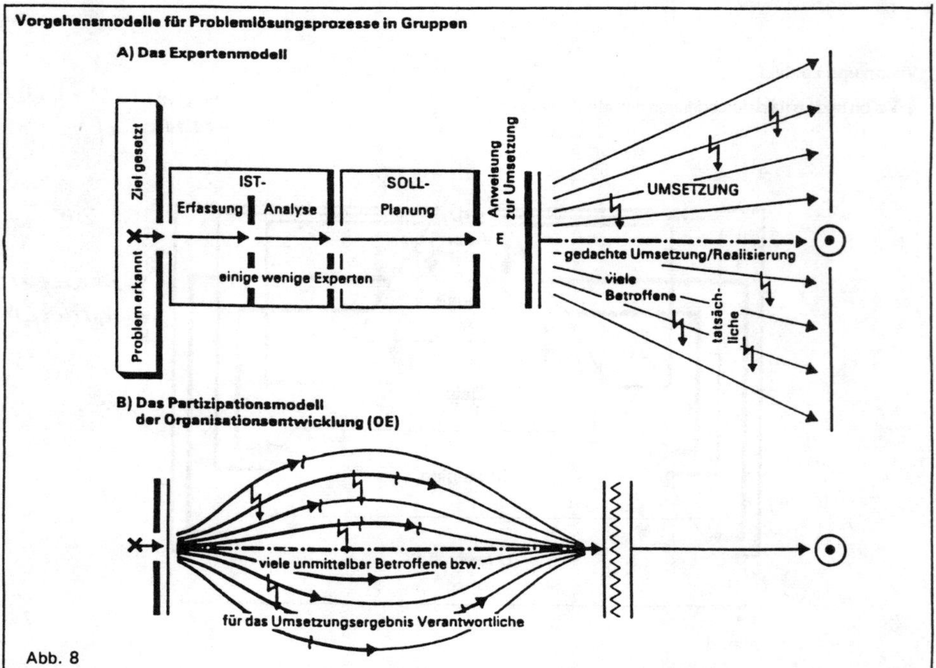

Abb. 8

Abb. 9

Michael Schumann:
Wir haben durch diese vier Vorträge wirklich eine Fülle von außerordentlich wichtigen, aber ich sage auch dazu, diskussionsbedürftigen Informationen auf dem Tisch, aber wir haben aus zeitlichen Gründen keine Chance, diese Diskussion jetzt ausgedehnt zu führen. Ich möchte daher die Diskussionsredner bitten, sich mit ihren Fragen kurz zu fassen, um Gelegenheit zu Antworten zu geben.

Schmidt:
Herr Heuß, Sie haben eine Manager-Leistung hier besonders herausgestrichen, nämlich das Reduzieren der Produktionsfläche in dem Werk Mosel. Stimmen meine Informationen, daß diese Managerleistung erst möglich geworden ist, nachdem Volkswagen einen englischen Manager aus einer Transplant-Firma eines japanischen Unternehmens eingekauft hatte, und stimmt es weiterhin, daß dieser Manager nach wie vor von Barcelona aus diese ganzen Aktivitäten im Griff halten muß und das VW-Management dazu nicht in der Lage ist?

Friedhelm Adam:
Kollege Schopf, ich würde gerne etwas hören über die Problematik bei der Einführung von Lean Production, vor allem über das Umdenken vom Management. Das ist ja der erste Schritt, daß jeder umdenken muß.

Heribert Karch, IG Metall, Bezirksleitung Dresden:
Prof. Altmann hat einen wesentlichen strategischen Kern des Kaizen und des Lean-Production-Konzepts erwähnt, indem er gesagt hat, dies ist im Kern Leistungspolitik. Herr Nomura hat nicht gesprochen von dem umfassend qualifizierten Arbeiter oder von der entwickelten Persönlichkeit, sondern von dem erschöpften Arbeiter.
Nun ist es eine Sache, Herr Heuß, ein Werk zu bauen in Spanien mit Konditionen für die Beschäftigten, die den inländischen Beschäftigten immer als Drohpotential vorgehalten zu werden. Es ist aber eine andere Sache, ein solches Werk im eigenen Land unter den spezifischen Bedingungen der deutschen Vereinigung zu haben, nämlich daß in den neuen Bundesländern niedrigere Löhne gezahlt werden. Die Beschäftigten bei VW in Mosel kommen noch nicht real auf 69% des Grundlohnes ihrer westlichen Automobilarbeiter-Kollegen, wie es der Tarifvertrag vorsieht. Nun haben wir die Befürchtung, daß Belegschaften gegeneinander ausgespielt werden.
Meine erste Frage: Wird der Beschäftigte bei VW in Mosel damit rechnen können, ist das Ihre Zieloption, daß er 1994 hinsichtlich Entlohnung und Leistung und sonstiger Bedingungen *schlechtere* Konditionen hat wie der Arbeiter bei VW im Westen oder wird er die *gleichen* Bedingungen haben?
Zweite Frage: Was ist Ihr Konzept, was sind Ihre Gedanken, zur Humanisierung außer einer schönen neuen Kantine?

Herbert Kalisch:
Die erste Frage ist an die Kollegen Schopf und Krause. Ihr habt nichts zu den Entlohnungsgrundsätzen und -methoden gesagt. Wie bewerkstelligt Ihr das?
Zweite Frage zum Thema Personalbesetzung in den Gruppen. Das ist ja auch ein Teil von Humanisierung, damit wir den Arbeitsstreß und die Arbeitshetze wegbekommen. Organisiert das eventuell die Gruppe selber? Inwieweit habt Ihr Mitbestimmungsrechte dort drin? Wie habt Ihr das gestaltet?

Manfred Wuggazer:
Im Programm steht "Fallbeispiele Lean Production in der deutschen Automobil- und Zuliefererindustrie". Von der Zuliefererindustrie habe ich nichts gehört.
Wir sind direkter Zulieferer. Ich erlebe Lean Production in einer anderen Art und Weise in unserem Werk und im Rahmen unserer Tätigkeit. Es werden von der Autoindustrie Qualitätsforderungen an uns erhoben mit Folgekosten im Millionenbereich; praktisch dürfte pro Schicht nur noch eine Lampe schlecht sein, sonst wird die ganze Lieferung schonungslos zurückgeschickt. Das ist die Qualitätsseite. Jeder weiß, hohe Qualität verursacht mindestens im Anlauf höhere Kosten. Aber das Diktat der Autoindustrie heißt ganz klar: keinen Pfennig mehr. Das ist die Situation der Zuliefererindustrie.
Meine Frage: Wißt Ihr als Gesamtbetriebsratsmitglieder, wie Eure Bosse mit den Zulieferern umspringen?

Dieter Riemann, BR-Vorsitzender VW Mosel:
VW hat in der Region in Sachsen versierte Automobilfacharbeiter vorgefunden. Ich muß dazu anmerken, daß man sie eingestellt und so eingruppiert hat, als wären sie vorher Hofkehrer gewesen. Die Einbeziehung der Kreativität und des Know how der Mitarbeiter, das ist unsere gemeinsame Vorgehensweise, aber wir sind nicht damit einverstanden, daß das zum Nulltarif geschieht. Ich habe vom Kollegen Krause und von Herrn Zeyfang hier vorhin diese vorbildliche gemeinsame Arbeit von der Planung bis hin zum letzten Detail gehört, da mag auch nicht alles fadengerade laufen, da mag es haken und klemmen - aber so könnte ich mir das bei uns auch vorstellen.
Die "sorgfältige Auswahl" der Mitarbeiter soll bei VW Mosel über einen psychologischen Einstelltest laufen, den wir überhaupt nicht verstehen können, da er sicherlich den angeblichen Sinn und den Zweck absolut verfehlt, dort eine sachsenspezifische Gruppenarbeit einzuführen. Wie, Herr Heuß, soll die sachsenspezifische Gruppenarbeit denn aussehen?
Die Instandhaltung ist im Moment zentral. Ist geplant, daß man die gesamte Instandhaltung vielleicht einer Fremdfirma übergeben will, um wirklich noch leaner zu werden, so lean, daß wir hinterher nicht mal mehr selber unsere Maschinen reparieren können, daß wir nur noch das VW-Emblem draufkleben?

Michael Schumann:
Herr Zeyfang, inwieweit hat das neue technische lay-out, für das Bremen eigentlich die Pilotprojekte nicht nur in Ihrem Konzern, sondern im deutschen Automobilbau gefahren hat (carrier in der Endmontage) aus Ihrer Sicht noch Zukunft?

Gerd G. Heuß:
Ja, wir haben einen Mann aus Martorell notwendig gehabt oder ihn noch notwendig, der hilft, Altes aufzubrechen, neue Ideen zu integrieren und der Diskussionen provoziert. Und aus diesen Diskussionen heraus sind überall in den Mannschaften, in den Planungen und in den Werken Diskussionen erwacht, die zu einer Flexibilisierung und zu einer neuen Denke geführt haben.
Herr Karch, wir wollen kein Drohpotential sein. Wir wollen uns integrieren in unseren Konzern und wir brauchen auch unseren Konzern. Wir sind ein neues Werk. Wir wachsen erst und es wäre wirklich verkehrt, hier irgendwelche Zeichen setzen zu wollen. Daß aber am Standort Mosel durch die neue Mannschaft, durch die neue Strukturierung und auch durch das Chaos in so einem Neuanlauf die eine oder andere Idee besser neu zu setzen ist als in einem Werk, das schon 40, 50 Jahre vollkommen eingefahren läuft. Also Drohpotential nein, aber ein Werk, um neue Ideen zu erproben und abzustimmen.
Die 69% sind Bestandteil eines Tarifvertrages, der sich über die Jahre entwickelt. Es ist uns in der Tat klar, daß auf Leistung auch etwas mehr folgen muß als ein feuchter Händedruck.
Herr Riemann, fest steht, daß wir uns vorstellen, der normalen Einstellprozedur auch noch einen Geschicklichkeitstest, einen Teamfähigkeitstest, anzugliedern. Der Betriebsrat sagt, wieso, das sind doch alles Facharbeiter; aber Facharbeiter aus den neuen Bundesländern mit einer unserer Auffassung nach nicht so breiten Ausbildungspalette. Da haben wir halt noch Divergenzen, das gehört dazu.
Ja, wir haben die Fertigungstiefe neu angedacht. Wir haben neue Komponentenlieferanten. Da ist zum Beispiel die Firma VDO, die vom einfachen Teilelieferanten zum Komponentenlieferanten avancierte, d.h. eine komplette Schalttafel vormontiert mit den Instrumentarien, mit den Kabelsträngen usw. anliefert. Wir sind über Systeme miteinander verbunden, so daß, wenn bei uns an einem bestimmten Montagepunkt im Rohbau oder in der Lackiererei das Fahrzeug auftaucht, die passende Schalttafel bei der Zulieferindustrie aufgelegt wird.

Dietmar Schopf:
Wir erkennen, daß in der Spitze des Managements ein deutliches Umdenken ist. Wenn alles so gemeint ist, wie es in der Öffentlichkeit gesagt wird - z.B., was der Vorstand der Produktion, Herr Hartwig, auf REFA-Tagungen äußert, dann können wir mit neuen Arbeitsorganisationsformen durchaus gestaltende Momente erwarten. Aber im mittleren Management ist das nicht oder nur vereinzelt zu sehen. Da sind zu wenige, die diesen Prozeß vorantreiben können. Hier ist aber auch nach unserer Auffassung ein Fehler. Diesen Managern wird ihre neue Rolle nicht klargemacht. Die Ausbildung für diese Fragen *soziokultureller* Art können sie zum Teil nicht haben, weil sie in alten Strukturen groß geworden sind, weil sie alte Karrieren hinter sich haben. Hier bedarf es eines Umdenkens des mittleren Managements und auch eines Coachings durch den Vorstand.
Entlohnungsgrundsätze und Gruppenarbeit, Team-Konzepte, neue Arbeitsorganisation: das findet bei uns im Leistungslohn statt. Wir haben einen Tarifvertrag aus dem Jahr 1984 über die "Grundsätze der Entlohnung", der die Personalbemessung aufgrund von *Zeitfaktoren* regelt. In den Gruppenprojekten, wo wir viele indirekte Tätigkeiten eingearbeitet haben, tasten wir uns zur Zeit an Kenndatenfindung

heran. Da könnte man sich vorstellen: Qualifikation, Qualität, Verfügbarkeit und andere. Aber wie wir da herangehen, das kann ich noch nicht sagen.
Wie diese Großkonzerne zum Teil mit den Zulieferern umgehen, darüber brauchen wir uns hier alle nichts vorzumachen.

Kurt Krause:
Wie ist die Personalbesetzung in den Gruppen geregelt? - Wir haben in der Betriebsvereinbarung stehen, daß in der bestehenden Fertigung ausgeguckt wird, gemeinsam mit dem Betriebsrat, welches Projekt Gruppenarbeitsprojekt wird. Die bestehende Personalstruktur findet sich in dem Projekt wieder. Es findet also *keine Auswahl* statt. Es müssen sich dann von der Struktur her Frauen, Ältere, Schwerbehinderte, die dort beschäftigt sind, wiederfinden. Wenn jetzt eine Fabrik neu anläuft, wird es zugegebenermaßen ein paar Probleme geben, mir ist aber nicht bekannt, daß man Gruppenarbeitsfähigkeitstests machen. Wir setzen darauf, daß wir die Arbeit zuordnen und durch geeignete Fort- und Weiterbildungsmaßnahmen die Kollegen dazu in die Lage versetzen, die geforderte Leistung auch zu bringen.
Ich habe eine vage Vorstellung, was die Großunternehmen mit den Zulieferern machen. Vor Ort in Berlin kann ich mit denen Kontakt halten, die ich kenne, im Rahmen der Möglichkeiten, die sich auf der Gewerkschaftslinie ergeben. Aber ich habe nicht umsonst aufgezeigt, vor welchem Hintergrund der gesamte Prozeß bei uns im Augenblick stattfindet, und Du kannst Dir vorstellen, Kollege, daß meine Kollegen im Augenblick mehr an die eigene Belegschaft denken. Wir haben so viel Sorgen, daß wir zwar Deine teilen, aber im Augenblick noch keine Lösung für uns selber gefunden haben.
Vorhin war ich ein bißchen überrascht, wie Herr Pischetsrieder meinte, wir müßten doch endlich überlegen, einen anderen Weg in der Entlohnung zu gehen. Fort- und Weiterbildung sei schon Belohnung genug. Das ist eine sehr mutige These, aber daß weniger Leute mehr produzieren sollen, und dafür noch weniger Lohn kriegen sollen, das wird es mit Sicherheit mit uns nicht geben.
Wir haben zur Zeit nur die bestehenden Entlohnungssysteme, verhandeln aber mit dem Unternehmen, ob es andere Verfahren geben wird. Im Augenblick wird nach dem bei Daimler-Benz gültigen Standardlohn in den Einzelprojekten entlohnt. In der Regel wird der gültige Werksdurchschnitt für den Zeitraum festgeschrieben.

Dietrich Zeyfang:
Dort, wo in Gruppenarbeit die Mitarbeiter mehr als einen Arbeitsgang beherrschen, wird entsprechend ihrem Arbeitseinsatz und ihrer Qualifizierung ein höherer Arbeitswert bezahlt. Das ist eindeutig so festgeschrieben.
Für uns ist es eine Selbstverständlichkeit, daß bei der Integration von zum Beispiel Kontroll- oder Instandhaltungstätigkeiten in Gruppen hinein selbstverständlich die Vorgesetzten dieser indirekten Gruppen und die Mitarbeiter an diesem Integrationsprozeß beteiligt sind. Dadurch ergeben sich viele Spannungsfelder, die man auf diesem Weg abbauen kann.
Herr Schumann, ich sehe für unser Haus ganz eindeutig nach wie vor dort, wo hohe Arbeitsinhalte vorliegen bei relativ niedrigem Materialeinsatz - also zum Beispiel in der Elektrokabelsatz-Montage - und wo vor allen Dingen der Zwang gegeben ist, einen hohen Arbeitsinhalt über mehrere theoretische Bandtakte bis

zu einer möglichen Selbstprüfung abzuarbeiten, in Boxen die zukünftige Arbeitsorganisation; wie auch immer die angefahren oder versorgt. Dort, wo wir einen hohen Materialeinsatz in hoher Variantenzahl haben, dort ist es nach wie vor das Günstigste, wenn das Produkt selbst an den Bereitstellungsorten vorbeifährt und dann die Teile eingebaut werden. Aber dies schließt nicht aus, daß man das in Gruppenarbeit abarbeiten kann, weil durchaus bei heutigen Bandfertigungen drei oder gar vier Mitarbeiter auf den großen Plattenbändern mitfahren können.

III.Teil
Forum Werkzeugmaschinenindustrie

1. Die RKW-IGM-VDW-Analyse: Erfolgsfaktoren der japanischen Werkzeugmaschinenindustrie. Neue Unternehmenskultur - Innovative und soziale Arbeitsorganisation

Dr. Peter Brödner, IAT, Gelsenkirchen:
Schlußfolgerungen aus wissenschaftlicher Sicht

Diether Klingelnberg, Klingelnberg Söhne, Remscheid
Schlußfolgerungen aus Sicht des VDW

Dr. Karl Pitz, Wirtschaftsabteilung IG Metall Vorstand
Schlußfolgerungen aus Sicht der IG Metall

2. Fallbeispiele aus der Werkzeugmaschinenindustrie

Moderation: Prof. Dr. Eckart Hildebrandt, WZB, Uni Bremen

Fall 1: Trumpf, Ditzingen
Dr. Mathias Kammüller, Direktor
Das "TRUMPF Optimierungs-Programm"
Elmar Dannecker, Betriebsrat
Kurzstellungnahme

Fall 2: Niles, Berlin/Ost
Peter Klopsch, Geschäftsführer
Niles und Lean Production
Egon Meinel, Betriebsratsvorsitzender
Kurzbeitrag

Diskussion

1. Die RKW-IGM-VDW-Analyse:

Erfolgsfaktoren der japanischen Werkzeugmaschinenindustrie.

Neue Unternehmenskultur - Innovative und soziale Arbeitsorganisation

Gerhard Schrick

Eröffnung des Forums Werkzeugmaschinenindustrie

Ich möchte dieses im Rahmen der gesamten Veranstaltung sehr wichtige Forum eröffnen. Zunächst die Referenten in der Reihenfolge ihrer Vorträge:

- Herr Dr. Peter Brödner, Direktor am Institut für Arbeit und Technik in Gelsenkirchen
- Herr Dieter Klingelnberg, Geschäftsführer des Unternehmens Klingelnberg und Söhne, aber hier in seiner Funktion als Vertreter des VDW, d. h. des Vereins deutscher Werkzeugmaschinenfabriken
- Kollege Karl Pitz, Wirtschaftsabteilung des IG-Metallvorstandes in Frankfurt

Das Rationalisierungskuratorium der deutschen Wirtschaft, RKW, ist eine Institution mit langer Geschichte und führt einen Begriff in seinem Titel, der ebenso problematisch ist wie auch der Begriff Produktivität.

Die sozialpartnerschaftliche Verfassung des RKW und die damit verbundene Plattformfunktion für die Tarifparteien hat auch zu der "RKW-VDW-IGM-Studie zur Situation des Werkzeugmaschinenbaus" geführt. Der Anlaß war die Japandiskussion über die "Erfolgsfaktoren der japanischen Werkzeugmaschinenindustrie".

Das RKW wollte und will weiterhin bezüglich dieser Thematik Plattform sein für den zu führenden problembezogenen Diskurs. Die "Idealfigur" der schlanken Produktion darauf abzuklopfen, welche neuen und effektiven Formen der Arbeitsorganisationen unter unseren betrieblichen und gesellschaftlichen Verhältnissen entwickelt und durchgesetzt werden können. Genau um diese Fragestellung geht es auf unserem Forum im Hinblick auf die Werkzeugmaschinenindustrie.

Ich will einige Stichworte zum Ansatz der genannten RKW-VDW-IGM-Analyse nennen, weil sie hier zum ersten Mal nach der Pressekonferenz in der vorigen Woche direkt vorgestellt und diskutiert werden kann.

Die Situation der Werkzeugmaschinenbaues und die sich daraus ableitenden Probleme wurden in den letzten Jahren überlagert von einer Diskussion über die gewaltige Überlegenheit japanischer Produktionssysteme in der Automobilindustrie. Spätestens mit dem Erscheinen der MIT-Studie "Die zweite Revolution in der Autoindustrie", die die wirtschaftliche Überlegenheit der Japaner und der dafür maßgeblichen Gründe nachweisen konnte, wurde die Frage aufgeworfen, ob sich denn die neuen Produktionssysteme allein in der Automobilindustrie finden ließen oder ob nicht vielmehr damit zu rechnen sei, vergleichbare Umwälzungen auch in anderen Branchen - etwa des Maschinenbaus oder der Werkzeugmaschinenindustrie - anzutreffen. Das außerordentliche Erstarken des japanischen Werkzeugmaschinenbaus seit Anfang der 80er Jahre ließ dies vermuten. Die Kenntnisse über die tatsächliche Vorgehensweise im japanischen Werkzeugmaschinenbau war unzureichend. Das RKW schlug deshalb der Industriegewerkschaft Metall und

dem Verein deutscher Werkzeugmaschinenfabriken vor, in einem ersten Schritt die zugänglichen Informationen zusammenzutragen, gemeinsam zu analysieren und in einem zweiten Schritt Vorort in Japan die Erfolgsfaktoren des japanischen Werkzeugmaschinenbaus zu untersuchen, um gegebenenfalls frühzeitig - jedenfalls früher als in der Automobilindustrie - über angemessene Entwicklungsstrategien zu beraten. Die Situationsanalyse sollte eine gemeinsame Studienreise von Unternehmern, deren Betriebsräten, Vertreter des VDW und der IG Metall zu japanischen Werkzeugmaschinenfabriken folgen. Die Zusammensetzung dieser Delegation stellt eine bemerkenswerte Innovation dar: Die Reisegruppe wurde von zwei Wissenschaftlern, Herrn Brödner und Herrn Schultetus begleitet. Sie umfaßte die Vertreter der Geschäftsführung und Betriebsräte aus sechs führenden Unternehmen des deutschen Werkzeugmaschinenbaus, deren Aufgabe es war, das Material zur vergleichenden Analyse zu erheben und auszuwerten.
Besucht wurden drei führende Werkzeugmaschinenhersteller und ein kleiner Lohnfertigungsbetrieb. Darüber hinaus wurden Hintergrundgespräche mit den Vertretern des Ministeriums für internationalen Handel und Industrie, MITI, das Japan Productivity Center des Japan Institut of Labour und dem Metall-Gewerkschaftverband geführt.
Ich habe mir den Projektantrag durchgelesen und will nur einige wenige Stichworte sagen über die Absicht. Es ist in den vorgelagerten Fachgesprächen diskutiert worden über ein Stärken-/Schwächenprofil der Unternehmen des deutschen Werkzeugmaschinenbaus. Es wurde gesagt in den Vorgesprächen, daß man sich auseinandersetzten müsse mit den japanischen Produktions- und Arbeitsmethoden, daß aber ein eigener innovativer Weg zur Verbesserung der Produktivität gefunden werden müsse. Auch im Projektansatz ist enthalten, daß man sich nicht nur mit dem Produktionsweisen in den Unternehmen beschäftigen müsse, sondern auch mit Führungsgrundsätzen und Führungsstilen, mit Mitarbeiterstruktur sowie beruflicher Weiterbildungsanforderung und -möglichkeit. Insgesamt gehe es darum, einen ganzheitlichen Ansatz zur Gestaltung einer effektiven Unternehmensorganisation zu entwickeln. Vorort bei der Informationsreise hat man sich auf sechs Inhaltsbereiche konzentriert. Unternehmensstruktur, Organisation, Produkte, Produktion, Personal, Management und Unternehmensstruktur. Die betrieblichen Beobachtungen sollten sich vor allem auf den Arbeitsplatz, auf die Tätigkeiten und den Arbeitsablauf und die Arbeitsumgebung beziehen.
Bei der mündlichen Befragung wurden schwerpunktmäßig die Aspekte, Unternehmenskultur, Personalmanagement, Arbeitsmethoden, Mitarbeiterstrukturen angesprochen und berücksichtigt. Aus der Sicht des RKW ist es wichtig, sich noch einmal das Untersuchungsdesign, den Ansatz des Projektes vor Augen zu führen, weil in letzter Zeit sehr oft über das Thema Lean Production spekuliert und auch zu viele Allgemeinplätze formuliert worden sind. Diese Referate werden zeigen, daß dieses Projekt gründlich vorbereitet und durchgeführt wurde und auf diese Weise können auch die Schlußfolgerungen für die deutsche Werkzeugmaschinenbauindustrie fundiert diskutiert werden.

Dr. Peter Brödner

Die RKW-IGM-VDW-Analyse: Schlußfolgerungen aus wissenschaftlicher Sicht

Bevor ich meine deutsche Sichtweise vortrage, möchte ich eine japanische Stimme zu diesem Thema zitieren. Deswegen erlauben sie mir ein Zitat von Konusuke Matsushita, dem früheren Präsidenten des gleichnamigen Elektrokonzerns: "Wir werden gewinnen und der industrialisierte Westen wird verlieren. Sie können daran nicht viel ändern, da die Gründe für ihr Versagen in ihnen selbst liegen. Ihre Firmen sind tayloristisch organisiert und was noch schlimmer ist, ihr Denken auch. Wir sind über Taylors Modell hinaus gegangen. Das Geschäft ist, wie wir wissen, so komplex und schwierig, das Überleben der Firmen so gefährdet in einer zunehmend unvorhersehbaren Welt voller Gefahren, daß ihr Fortbestand von der alltäglichen Mobilisierung jedes Körnchen Intelligenz abhängt." Ich sehe dieses Zitat eher als Provokation, dennoch aber trifft es einen harten Kerntatbestand, über den wir uns unterhalten müssen, und das will ich in drei Schritten tun:
Ich will zunächst einmal einen direkten Leistungsvergleich hinsichtlich bestimmter Merkmale zwischen deutschen und japanischen Werkzeug- und Maschinenbaubetrieben herstellen, ich will dann nach den Gründen für die darin offenbarten Leistungsunterschiede fahnden und will schließlich darüber hinausgehend, was Herr Altmann überwiegend für die Automobilindustrie getan hat, ich will darüber hinaus Konsequenzen ziehen: Was können wir lernen und wie können wir das unter unseren Bedingungen umsetzten?
Die Unterschiede in der Leistungsfähigkeit deutscher und japanischer Maschinenbauunternehmen und die Art und Weise, wie die japanischen Firmen ihre hohen wirtschaftlichen Leistungen hervorbringen, sind beachtlich. In Tabelle 1 (Bild 1) sind eine Reihe hierfür bedeutsamer wirtschaftlicher Kennzeichen aus den besuchten japanischen, aus führenden deutschen Unternehmen des Werkzeugmaschinenbaus sowie für den Durchschnitt des deutschen Maschinenbaus vergleichend gegenüber gestellt. Es zeigt sich, daß die drei besuchten japanischen Werkzeugmaschinenhersteller verglichen mit einem durchschnittlichen deutschen Maschinenbauunternehmen, die 2 1/2- bis 5fache Produktivität aufweisen; die Umsatzrenditen nach Steuern liegen beim 5- bis 10fachen. Selbst verglichen mit dem Spitzenreiter der deutschen Werkzeugmaschinenhersteller (Unternehmen DEC) bestehen Produktivitätsunterschiede zwischen dem 1,7fachen und dem 3,5fachen; die Umsatzrenditen sind 1,2 bis 2,8 mal so hoch. Im Durchschnitt der Branche (Spanende Werkzeugmaschinen) werden in Japan (1990) 354 TDM Umsatz je Beschäftigten erzielt, in Deutschland gerade 161 TDM. Bei einer angenommenen Fertigungstiefe von 50% ist somit die wertmäßig definierte Produktivität im Durchschnitt gut doppelt so groß. Dabei ist zu berücksichtigen, daß die japanischen Unternehmen im größeren Umfang Serienprodukte herstellen; freilich sind die zum Vergleich herangezogenen deutschen Unternehmen auch Programmfertiger im Unterschied zu ausgeprägten Spezialisten.
Wenn sie einmal einen Blick auf das Anlagevermögen bezogen auf den Umsatz werfen, sehen sie, daß die Unterschiede nicht sehr gravierend sind. Sie liegen auf durchaus vergleichbarem Niveau, das eher in den deutschen Betrieben etwas höher liegt. Hingegen geben diese beiden Zeilen deutliche Fingerzeige auf zu vermutende Schwächen, die Ansatzpunkte liefern, wo man nach den Ursachen für die

Unterschiede fahnden muß. Es geht um die Personalkosten und Umsatz oder andersherum ausgedrückt, wieviel Produktionsleistung der einzelne Beschäftigte erwirtschaftet im Unternehmen, unter den jeweils gegebenen Bedingungen. Sie sehen dort ganz beträchtliche Differenzen, offensichtlich gelingt es nicht, daß hohe Wissen und Können unserer Facharbeiter und Fachleute im Betrieb ausreichend in Produktivität umzusetzten. Und sie sehen in der nächsten Zeile, daß auch die Bestände in den deutschen Betrieben erheblich höher liegen als in den japanischen.

Ich will jetzt einmal versuchen, den Ursachen dafür nachzugehen. Da gibt es ja zunächst einmal naheliegende Erklärungen, die auch oft in der Öffentlichkeit diskutiert werden. Da ist zunächst die längere Arbeitszeit. Und in der Tat, wenn man einmal die Durchschnittswerte nimmt aus dem Jahre 1990 für das verarbeitende Gewerbe, dann ergibt sich eine Jahresarbeitsstundenzahl in Japan von 2119 Stunden im Vergleich zu 1684 Stunden in Deutschland. Das sind knapp 30% Differenz. Dabei gibt es gewisse Unsicherheiten über die Zurechnung von Überstunden. Das ist auf alle Fälle ein Erklärungsansatz, aber wir sind erst bei 30%, zu erklären wären aber 300%. Die Frage ist also, wo bleibt der Rest?

Das nächste Argument, das oft herangeführt wird, sind die höheren Arbeitskosten, die Personalkosten je Beschäftigten insgesamt. Und auch dort gibt es Differenzen. Ich habe hier neueste Zahlen aus 1991, wo wiederum im verarbeitenden Gewerbe - also einer sehr viel größeren Grundgesamtheit als die Werkzeugmaschinenindustrie allein - in Japan 29,63 DM in der Stunde aufgewendet werden, im Vergleich dazu in Deutschland 40,48 DM. Allerdings muß man hierbei gleich anfügen, pure Arbeitskostenvergleiche sind für die Erklärung des Leistungsvergleichs nur sehr bedingt tauglich, solange man nämlich nicht die Produktivität im einzelnen heranzieht. Und dem will ich im folgenden ausführlich und ausdrücklich nachgehen. Ich will nur noch einmal zeigen, daß man auch mit sehr teurer Arbeitskraft sehr erfolgreich wirtschaften kann (vgl. Bild 2). Das zeigen nämlich die japanischen Unternehmen, die wir besucht haben, wo - wie Bild 2 ausweist - die Gesamtpersonalkosten je Beschäftigten auf durchaus vergleichbarem, wenn nicht höherem Niveau liegen wie in den verglichenen deutschen Betrieben. Die doch erheblichen Unterschiede in den Ländern selbst sind zu erklären durch lokale Arbeitsmarktverhältnisse. In Ballungsgebieten etwa mit teurem Wohnraum, teuren Lebensumständen sind sie natürlich höher als in mehr ländlichen Regionen. Ich hoffe, damit deutliche gemacht zu haben, daß diese Erklärungsansätze allein sicherlich nicht ausreichen, die Leistungsunterschiede zu erklären. Wir müssen also tiefer graben.

Ich hatte ja schon bei der Betrachtung des Leistungsvergleichs darauf hingewiesen: Ein wesentlicher Erklärungsansatz sind Aufgabenzuschnitte, Arbeitsorganisation, Führungsfragen, alles, was mit dem Personaleinsatz und dem Hervorbringen von produktiver Leistung zu tun hat. Sie werden das dann auf den beiden nächsten Bildern auch wiederfinden. Nur sind es nicht - das ist das Allerwichtigtste, was ich hier vorneweg sagen will, - Einzelfaktoren, auf die sie das zurückführen können. Wichtig ist zu erkennen, daß die einzelnen Erfolgsfaktoren, die ich gleich ausführen werde, alle miteinander zusammenhängen, sie bedingen einander und sie ergänzen einander und nur zusammengenommen können sie diese große Differenz in der Leistungsfähigkeit erklären. Es beginnt damit, Produkte und Prozesse systematisch zu vereinfachen - "Simple is beautiful" - ein Zitat aus dem japanischen

Management, übrigens von Ingenieurkollegen ausgesprochen. Wenn ich meine Kollegen in Deutschland betrachte, dann liegt oftmals ihr Berufsstolz eher darin, eine sehr vielfältige Funktionalität zu schaffen auf die raffinierteste Weise, aber die Frage, wie elegant man das herstellen kann, bleibt oftmals außen vor. Aber es geht nicht nur darum, die Produkte zu vereinfachen in dem Sinne, daß man mit möglichst wenig Grundbausteinen, also möglichst wenig verschiedenen Einzelteilen, möglichst wenig verschiedene Baugruppen eine möglichst breite Palette an Kundenwünschen erfüllen kann, sondern es geht auch darum, dementsprechend die Prozesse zu vereinfachen: Weniger Vorrichtungen, weniger verschiedene Werkzeuge, weniger verschiedene Werkzeugmaschinen, weniger Schnittstellen in der Organisation, mehr zusammenhängende Arbeitsaufgaben, die dann weniger Koordinationsaufwand erfordern.
Sie sehen, daß mit dieser systematischen Vereinfachung von Produkten und Prozessen eine Voraussetzung geschaffen wird für den nächsten Punkt, nämliche eine objektorientierte Gliederung der Produktion. Nun, damit meine ich, das Aufgaben, die für eine möglichst vollständige Bearbeitung von Objekten, von Teilen, Baugruppen aber auch von Plänen oder Zeichnungen objektbezogen zusammen gehören, auch organisatorisch zusammengefaßt werden. Auf diesem Wege erhält man jetzt ganzheitliche sinnvoll zusammenhängende Arbeitsaufgaben, die eine Komplettbearbeitung ermöglichen und so dafür sorgen, daß auf ganz natürliche Weise wenige organisatorische Schnittstellen entstehen. Man hat alles, was man für die Herstellung braucht, in seiner organisatorischen Einheit, und nur gewisse übergreifende Planungen und Abstimmungen sind nötig, die dann auch wenig Koordinationsaufwand erfordern.
Diese Ansätze liefern ihrerseits nun wieder günstige Voraussetzungen dafür, daß in einem Ausmaß Geisterschichten gefahren werden können, wie ich es in Deutschland nur ansatzweise kenne. Es geht wirklich so, daß mit den wichtigsten, natürlich nicht mit allen, aber mit den kapitalintensiven Produktionsmitteln mit nur einer bemannten Superschicht, darunter verstehe ich eine Schicht von 8 + 2 Stunden insgesamt, die übrigen 14 Stunden des Tages eine fast vollständig unbewachte Produktion gefahren wird. Und da, muß ich gestehen, bin ich als Ingenieur selber ins Staunen geraten, weil ich durchaus vorher die Ansicht vertreten habe, daß letztlich ohne ausgefeilte Überwachungstechnik - für Werkzeugverschleiß, für Maßhaltigkeit usw. - dies nicht zu machen ist, aber wir haben nichts gefunden dieser Art, was es nicht an technischen Einrichtungen bei uns auch seit langem gäbe. Und dennoch gelingen in diesem Umfang Geisterschichten. Das liegt an einem völlig anderem Verständnis von der Technik, von der Funktion von Technik und des Umgangs mit ihr. Diese Geisterschichten sind deswegen möglich, weil zuvor die Prozesse vereinfacht und zuverlässig gemacht und weil alle organisatorischen Vorbereitungen getroffen wurden, um einen automatischen Lauf zu ermöglichen. Das beginnt damit, daß etwa Langläufer, die in nächster Zeit zu bearbeiten sind, reserviert werden für diese Schichten, daß alle hohen Genauigkeitsanforderungen ausgeklammert werden, daß Nachts nur geschrubbt wird oder weniger genaue Teile gefertigt werden. Das setzt sich darin fort, daß Werkzeuge rigoros ausgetauscht werden und genügend viele Reservewerkzeuge im Speicher gehalten werden, daß Schnittgeschwindigkeiten soweit heruntergefahren werden, daß der Prozeß zuverlässig laufen kann und dergleichen mehr. So sind es organisa-

torische Voraussetzungen, aber auch der Gebrauch des Sachverstands, des Könnens und Wissens der qualifizierten Arbeitnehmer vor Ort, die zusammengeführt werden, um das zu ermöglichen. Und damit bin ich gleich beim nächsten Punkt, diesem schönen Zitat: "Utilizing the Shop Floor Wisdom", das Wissen und Können der qualifizierten Arbeitskraft umfassend nutzen. Das ist eine Quelle, für die Vorbereitung der Geisterschicht, das ist aber auch eine Quelle für den Prozeß der ständigen Verbesserung, für das Vereinfachen von Produkten und Prozessen. Punkte, die ich schon erläutert habe. Darin drückt sich ein hoher Wert des Erfahrungswissens aus, nicht des objektivierten Ingenieurwissens, das in den Lehrbüchern steht, in den Standard- und Regelwerken, sondern des Wissens, das sich nur durch praktisches Tun erwerben läßt. Die Arbeitnehmer werden durchweg angehalten, durch das Management, durch dessen Verhalten, aber auch durch die Bewertungspraxis und das System von Lohn und Leistung, ihre Arbeit, das, was sie da täglich tun, ständig zu reflektieren, um daraus zu erkennen, wo Probleme oder Problemchen liegen, wo Verschwendung, Unstimmigkeiten liegen, um sie durch Verbesserung, meist sehr, sehr kleinschrittiger Art auszurotten. In diesem System der Personalentwicklung und der Nutzung qualifizierter Arbeit gibt es im Vergleich zu uns auch nur sehr geringe soziale und kognitive Distanzen, wie wir das nennen. Da der normale Karriereweg durchweg unten beginnt, hat jeder, der auf einer höheren Position sich befindet, mehr oder weniger den gleichen Erfahrungshintergrund wie die anderen, und wenn die über irgendein Problem oder Verbesserungsvorschlag diskutieren, dann haben sie keine großen Verständigungsschwierigkeiten, sondern können unmittelbar die Konsequenzen ziehen.

Ich glaube, das ist wichtig, weil das ja in unseren Diskussionen derzeit eine große Rolle spielt, die Tiefe, oder die Flachheit der Hierarchie, die sich nicht unbedingt in der Anzahl der Hierarchiestufen ausdrückt. Nicht in der Anzahl, sondern in diesen Distanzen. In Japan haben wir sehr viele, sehr dicht beeinander liegende Hierarchiestufen am unteren Ende der Pyramide gefunden. Die engen Kontakte und Beziehungen zwischen den Personen auf diesen Stufen, ihre geringe soziale und kognitive Distanz setzen sie in die Lage, sich einfach verständigen zu können, sehr effizient kommunizieren zu können.

Dieses so frei gelegte und produktiv wirksam gewordene Können bringt dann die Anerkennung im Betrieb und auch das Geld, das in der Tasche klingelt. Das Einkommen beruht darauf, daß das Können einen hohen Wert genießt, und das ist nicht nur die Mengenleistung (die ist nur ein Bewertungsgesichtspunkt unter vielen). Darüber hinaus sind es vor allen Dingen auch die Fähigkeiten, mit unbekannten Situationen und mit Störungen fertig zu werden, mit seinen Kollegen und mit seinen Vorgesetzten angemessen umzugehen, sich an dem Prozeß der ständigen Verbesserung zu beteiligen, sich für Weiterbildung bereit zu halten, alles verhaltensbedingte Faktoren, die in die regelmäßige Personalbewertung eingehen. Von der wird dann das Einkommen, das ganz stark über die Bonuszahlung u.a. Elemente vom Erfolg des Unternehmens insgesamt abhängt, aber auch die Geschwindigkeit der Karriere im Betrieb ganz wesentlich bestimmt.

Damit dieses alles funktionieren kann, muß auch der Führungsstil ein anderer sein, als wir das gewohnt sind. Er zeichnet sich in Japan durch ein hochgradig informelles System der Führung durch Konsultation und Konsensbildung aus. Formelle Systeme gibt es, die funktionieren aber nur, weil vorher die informellen Lö-

sungen durch alle Beteiligten erarbeitet worden sind. Damit das effizient passieren kann, muß zunächst einmal Klarheit über die Unternehmensziele herrschen, damit jeder, der an einem solchen Prozeß sich beteiligt, erkennen kann, wo sein persönlicher, auf seiner Kompetenz, seinen Einflußmöglichkeiten beruhender Beitrag zur Problemlösung im Sinne der übergeordneten Ziele liegen kann. Für die Manager ist die Kunst gefordert, die verschiedensten Kompetenzen und Perspektiven zusammenzuführen zu so einer Problemlösung. Das bedeutet nicht, wie man das ja oft hören und lesen kann, daß dort weniger Konflikte bestehen würden. Auch in Japan hat jedes Individuum seine eigenen Interessen und Perspektiven im Betrieb, es ist bloß die Frage, wie solche Konflikte bewältigt werden. Führen sie zur gegenseitigen Blockade oder zum hartnäckigen Verteidigen von eigenen Interessen, oder führen sie dazu, die Sicht des anderen ernst zu nehmen und seinen Beitrag, den er zur Problemlösung leisten kann, mit dem eines anderen zusammenzuführen und so zum Erfolg des Unternehmens, zur Produktionsleistung nutzbar zu machen. Eine solche produktive Konfliktbewältigung geht nur durch zielorientierte Konsensbildung, indem man den anderen in seinen Eigenheiten respektiert. Dabei wird natürlich auch die betriebliche Interessenvertretung, die in Japan als Betriebsgewerkschaft auftritt, mit einbezogen. Da geht es in den Verhandlungen eben nicht nur um Lohnfragen und Verteilung der Bonuszahlungen und dergleichen - das ist ein wichtiger Bestandteil - es geht auch um die Diskussion der Unternehmensziele und Strategien.
Ich hoffe, ich konnte ihnen deutlich machen, wie die einzelnen Faktoren aufeinander Bezug nehmen und sich gegenseitig bedingen. Ich möchte jetzt ganz kurz noch ein paar Worte dazu sagen, daß auch in Japan natürlich diese Eigenschaften des Produktionssystems nicht vom Himmel gefallen sind, sondern ihre Vorgeschichte haben. Wichtig ist, dabei zur Kenntnis zu nehmen, daß der enorme Erfolgskurs des japanischen Werkzeugmaschinenbaus über anderen wichtigen Werkzeugmaschinenproduzenten, etwa Deutschland, USA und Italien, im wesentlichen nicht durch Exportoffensiven oder Konzentrationsbewegungen oder Kartellbildungen, wie es in verschiedenen Schüben und strategischen Bewegungen die erklärte Absicht des MITI gewesen ist, zustande gekommen ist, das MITI hat mehrfach massive Versuche dieser Art unternommen, die aber sich so nicht realisiert haben. Vielmehr hängt dieser enorme Wachstumserfolg ganz eng mit innerjapanischer Entwicklungen, der innerjapanischen Betriebsstruktur zusammen. Das kann man an Bild 6 sehr schön erkennen, wo einmal über ein gutes Jahrzehnt (1979 - 1981) verfolgt wurde, wie sich NC-Technik verbreitet hat in Japan. Es wird ganz deutlich, daß in vielen Kleinunternehmen unter 300 Beschäftigte, es gibt davon mehr als 50.000, daß dort in fast allen Jahren ganz wesentlich mehr NC-Technik an diese Kleinbetriebe verkauft wurde, als an die größeren Betriebe mit über 300 Beschäftigten. Somit sind also der Maschinenbau und andere Sektoren der japanischen Industrie ganz stark mittelständig, kleinbetrieblich strukturiert, aber sie alle haben Nutzen aus der NC-Technik gezogen und das hat den enormen Nachfragedruck geschaffen, auf den die japanische Werkzeugmaschinenindustrie mit ihrer NC-Technik nach oben segeln konnte.
Und noch einem anderen Mythos möchte ich entgegentreten, daß nämlich die japanische Werkzeugmaschinenindustrie in hohem Maße großbetrieblicher organisiert oder strukturiert sei als die deutsche. Im Zuge dieses enormen Wachstums-

prozesses hat es gewaltige Umstrukturierungen gegeben. Renomierte alte Unternehmen sind untergegangen oder haben sich kurz vor der Letalitätsschwelle noch einmal gefangen und haben durch neue Produktionskonzepte wieder Anschluß gefunden. Es sind auch ganz neue entstanden, die es vor den 70er Jahren noch garnicht gab. Aber jetzt im Endeffekt, nämlich im Jahre 1990, zeigt der Vergleich der Struktur (vgl. Bild 7) eigentlich nur einen wesentlichen Unterschied, nämlich daß es in dem Bereich zwischen 100 und 500 Beschäftigten sehr viel mehr japanische Betriebe gibt, dafür in Deutschland sehr viel mehr Kleinbetriebe. Aber sonst ist diese Struktur sehr ähnlich. Soviel vielleicht noch zum industriegeschichtlichen Hintergrund für dieses Wachstum und auch die Verbreitung der NC-Technik in Japan, die eine tragende Säule dieses Erfolges ist.
Jetzt lassen sie mich noch ganz kurz zum Abschluß fragen: Was können wir daraus für Schlußfolgerungen ziehen? Es ist völlig klar, das klang ja schon mehrfach an, daß wir nicht einfach japanische Verhältnisse bei uns einführen können. Wir können uns nicht einfach den Kimono anziehen und ebenso wie die Japaner uns verhalten, aber wir können doch versuchen zu verstehen, wie diese enorme Leistungsfähigkeit zusammenkommt in Japan und können überlegen, unter welchen Bedingungen wir unsere offensichtlichen Schwächen überwinden und unsere Stärken entfalten können, um eine vergleichbare Leistung zu erzeugen. Das setzt ein gründliches Verständnis des japanischen Erfolges voraus. Dabei tritt unsere wohl bedenklichste Schwäche in Erscheinung, daß wir ausgerechnet unseren stärksten Trumpf, unsere im weltweiten Vergleich hervorragend ausgebildeten Facharbeiter, denen auch die japanischen Unternehmer ihren ausdrücklichen Respekt gezollt haben, nicht recht zu nutzen wissen. Ihr produktiver Einsatz erfordert, Produktionsstrukturen zu schaffen, Führungsmethoden zu entwickeln, unter denen ihr Wissen und Können voll zur Entfaltung gebracht werden kann.
Und da gibt es ja auch bereits für uns erfreulicherweise interessante Versuche, die weiter zu tragen sich lohnt und von denen, soweit sie schon in der Realität praktiziert werden, auch schon klar ist, daß sie genau den gewünschten Erfolg, nämlich die Verkürzung der Durchlaufzeiten, Verringerung der Bestände, Verstärkung der Innovationsfähigkeit, das sehr viel umfassenderen Nutzen von Qualifikation ermöglichen. Die wesentlichen Strukturierungsprinzipien können sie auf Bild 8 erkennen. Es geht darum, ob hier eine objektorientierte Gliederung der Produktion anzustreben ist, mit Fertigungsinseln, Montageinseln, das ist ja alles nichts Neues, so daß ich das hier im Detail nicht erläutern muß. Was man aber auch in der Fertigung durchaus erfolgreich erprobt hat, kann und soll man auch tun in der Konstruktion durch Einrichten von Konstruktionsinseln, wie wir sie in Japan sozusagen in Reinkultur auch gefunden haben, auch von Auftragsinseln, die dann eine sehr günstige Voraussetzung für das Zusammenwirken der Fertigung und mit der Konstruktion und der Konstruktion mit der Auftragsabwicklung. Die Grundlagen dafür sind systematische Produkt- und Prozeßstrukturierungsmaßnahmen, die man in kleinen Teams schubweise oder auch als Daueraufgabe realisieren kann. Und ich denke, daß das die strukturelle organisatorische Basis dafür ist, auch bei uns die qualifizierte Arbeitskraft zu mobilisieren. Ein weiterer wesentlicher Punkt ist sicherlich auch, noch einmal über Technikgestaltung nachzudenken. Bisher wurden unserer PPS-System, unsere NC-Programmiersystem und was es da nicht alles gibt, überwiegend unter dem Aspekt entwickelt, bestimmte Qualifikationen und Tätig-

keiten zu ersetzen. Wir werden lernen müssen, sie so gut zu gestalten, daß sie die Kompetenz, die Fähigkeiten und die Entscheidungsmacht qualifizierter Arbeiter unterstützen, ihre Arbeit produktiver machen und nicht ersetzen.
Das sicherlich reicht aber noch nicht aus, das muß kombiniert werden, denke ich, mit einer neuen Arbeitspolitik, die auf Bild 10 skizziert ist. Im harten Kern geht es darum, durch Beteiligung den Sachverstand, das Können und Wissen der Arbeitnehmer ständig in die Fortentwicklung der Produktion einzubeziehen. Das werden die Mitarbeiter aber nur tun, wenn zuvor die Randbedingungen und Ziele geklärt sind, nämlich ein Produktivitätspakt geschlossen ist, der auch zum Inhalt hat, wie die Arbeit konkret gestaltet wird. Organisation, Aufgabenzuschnitte, Technikgestaltung, alles Felder, die ich schon erläutert habe. Letztlich wird es aber nur gelingen, wird ein solcher Prozeß nur in Gang kommen und funktionieren auf Dauer, wenn eine Situation, ein Verhalten hohen Vertrauens geschaffen wird. Genau damit haben aber unsere Betriebe aufgrund früheren Fehlverhaltens oftmals ihre Schwierigkeiten. Der Einstieg in eine solche Neuorientierung, eine umfassende Restrukturierung im Betrieb wäre eine ausgezeichnete Gelegenheit, das Vertrauensniveau im Betrieb zu heben. Da genau kommt es darauf an, erste Schritte zu tun, sich aufeinander zu zu bewegen. Die Arbeitspolitik hat dann im einzelnen die vier hier aufgeführten Dimensionen: Arbeitszeit, Qualifikation und Qualifizierung, Personalführung und Entlohnung, die ihrerseits wieder eine Reihe von einzelnen Gestaltungsfeldern haben. Die will ich jetzt nicht im einzelnen abhandeln, aber darüber gibt es in vielen Betrieben schon hervorragende Beispiele, wo man sehen kann, wie das zu gestalten wäre. Wichtig erscheint mir hier nur noch einmal, sich klarzumachen, daß diese einzelnen Gestaltungsfelder mehr oder weniger wie in einem Magnetfeld voneinander abhängen, sich gegenseitig beeinflussen, also es wäre sicherlich verfehlt, nur das Lohnsystem ändern zu wollen, ohne an der Qualifizierungsstrategie und Personalentwicklungsstrategie etwas zu ändern. Oder am Führungsstil. Das soll mit diesem Bild zum Ausdruck gebracht werden. Lassen sie mich noch einen wichtigen Schlußsatz sagen. Wenn die Erneuerung der Fabrik ernstlich und mit Erfolg betrieben werden soll, dann müssen die neuen Formen der Arbeitsorganisation, wie sie andeutungsweise jetzt aufgeschienen sind, und die neuen Perspektiven in der Technikentwicklung mit den neuen Qualifizierungsformen und Qualifikationen und mit den neuen Formen der Arbeitspolitik verbunden werden - und das Ganze kann nur dann produktiv wirksam werden, wenn auch ein neuer Führungsstil, Führung durch Beteiligung, Platz greift. Aber alle Versuche, die in dieser Richtung schon gemacht worden sind, deuten darauf hin, daß das der richtige Weg ist, und deswegen bin ich sehr gewiß: Wenn man die Erneuerung der Fabrik in dieser umfassenden Weise angeht, dann werden wir eines Tages, vielleicht sogar noch in diesem Jahrzehnt, einen mindestens vergleichbaren Leistungsstandard in der Werkzeugmaschinenindustrie erreicht haben, wie wir ihn in Japan erlebt haben.

Wirtschaftliche Kennziffern japanischer und deutscher Unternehmen des Werkzeugmaschinenbaus

	1990	Japan JA	Japan JB	Japan JC	Durchschnitt DMB 1989	Deutschland DA	Deutschland DB	Deutschland DC	Deutschland DD
Umsatz/Beschäftigten	TDM	650	795	725	179	239	283	311	199
Wertschöpfung/Beschäftigten	TDM	336	517	249	95	119	132	149	113
Fertigungstiefe	%	52	65	34	51	50	47	48	57
Umsatzrendite	%	14	6	8	1,3	-2	2	5	2
Personalkosten/Umsatz	%	10	12	10	34	31	23	24	38
Vorräte/Umsatz	%	15	17	22	37	22	20	15	35
Anlagevermögen/Umsatz	%	19	12	31	16	13	37	26	29
Investitionen/Umsatz	%	18	8	14	-	2	22	9	8

(Quelle: Firmenangaben, VDMA, eigene Berechnungen)

Bild 1

Institut Arbeit und Technik
Wissenschaftszentrum NRW

Personalkosten je Beschäftigten in TDM bei führenden japanischen und deutschen Werkzeugmaschinenherstellern (1990)

Japan JA	Japan JB	Japan JC	Japan JD	Deutschland DA	Deutschland DB	Deutschland DC	Deutschland DD
67	89*)	69	83	75	65	76	75

*) Unter Berücksichtigung von Teilzeitbeschäftigten
Quelle: Firmenangaben, eigene Berechnungen

Bild 2

Institut Arbeit und Technik
Wissenschaftszentrum NRW

Erfolgsfaktoren des japanischen Werkzeugmaschinenbaus (1)

Der Erfolg beruht auf eigenständigem Produktionssystem mit einander bedingenden und ergänzenden Strukturmerkmalen, nicht auf einzelnen Faktoren und Methoden

* "Simple is beautiful":
  Systematisches Vereinfachen von Produkten und Prozessen

* Objektorientierte statt funktionale Organisation:
  Ganzheitliche, sinnvoll zusammenhängende Arbeitsaufgaben
  Komplettbearbeitung
  Wenige organisatorische Schnittstellen

* "Geisterschicht" oder der andere Umgang mit Technik:
  Zuverlässige Standardeinrichtungen für Dauerbetrieb
  Organisatorische Vorbereitung des unbewachten Betriebs

Bild 3

Institut Arbeit und Technik
Wissenschaftszentrum NRW

Erfolgsfaktoren des japanischen Werkzeugmaschinenbaus (2)

* "Utilizing the shop floor wisdom":
  Hoher Wert des Erfahrungswissens
  Ständige Verbesserung durch Reflektion der Arbeit
  Aufstieg "von unten", geringe soziale und kognitive Distanz

* Können bringt Anerkennung und Geld:
  Regelmäßige Personalbewertung
  Aufstieg und Einkommen abhängig von Bewertung

* Führung durch Konsultation und Konsensbildung:
  Information über Unternehmensziele
  Zusammenführen von Kompetenzen und Perspektiven
  Produktive Konfliktbewältigung durch zielorientierte Konsensbildung, Respektierung des anderen
  Einbeziehung der Betriebsgewerkschaft

Bild 4

Institut Arbeit und Technik
Wissenschaftszentrum NRW

Produktion Werkzeugmaschinen (ohne Teile und Zubehör)

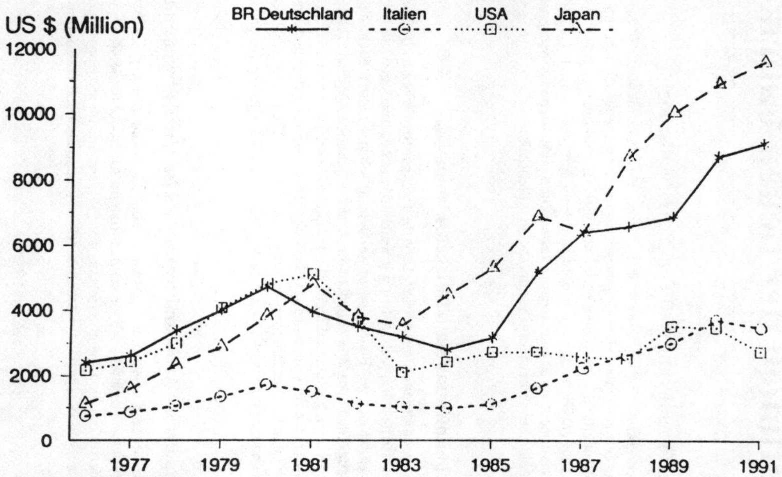

Quelle: American Machinist, VDW

Bild 5

Institut Arbeit und Technik
Wissenschaftszentrum NRW

Verkäufe von NC-gesteuerten Werkzeugmaschinen an japanische Unternehmen (in Mrd. Yen)

	Unternehmen mit mehr als 300 Beschäftigten	Unternehmen mit weniger als 300 Beschäftigten
1970	15,510	7,404
1971	17,278	8,639
1972	13,951	10,600
1973	23,075	25,122
1974	25,310	25,547
1975	12,921	17,756
1976	17,069	22,178
1977	23,820	24,856
1978	19,957	38,445
1979	49,013	79,017
1980	68,847	126,960
1981	92,068	153,292

Quelle: Edquist & Jacobsson, 1988

Bild 6

Institut Arbeit und Technik
Wissenschaftszentrum NRW

Integrierte Produktion
auf der Basis von Produktionsinseln

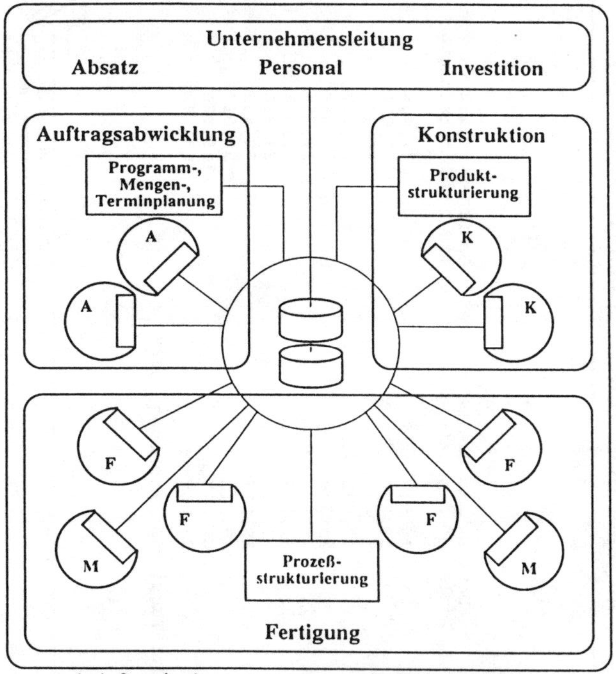

A: Auftragsinsel
K: Konstruktionsinsel
F: Fertigungsinsel
M: Montageinsel

Bild 8 — Institut Arbeit und Technik, Wissenschaftszentrum NRW

Leitlinien der neuen Fabrik

❐ Objektorientierung statt Funktionsorientierung:

Produktionsprozesse sollen in allen ihren Bereichen (Konstruktion, Auftragsabwicklung, Fertigung) nach den Organisationsprinzipien der Gruppentechnologie produktorientiert, d.h. mengenteilig statt arbeitsteilig, strukturiert werden. An die Stelle vielstufiger Hierarchien zur Koordination mit ihren bürokratischen Entscheidungsformalismen und Schnittstellenverlusten tritt Kooperation in Arbeitsgruppen mit ganzheitlichen Arbeitsaufgaben und hoher Autonomie.

❐ Ergebnisplanung statt Tätigkeitsplanung:

In diesen neuen Organisationsformen der Arbeit mit ganzheitlichen Aufgaben entsteht qualifizierte (Gruppen-)Arbeit mit weitem Handlungsspielraum, die sich im Rahmen grobmaschiger Planvorgaben weitgehend selbst reguliert. Nicht die einzelnen Tätigkeiten - das Wie - sondern die Arbeitsergebnisse (Qualität, Termine) - das Was - werden geplant und kontrolliert. Statt bloß vorgeschriebene Tätigkeiten auszuführen, sollen zusammenhängende Aufgaben kooperativ gelöst und Arbeitsabläufe mitgestaltet werden. So werden fachliche, methodische und soziale Kompetenzen umfassend genutzt, die sich in der Arbeit zugleich erhalten und entfalten.

❐ Computer als Arbeitsmittel statt als Automatisierungsmittel:

Im Zusammenhang damit sind Funktionalität und Interaktionsformen von DV-Systemen derart zu gestalten, daß sie die qualifizierte Arbeit der betrieblichen Fachleute unterstützen und nicht ersetzen. Es gilt, sie als menschengerecht und aufgabenangemessen gestaltete Arbeitsmittel zu konzipieren und einzusetzen.

Bild 9 — Institut Arbeit und Technik, Wissenschaftszentrum NRW

Struktur der Werkzeugmaschinenindustrie

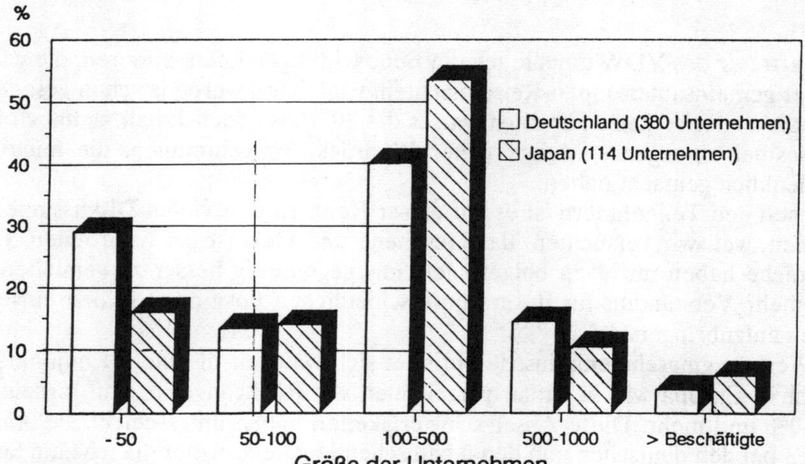

Quellen: VDMA, 1990
JMTBA, Machine Tool Industry Japan, 1991

Bild 7 Institut Arbeit und Technik Wissenschaftszentrum NRW

Arbeitspolitik

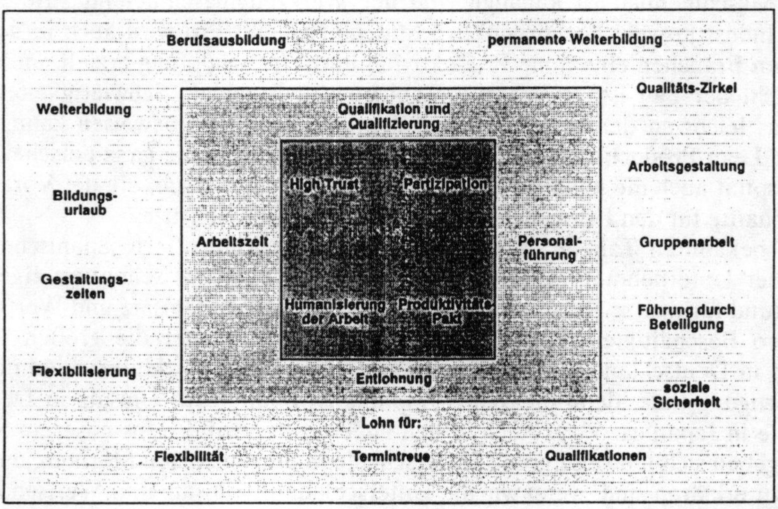

Bild 10 Institut Arbeit und Technik Wissenschaftszentrum NRW

Diether Klingelnberg

Die RKW-IGM-VDW-Analyse: Schlußfolgerungen aus Sicht des VDW

Als Vertreter des VDW möchte ich die Beobachtungen kommentieren, die wir auf unserer gemeinsamen Japan-Reise machten. Einleitend wurde ja schon gesagt, wie es zu dieser Reise kam. Für mich war es die 30. Reise nach Japan, dennoch habe ich diesmal eine ganze Menge neuer Eindrücke mitgenommen, die mich sehr nachdenklich gemacht haben.

Zwischen den Teilnehmern ist es auf dieser Reise zu sehr vielen Diskussionen gekommen, weil wir versuchten, das Gesehene und Gehörte zu verarbeiten. Diese Gespräche haben mit dazu beigetragen, uns gegenseitig besser zu verstehen und auch mehr Verständnis für unsere unterschiedlichen Positionen in den einzelnen Fragen aufzubringen.

Die Werkzeugmaschinenindustrie befindet sich weltweit in einem Konjunkturtal, sowohl in Europa wie in Japan verzeichnen wir Rückgänge im Auftragseingang von 40% und mehr. Diese Absatzschwierigkeiten haben unterschiedliche Auswirkungen bei den deutschen und den japanischen Herstellern, auf die ich zum Schluß noch gerne eingehen möchte.

Weshalb beschäftigen wir uns hier und heute eigentlich so intensiv mit der Werkzeugmaschinenindustrie? Hat dieser Industriezweig doch mit 100.000 Beschäftigten und einem Produktionsvolumen von 16 bis 18 Mrd. DM eine relativ geringe direkte volkswirtschaftliche Bedeutung. Dennoch hält man hier parallel zur großen Automobilindustrie ein Symposium über diese Branche ab. Der Grund liegt darin, daß die Werkzeugmaschinenindustrie die Produktivität unserer gesamten Wirtschaft bestimmt und damit auch die der Automobilindustrie. Die Werkzeugmaschine ist die einzige Maschine, die sich selbst reproduzieren kann, und der gesamte Maschinenbau ist abhängig von der Werkzeugmaschinenindustrie. Wenn dieser Industriezweig hochproduktive Maschinen liefert, so wird auch in den abhängigen Branchen eine hohe Produktivität und Wertschöpfung erzielt, und wenn dies nicht der Fall ist, so haben die abhängigen Branchen Schwierigkeiten, wie man das leicht an der amerikanischen Automobilindustrie beweisen kann. Auch bei der Lean Production in Japan spielen die Zulieferer eine ganz entscheidende Rolle, somit auch die japanische Werkzeugmaschinenindustrie, die die Voraussetzung schaffte für den Erfolg der japanischen Automobilindustrie.

In der bekannten Tabelle zu den wirtschaftlichen Kennziffern japanischer und deutscher Unternehmen (s. Tabelle bei Dr. Brödner, S.127) sehen wir eigentlich den Grund für unsere Reise, insbesondere in den Spalten Umsatz und Wertschöpfung pro Beschäftigten. Es geht darum zu erklären, woher die großen Unterschiede in Deutschland und Japan kommen. Dabei liegt der Unterschied nicht in der Fertigungstiefe, denn die Wertschöpfung ist relativ zum Umsatz in Deutschland wie in Japan ca. 50%. Auch in den anderen Kennziffern ins unserem Schaubild ergeben sich teilweise große Unterschiede in den einzelnen Märkten, die aber leicht zu erklären sind, wenn wir die Unterschiede in Umsatz und Wertschöpfung pro Kopf erklärt haben.

Bevor ich nachher in diese Frage einsteige, möchte ich erst einmal erklären, welche Bedeutung die Unterschiede im Umsatz pro Kopf in Japan und Deutschland haben. Dies kann am einfachsten geschehen, wenn wir die japanischen Zahlen

einmal auf die deutsche Werkzeugmaschinenindustrie anwenden würden. Zu diesem Zweck wurde Folie Nr. 1 erstellt. Bei der jetzigen Wirtschaftslage bedeutet dies, daß unter der Voraussetzung der japanischen Wertschöpfung pro Kopf in Deutschland in der Werkzeugmaschinenindustrie zwischen 20.000 und 25.000 Beschäftigte notwendig wären, um das mögliche Produktionsvolumen zu erwirtschaften. In der eigentlichen Produktion wären bei japanischen Strukturen dann noch max. 12.000 Personen beschäftigt. Dem steht gegenüber eine Beschäftigtenzahl in der westdeutschen Werkzeugmaschinenindustrie in der Hochkonjunktur von 100.000 Personen und eine ebenso große Beschäftigtenzahl in der Werkzeugmaschinenindustrie in der DDR vor der Wende. Umgekehrt kann ich mir kaum vorstellen, wie man mit 25.000 Personen das gegebene Volumen und die vielen Problemlösungen schaffen kann, die wir jedes Jahr erwirtschaften müssen. Ich glaube, dies macht deutlich, daß die japanischen Strukturen und die japanischen Verhältnisse unmöglich einfach auf Deutschland zu übertragen sind. Mit anderen Management-Methoden allein und einem anderen Einsatz der menschlichen Arbeitskraft allein lassen sich die hohen Umsätze pro Kopf von Japan in Deutschland nicht erzielen, d.h. zur Erklärung der unterschiedlichen Wertschöpfung müssen wir den Bogen weiter spannen und einen anderen Ansatz machen.
Wie Sie sehen, beträgt die Wertschöpfung in Japan 367.000 DM und die durchschnittliche Wertschöpfung in der BRD 128.000 DM. Für diesen großen Unterschied gibt es nach meiner Kenntnis aufgrund der Reise fünf Gründe:

1. die japanische Kostenstruktur
2. die japanische Arbeitszeit
3. das japanische Fertigungsprogramm
4. die japanische Unternehmenskultur und das japanische Produktionskonzept
5. die höhere Rendite in Japan

Herr Dr. Brödner hat Punkt 4 als den einzig wesentlichen Punkt für den Produktivitätsunterschied herausgestellt.
Im folgenden sollten wir einmal diese fünf Faktoren einzeln betrachten. Die japanischen Kosten sind nach meiner Auffassung 20% niedriger. Herr Dr. Brödner kam auf eine ähnliche Größenordnung. Die exakten Arbeitskosten sehen Sie in Folie Nr. 3, sie sind demnach in Deutschland 37% höher als in Japan. Dies sind jedoch nur die Lohnkosten. Auch in den anderen Kostenarten hat Japan Vorteile. Die Kapitalkosten in Japan sind noch deutlich niedriger als bei uns, allerdings im Anstieg begriffen. Vor allem Land und Gebäude sind in Japan höher anzusetzen. Insgesamt scheint also ein Kostenvorteil von 20% realistisch.
Als zweiten entscheidenden Faktor habe ich bereits die Arbeitszeit genannt, dazu Folie Nr. 4. Die japanische Arbeitszeit liegt um 40% höher als die deutsche. Zu dem direkten Vergleich der Arbeitsstunden muß man noch die unterschiedlichen Fehlzeiten aufgrund von Krankheit und anderen Gründen hinzurechnen.
Ein weiterer wesentlicher Faktor, um den Unterschied in der Produktivität zu erklären, ist das Fertigungsprogramm der japanischen Werkzeugmaschinenindustrie (Folie Nr. 2). Dieses unterscheidet sich grundsätzlich von unserer deutschen Industrie. Die Japaner stellen weitestgehend Serienmaschinen her und vertreiben sie über die großen Handelshäuser. Spezifische Kundenforderungen werden kaum er-

füllt und Lastenhefte, wie wir sie von unseren Großabnehmern ständig präsentiert bekommen, sind in Japan fast unbekannt. Damit können die Japaner mit wenig Typen und wenig Varianten Stückzahlen von 50 bis 100 Maschinen pro Monat herstellen gegenüber unserer Einzel- und Kleinserienfertigung. Ein weiterer Vorteil der Japaner ist die wesentlich billigere und bessere Steuerung, die es ihnen ermöglicht, gerade bei CNC-Maschinen eine so großen Weltmarktanteil zu erreichen. Durch dieses Produktionsprogramm haben die Japaner wesentlich kürzere Durchlaufzeiten und auch wesentlich weniger Produktionsstunden pro Maschine zu verzeichnen. Die Stückzahlen ermöglichen stärkere Automatisierung, und auch das Personal kann wesentlich besser geschult werden und ist natürlich hochgradig eingeübt, die wenigen Maschinentypen zu montieren. Bei unserer technischen Vielfalt in der mechanischen Fertigung so weitgehend mannlos zu operieren, wie das Herr Dr. Brödner für Japan beschrieben hat, ist sicher hier nicht möglich.
Wie hoch ist der Vorteil der japanischen Großserienferigung gegenüber der typischen Variantenvielfalt bei uns zu bewerten? Erfahrungswerte der Branche lassen hier eine Mehrleistung pro Kopf von mindestens 25% erwarten.
Als vierten Punkt zur Erklärung der unterschiedlichen Wertschöpfung in Japan und bei uns in Deutschland habe ich eingangs schon die japanische Unternehmenskultur genannt. Diesem Punkt ist große Bedeutung beizumessen, allerdings nicht die alleinige oder Hauptbedeutung. Die bessere Kommunikation in Japan, die dort vorhandenen weniger Ebenen und die japanische Personalpolitik erlauben eine wesentlich höhere Effizienz. Die Unternehmensziele werden überall bekanntgegeben und durch Einschaltung aller Beteiligten durchgesetzt. Produktion und Prozesse werden ständig verbessert, Konflikte - auch Tarifkonflikte - werden durch Dialog und Verständnis für die gegenseitigen Positionen gelöst. Dabei hilft die Einstellung zur Arbeit, die stark durch Konfuzius geprägt ist. Die Japaner leben, um zu arbeiten, im Gegensatz zu uns, die wir arbeiten, um zu leben. Hinzu kommt ein stark ausgeprägtes Nationalgefühl, das seinen Ausdruck findet in einer gemeinsamen Strategie der Japaner gegenüber dem Westen. Hinter dem Bemühen, möglichst die westlichen Industrienationen zu übertrumpfen, tritt der Wettbewerb untereinander zurück. Um dieses Ziel zu erreichen, kooperiert man stärker untereinander als bei uns üblich. Die Steigerung der Wertschöpfung pro Kopf, die durch das japanische Produktivitätsmodell und die japanische Unternehmenskultur erreicht wird, würde ich mit 25% beziffern und damit deutlich niedriger als meine Vorredner. Diese 25% ergeben sich rein rechnerisch aus den anderen vier Größen, die sich empirisch bzw. mathematisch ergeben.
Als letzter Punkt ist in meiner eingangs gemachten Aufstellung die Rendite der japanischen Werkzeugmaschinenindustrie zu sehen. Ihr Anteil an der höheren Wertschöpfung ergibt sich rechnerisch mit 40%. Gegenüber der BRD ist sie damit 30% höher. Sie begründet sich aufgrund günstigerer Kosten und anderer Marktgegebenheiten.

Höhere Rendite in Japan			
		Japan	Deutschland
Umsatzrendite vor Steuern		20,7%	5,0%
Gewinnanteil an Wertschöpfung		40,0%	10,1%
Gründe:	Kostenstruktur Markgegebenheiten		

In der Tabelle auf Folie Nr. 5 ist die Wertschöpfung in der BRD aufgrund der fünf genannten Faktoren hochgerechnet worden auf die Wertschöpfung in Japan.
Eingangs hatte ich schon auf die unterschiedlichen Auswirkungen des gegenwärtigen Kunjunkturrückgangs auf die deutsche und japanische Werkzeugmaschinenindustrie hingewiesen. In beiden Regionen verzeichnen wir einen Rückgang im Auftragseingang von 40%. Dieser gefährdet, wie Sie alle wissen, hier sofort eine Vielzahl von Arbeitsplätzen und auch die Existenz einiger Unternehmen. In Japan kann ein gleich hoher Rückgang wesentlich leichter aufgefangen werden, und das liegt an den in Folie Nr. 6 dargestellten Gründen. Eine Umsatzrendite von 20%, das Nichtvorhandensein von Bankschulden und auch viele Möglichkeiten, die Kosten dem rückläufigen Geschäftsvolumen nachhaltig anzupassen, ermöglichen der japanischen Werkzeugmaschinenindustrie selbst bei einem 40%igen Rückgang durchzuhalten und ausgeglichene Geschäftsergebnisse zu erzielen. Dabei ist insbesondere darauf hinzuweisen, daß in Japan die Personalkosten, durch Reduzierung der Jahresgehälter, durch Wegfall von Bonusgehälter und Reduzierung der Teilzeitkräfte, nachhaltig den Geschäftsgegebenheiten angepaßt werden können. Durch Verlagerung von Zulieferungen zurück ins eigene Haus kann die Auslastung der eigenen Anlagen aufrechterhalten werden. Darüberhinaus bereiten die Japaner ständig die Erschließung neuer Märkte vor. Ein Vorgang, der bei rückläufigem Geschäft im eigenen Lande forciert werden kann. Aus diesem Grunde müssen wir auch mit einem verstärkten Auftreten der Japaner in Europa rechnen. Die Vorbereitungen dafür sind getroffen.
Im Gegensatz zu den Japanern haben wir hier die Flexibilität nicht, und wir müssen uns, auch im Sinne von Herrn Dr. Brödner, gemeinsam bemühen, diese Strukturschwächen auszumerzen, und daher waren diese Reise und die daraus gewonnenen Erkenntnisse ein positiver Ansatz, der unbedingt weitergeführt werden muß.

Was würde es bedeuten, wenn die deutsche Werkzeugmaschinenindustrie auf ähnliche Prokopfumsätze wie die Japaner kommen würde?

Folie 1

Weltwerkzeugmaschinenproduktion

in	1991	67,9	Milliarden DM
	1992 vielleicht	60,0	Milliarden DM

Anteil BRD

1991	22,3	%
maximal erreichbar	25,0	%

Anzahl der Beschäftigten bei japanischen Prokopfumsätzen

25 % Marktanteil	bei 60 Milliarden Produktion	20.750
	bei 70 Milliarden Produktion	24.200

Japanische Struktur vorausgesetzt, bedeutet dies zwischen 10.000 bis 12.000 Beschäftigte in der Produktion.

Ist-Beschäftigte in Werkzeugmaschinenindustrie

bei letzter Hochkonjunktur im Westen	knapp 100.000
vor Wende im Osten	knapp 100.000

- **Japanisches Fertigungsprogramm**

Folie 2

Japan stellt Serienmaschinen her
auf Kundenforderungen wird fast nicht eingegangen
Stückzahlen 50 - 100 pro Monat
kaum Varianten, wenige Typen
keine Lastenhefte
einheitliche Steuerung

dadurch **- schnellere Durchlaufzeiten**
- kürzere Produktionszeiten eingeübt (Lernkurve)
- mehr Automatisierung

Empirische Mehrleistung pro Kopf 30 %

- **Japanische Unternehmenskultur**

bessere Kommunikation
weniger Ebenen
Personalentwicklung und -politik
Umsetzung Unternehmensziel auf allen Ebenen
ständige Verbesserung am Produkt und Prozeß durch Einschaltung aller
Konfliktlösung
Einstellung "Leben um zu arbeiten"
gemeinsame Strategie
kein Wettbewerb untereinander um jeden Preis
mehr Kooperation untereinander

Geschätzte Mehrleistung pro Kopf 25 %

Folie 3

1991	Japan	Deutschland
Arbeitskosten (in DM/Std.)	29,63	40,48
davon:		
- Personalzusatzkosten	7,06	18,75
- Direktentgelt	22,57	21,73

Quelle: IWD, 1992

Arbeitskosten in Deutschland um 10,85 DM pro Std. höher als in Japan.
Deutschland im internationalen Vergleich Spitzenreiter hinsichtlich der Lohnkosten.
Japan hingegen ist nicht mehr in der Spitzengruppe vertreten aufgrund kräftiger Yen-Abwertung.
Das Direktentgelt ist in Japan höher als in Deutschland.

Bild 12: Arbeitskosten in der verarbeitenden Industrie Japans und Deutschlands 1991 (in DM)

Folie 4

	Durchschnittl. Wochenarbeits-zeit	Durchschnittl. Jahresurlaub	Feiertage 1)	Freie Tage insgesamt	Durchschnittl. Jahressoll-arbeitszeit 2)
	Stunden	Arbeitstage			Stunden
Deutschland 3)	37.7	30	12,5	42,5	1648
Japan 4)	42	7.9	14	21,9	2119

Quelle: BDA

1) durch Feiertage verlorengegangene Arbeitstage p.a.
2) Ausgangsbasis 1990: 261 potentielle Arbeitstage
3) Alte Bundesländer
4) Japan: 1989 tatsächlich genommener Urlaub beträgt 7,9 Tage. An den Feiertagen wird in Klein- und Mittelbetrieben meistens gearbeitet
5) Geleistete Arbeitszeit: 2143 Stunden

Bild 11: Vergleich der tariflichen Jahressollarbeitszeit für Arbeiter des verarbeitenden Gewerbes - Stand: 1. Oktober 1990

Folie 5

Versuch der Erklärung des Unterschiedes in der Wertschöpfung pro Kopf zwischen Japan und BRD

Ø Wertschöpfung pro Kopf BRD	128	TDM
Ø Wertschöpfung zu Kosten BRD	115	TDM
gleiche Wertschöpfung bewertet zu japanischen Kosten	92	TDM
Wertschöpfung aufgrund jap. Arbeitszeit	129	TDM
Wertschöpfung aufgrund jap. Produktionsprogramm	168	TDM
Wertschöpfung aufgrund jap. Produktivitätskonzepte	210	TDM
Kosten der japanischen Wertschöpfung	201	TDM
Wertschöpfung zu Verkaufspreisen	357	TDM
echte Wertschöpfung	367	TDM

Folie 6

Ein weiterer Vorteil des japanischen Systems ist die Flexibilität.

Rückgang auch in Japan bis zu 40 %.

Aber bei Rückgang in Japan sind die Unternehmen nicht sofort in ihrer Existenz gefährdet, warum:

1. **höhere Rendite**
2. **höheres Eigenkapital**
3. **flexible Anpassung der Kosten möglich**
   Reduzierung Teilzeitkräfte, Überstunden
   Anpassung Personalkosten (Boni)
   Reduzierung Zulieferungen
4. **Japaner haben Erschließung neuer Märkte verbreitet (Europa)**

Wenn wir vielleicht keine Strukturkrise haben, dann doch

-> **erhebliche Schwächen in der Struktur der deutschen Werkzeugmaschinenindustrie**

Arbeiten wir gemeinsam daran, diese auszumerzen.

Dr. Karl Pitz

Die RKW-IGM-VDW-Analyse: Schlußfolgerungen aus Sicht der IG Metall

Wir haben also zuerst einen Arbeitswissenschaftler gehört, der das aus arbeitswissenschaftlicher Sicht sieht, dann einen Maschinenbauer, der das aus unternehmerischer Sicht sieht; ich bin Ökonom und sehe das mehr aus organisationspolitischer Sicht, und erst wenn man dies alles zusammenfaßt, ergibt sich ein rundes Bild, mit dem wir in Zukunft weiterarbeiten müssen.

Ich möchte den Versuch machen, den roten Faden zu verdeutlichen, der sich durch die RKW-IGM-VDW-Studie "Erfolgsfaktoren der japanischen Werkzeugmaschinenindustrie" zieht. Ich beziehe mich dabei auf die in unserer Stellungnahme enthaltenen 9 Leitsätze und verweise auf die darin enthaltenen Graphiken.

Es sind zweifellos partielle Produktivitätsunterschiede vorhanden zwischen dem japanischen und dem deutschen Werkzeugmaschinenbau. Ich denke, daß wir gut beraten sind, diese Produktivitätsunterschiede ins Auge zu fassen und aufzuarbeiten.

Diese Aufarbeitung verweist aber nicht auf die Lohnpolitik. Wir haben die Exportüberschüsse als wichtigen Indikator für die Leistungsfähigkeit einer Branche; und Japan und Deutschland operieren zusammen an der Spitze der Welt, während die anderen weit abgeschlagen sind, insbesondere die USA, die die große Verliererin der letzten 20 Jahre ist. Deutschland ist nach wie vor im Jahre 1991 Weltmeister im Export noch vor Japan, obwohl wir ein wesentlich kleineres Land sind.

Wenn ich einen Vergleich mache mit den Werkzeugmaschinenfabriken in Japan, dann kann ich mir zwar vier, fünf der besten Firmen der Welt herausnehmen, aber nicht 1 : 1 in lohnpolitische Empfehlungen umsetzen. Wir können doch nicht durch einen Strohhalm nach Ostasien gucken und daraus die globale Wettbewerbsfähigkeit der deutschen Werkzeugmaschinenindustrie ableiten! Wir konkurrieren in dieser Branche mit dem Rest der Welt und da sind ganz andere Länder drunter, das geht über Italien, Großbritannien bis nach Mexiko.

Wenn ich also anstelle der vier, fünf besten Japaner die vier, fünf schlechtesten Amerikaner für den Vergleich nehmen und das Ergebnis 1 : 1 auf uns übertragen würde, dann müßten wir hier kräftig auf den Putz hauen, um die Vorteile denen gegenüber auszunutzen. Die Unterschiede verweisen also nicht auf die Lohnpolitik, sondern auf die Unternehmenskultur.

Wir müssen dazu kommen, diese Standortfaktoren zu bewerten und zu gewichten. Lohnpolitik, Arbeitszeiten, Steuern, politische Systeminfrastruktur würde ich in die zweite Reihe verweisen; m.E. stehen Managementqualität, Unternehmenskultur, Arbeitsorganisation im Zentrum der Betrachtung. Insofern stimme ich mit dem überein, was Herr Brödner eingangs von Herrn Matsushita zitiert hat.

Die viel zitierte MIT-Studie führt exakt zu demselben Ergebnis wie die RKW-IGM-VDW-Studie in diesem Bereich.

Wenn ich die ersten drei Leitsätze zusammenfasse: Es sind die Defizite in Unternehmenskultur und Managementqualität und nicht die Faktoren Lohnkosten, Arbeitszeit usw., denen das Hauptgewicht zukommt. Wenn wir diese Defizite aufarbeiten wollen und müssen, dann werden wir als Organisation, als IG Metall, zusammen mit anderen Akteuren uns dieses Themas annehmen müssen, und insofern, denke ich, soll ein Hinweis darauf erfolgen, daß das Thema Lean Production in der Werkzeugmaschinenindustrie oder generell in der Metallindustrie ein sehr viel umfassenderes Feld ist, als daß es etwa nur die Betriebspolitik, nur die Unternehmenspolitik berühren würde; es verweist auf etliche andere Politikfelder bis zur Gesellschaftspolitik.

Wir müssen die ganze Bandbreite des Problems bearbeiten, von dem Problem der konkret an einer Maschine zu verwendenden Steuerung über das Verhältnis Arbeiter-Angestellte und die Unternehmenshierarchie bis hin zur Bildungspolitik.

Wir stehen heute, auch jetzt für unsere Organisation gesprochen, vor dem Problem, daß wir aus einer großen Informationsflut ein Leitbild erarbeiten müssen. Wir müssen das Ganze verdichten, um handlungsfähig zu werden, um die richtigen Schlußfolgerungen aus dieser Diskussion zu ziehen.

Es fiel hier das Wort vom Produktivitätspakt, bei dem jeder anständige IG Metaller erst mal zusammenzuckt. Ich denke trotzdem, daß wenn ich auf der betrieblichen Ebene den Schritt machen von der reinen Schutzpolitik zur Gestaltungspolitik, ich dann natürlich nicht umhin komme, im "Überbau" ebenfalls Schlußfolgerungen für unsere Philosophie, für die Politik der IG Metall zu ziehen. Was wir heute brauchen, das würde ich nicht als Produktivitätspakt bezeichnen, sondern als ein neues Produktivitätskonzept. Wir müssen makroökonomisch, gesamtorganisatorisch für unsere Produktivitätsstrategie die Schlußfolgerungen ziehen, die sich mehr und mehr durchsetzen in der Betrachtung der betrieblichen Ebene. Wenn man an ein solches Produktivitätskonzept herangehen will, dann ist das eine riesige Aufgabe, die sich uns stellt, nämlich die richtigen Gewichte zu setzen und das Ganze so zu verdichten, daß politische Handlungsfähigkeit dabei herauskommt. Hier haben wir einen ersten Versuch und die Diskussionen auf dieser Konferenz sollen ja auch weiterführen.

Das Leitbild sollte unterschieden werden nach einem anderen Verständnis des Verhältnisses von Mensch und Maschine und eines anderen Verhältnisses zwischen den Menschen. Hierzu möchte ich eines der wichtigsten Stichworte aus dieser Analyse zitieren, wie es die Japaner gebrauchen: "Advice from all", d.h. jeder Beschäftigte soll sich aktiv in den Betrieb einbringen. Das Entscheidende ist, daß das Management bereit ist, dieses "Sich-Einbringen" zu akzeptieren und in die betriebliche Politik einzubauen.

Wenn man ein solches "Sich-Einbringen" organisieren will, muß man allerdings Grundsteine legen. Davon haben wir drei ausgearbeitet, die allerdings nicht fertig diskutiert sind; diese Konferenz soll die Gewichtung der Faktoren mitdiskutieren.

1. Gesellschaftspolitisch ist *maximale Qualifikation* notwendig. Das ist die Ausgangsbasis für Lean Production. Die hohe Qualifikation in Japan wird in die Betriebe eingebracht.
2. Dieses Ausgangspotential muß durch *Weiterentwicklung im Unternehmen* entfaltet und weiterentwickelt werden auf dem Wege des Einbeziehens des Beschäftigten in die Gestaltung des Unternehmens: Gestalten qualifiziert!
3. Das Geschehen im Betrieb muß *Transparenz* durch Information und Kommunikation gewinnen.

Jetzt blicke ich mal zehn Jahre zurück in der Diskussion in der IG Metall; das ganze Thema ging entscheidend vom Qualitätszirkel aus als einer Möglichkeit, eine andere Art und Weise von Information und Kommunikation herzustellen.
Diese drei Grundsteine sind wichtigste Prinzipien, um eine neue Unternehmenskultur, das Sich-Einbringen zu bewerkstelligen.
Dieses Leitbild führt dann zu einer anderen Organisation, nämlich eben nicht nur die Anweisung von oben nach unten, sondern drei wichtige andere Arten von Organisation einer Hierarchie. Durch hohe Qualifikation haben wir eine flache Qualifikationspyramide. Daraus ergibt sich eine flache Entscheidungshierarchie, die durch Qualifikation, Information und Kommunikation geprägt ist. Also nicht nur von oben nach unten, Top-down, sondern auch von unten nach oben, Bottom-up, sowie side-to-side. Das führt zuguterletzt zu einer flacheren Einkommenspyramide im Unternehmen. Die Einkommensverteilung, so wie wir sie bei Okuma gefunden haben, ist einigermaßen repräsentativ für Japan; das Verhältnis des Einkommens von Arbeiter und Chairman ist etwa 1 : 8, während es bei uns etwa 1 : 20 ist.
Kaizen bringt schließlich in dieser neuen, innovativen und sozialen Unternehmenskultur die ständige Verbesserung, das Einbeziehen von jederman im Betrieb, um Flexibilität und Produktivität zu bekommen. Ich denke, daß wir genau hier die Quelle für die festgestellten Produktivitätssprünge haben. Dann kriege ich die Kostenrelationen, die wir hier festgehalten haben, und selbstverständlich muß dann über die Verteilung dieser Produktivität erneut nachgedacht werden in Richtung Sicherung der Beschäftigung, um den Abbau zu verhindern, den Herr Klingelnberg in einem später von ihm selbst infrage gestellten Szenario heraufbeschworen hat. Ein solches Szenario darf nicht Wirklichkeit werden.

2. *Fallbeispiele aus der Werkzeugmaschinenindustrie*

Eckart Hildebrandt:

Wir haben die Herausforderung Lean Production von drei unterschiedlichen Seiten beschrieben bekommen; wir haben eine sehr ausführliche Darstellung der Produktivitätspotentiale erhalten, die in diesem Produktionskonzept enthalten sind; wir haben von Herrn Altmann eine ganz andere Sicht, einen anderen Zugang gehört, nämlich die sozialen Folgen der damit verbundenen Arbeitspolitik; und wir haben auch von Franz Steinkühler und Karl Pitz die Perspektive vorgestellt bekommen einer demokratischen und sozialen Unternehmensreform, die hier auch bisher kaum debattiert worden ist.

Der Stand der Konferenz zeigt also sehr unterschiedliche Zugänge und wir kommen jetzt erfreulicherweise an einen Punkt, wo diese verschiedenen Sichtweisen zusammenkommen, nämlich in der betrieblichen Praxis. Wir haben die günstige Möglichkeit, an zwei betrieblichen Fallbeispielen noch einmal die Erfahrungen, die Lernprozesse und evtl. auch Elemente der Umsetzung zu hören.

Darstellen werden das erste Praxisbeispiel einmal Dr. Mathias Kammüller, Direktor bei TRUMPF in Ditzingen, und Betriebsrat Elmar Dannecker, seit vier Jahren freigestellter Betriebsrat.

Den zweiten Fall, die Firma NILES in Berlin-Ost, wird vorgestellt von dem Geschäftsführer, Herrn Peter Klopsch, und dem erst kürzlich gekürten neuen Betriebsratsvorsitzenden, Kollege Egon Meinel.

Die beiden Betriebsfälle sind aus einem relativ ähnlichen Marktsegment im Werkzeugmaschinenbau und sie haben beide eine traditionelle Japanorientierung.

Die NILES Werkzeugmaschinen GmbH in Ost-Berlin fertigt Zahnflankenschleifmaschinen und ist dort wohl Weltmarktführer und hat auch traditionell, auch vor 1989 einen erheblichen Absatz in Japan gehabt, den sie auch im begrenztem Umfange immer noch halten kann. Was sie nicht halten konnte ist das Beschäftigungsvolumen von ehemals 2.800 Beschäftigten, im Moment auf einem Niveau von ungefähr 520 Beschäftigten und 70 ABM-Beschäftigten auf diesem Stand. Das Unternehmen ist immer noch im Besitz der Treuhand und es ist im Moment nicht absehbar, in welche Unternehmensform eine endgültige Transformation stattfindet.

Die Firma TRUMPF in Ditzingen ist da in einer ganz anderen Situation. Sie hat ein Beschäftigungsvolumen von 2.000 Beschäftigten prosperiert kontinuierlich, gilt auch in gewisser Weise als Vorzeigeunternehmen, hat sich auch in Japan engagiert, hat dort 1990 ein Joint Venture gegründet mit 25 Beschäftigten.

Mindestens ebenso wichtig ist, daß der Geschäftsführer der Firma Verbandspräsident des VDMA ist: Herr Dr. Leibinger hat seit Amtsantritt in sehr spektakulärer Weise für ein Engagement auf dem ostasiatischen Markt argumentiert.

Beide Firmen sind schon Ende 1989 eine kleine Kooperation eingegangen in der TRUMPF-NILES GmbH, die Entwicklung und Service-Tätigkeiten zum Gegenstand hat - leider ist die Abrundung, nämlich die Produktion, aufgrund der allen bekannten Entwicklungen auf den östlichen Märkten bisher noch nicht in die Gänge gekommen.

Fall 1: Trumpf, Ditzingen

Dr. Mathias Kammüller

Das "TRUMPF Optimierungs-Programm"

Am Anfang des praktischen Teils dieser Konferenz soll noch einmal kurz Theorie bzw. ein Modell stehen, um die Unterschiede, die zwischen uns und Japan bestehen, auf eine etwas andere Weise zu quantifizieren.
Die Firma Mercedes-Benz hat eine Untersuchung zu Japan durchgeführt, die hervorbrachte, daß bei vergleichbaren Produkten 30% Kostenunterschied zwischen Deutschland und Japan bestehen. D.h., ein Teil das in Deutschland 100 DM kostet, wird in Japan für 70 DM produziert. Herr Hubbert von Mercedes Benz hat dies bei einem RKW-Forum im Dezember 1991 in Stuttgart so dargestellt.
Die Untersuchung macht auch eine Aussage darüber, welche Ursachen für die 30% Unterschied verantwortlich sind. Die dabei gezeigte Aufteilung entspricht auch den Erfahrungen von TRUMPF und soll deswegen hier vorgestellt werden:
Das erste Drittel oder die ersten 10 DM entstehen aus dem, was man heute in neudeutsch "Design to Cost" nennt oder anders gesagt, daß in Japan viel Wert darauf gelegt wird, Teile so zu konstruieren, daß möglichst niedrige Kosten erreicht werden. Dazu gehört sicher auch die Variantenbeherrschung, die in Japan intensiv verfolgt wird.
Das zweite Drittel, also die nächsten 10 DM, sind durch die Unterschiede bei den Faktorkosten verursacht, wie Personalkosten, Arbeitszeit, Kapitalkosten und Materialkosten.
Das dritte Drittel, also die letzten 10 DM, entstehen durch Produktivitätsunterschiede, über die wir fast ausschließlich gesprochen haben. Produktivitätsunterschiede, die durch unterschiedliche Arbeitsmethoden, unterschiedliche Managementmethoden, aber auch unterschiedliche Einstellung und Mentalität der Mitarbeiter entstehen.
Worauf stützt sich die Überzeugung von TRUMPF, daß die dargestellte Aufteilung den Tatsachen entspricht: Wir sind im japanischen Markt sehr aktiv, zum einen haben wir eine Tochterfirma für Service, Vertrieb und Werkzeugbau mit 40 Mitarbeitern, zum anderen betreiben wir zusammen mit der FA. IHI ein Joint Venture, das Laser und Lasermaschinen entwickelt, vertreibt und produziert. Dort sind heute 25 Mitarbeiter beschäftigt. TRUMPF hat traditionell enge Verbindungen zu Japan und ist dort seit 1960 aktiv. Ich selbst habe 3 Jahre in Japan für ein Joint Venture der Fa. BOSCH gearbeitet, das Antiblockiersysteme herstellt. In diesem Unternehmen sind mehr als 1.000 MA beschäftigt. Da lediglich 10 Deutsche dort arbeiteten, war es sehr japanisch geprägt.
Was tut TRUMPF nun in der heutigen Wettbewerbssituation? Zusammengefaßt, wir wollen das Gute aus Japan an unsere Verhältnisse anpassen und das Schlechte unterlassen. Konkret reagieren wir auf die drei Ursachen für die unterschiedlichen Kosten wie folgt:
1."Design to cost"
TRUMPF praktiziert im Bereich der Produktionsentwicklung seit 1990 japanische Methoden. Unserer neueste Blechbearbeitungsmaschine wurde von Anfang an mit

allen Beteiligten, darunter auch der Fertigung, entwickelt. Dabei arbeiteten Entwicklung, Fertigung, Arbeitsvorbereitung und Vertrieb so eng zusammen, daß der erste Prototyp schon nach 9 Monaten fertiggestellt war. Die Entwicklung war geprägt von einem engen Kostenziel, das exakt erreicht wurde.
2. Bei den Faktorkosten ist eine Aktion nur eingeschränkt möglich.
3. Was den Produktivitätsunterschied betrifft, gibt es bei TRUMPF seit März 1992 ein intensives Programm mit dem Namen TOP, TRUMPF Optimierungs-Programm. Dieses Programm will ich ihnen jetzt in den Grundzügen vorstellen:
Zuerst die Rahmenbedingungen:
TRUMPF fertigt CNC-Blechbearbeitungszentren zum Stanzen, Nibbeln, Umformen, Biegen sowie Laser- und Plasmaschneiden. Darüber hinaus gehören zum Produktspektrum

- flexible Systeme für die Blechbearbeitung
- Hochleistungslaser für die Materialbearbeitung
- CAD-/CAM-Systeme für die Materialbearbeitung
- Elektrowerkzeuge für die Blechbearbeitung.

TRUMPF wurde 1923 gegründet. Heute sind in Deutschland 2.000 MA beschäftigt, weltweit 3.000. Der Umsatz betrug 1990/91 in der Gruppe 723 Mio.DM, außerhalb Deutschlands wurden 51% des Umsatzes erwirtschaftet. In Deutschland werden 3 Fertigungsstätten unterhalten, in Ditzingen, Gerlingen und Hettingen. TRUMPF hat zahlreiche Tochtergesellschaften für Vertrieb, Service und Fertigung in 12 Ländern.
Anlässe für das Programm waren die, von denen wir heute öfters gehört haben:

1. Kostenvorteile japanischer Unternehmen, die wir besonders stark spüren, weil unser größter Konkurrent ein japanisches Unternehmen ist, das dazu noch das größte Werkzeugmaschinenunternehmen der Welt ist, nämlich die Fa. AMADA.
2. Die weltweit schwierige konjunkturelle Lage.
3. Erfolge mit einzelnen Komponenten des TRUMPF-Programmes, die wir jetzt zusammengebunden haben.

Das Programm an sich hat drei grundlegende Annahmen:
Die erste Annahme ist, daß der Mensch die Quelle des Erfolges darstellt.
Die zweite ist, das der Mensch das Bedürfnis und die Fähigkeit hat mitzugestalten, und zwar jeder Mensch, also auch der Mitarbeiter direkt an der Maschine.
Die letzte Annahme ist, daß Konsens Reibungsverluste vermindert. Es lohnt sich zusammenzuarbeiten und Konsens zu erreichen, auch wenn dafür erheblich Zeit verwendet werden muß. Diese Zeit wird nachher bei weitem wieder hereingeholt.

Wie ist nun das Programm aufgebaut?

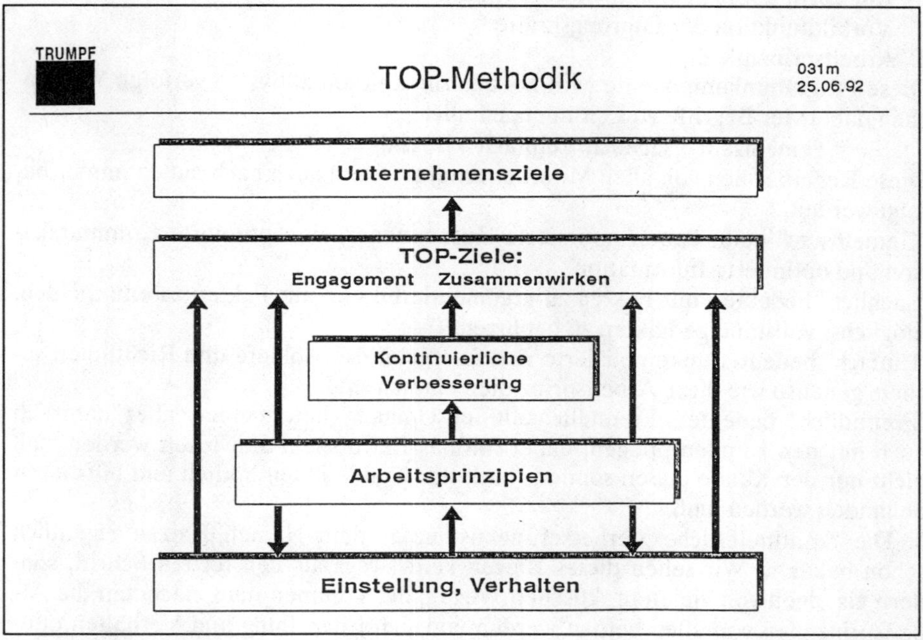

Das Programm hat eigentlich drei Komponenten. Dazu gehört auch eine typisch japanische, nämlich die "kontinuierliche Verbesserung", obwohl sie hier nicht japanisch Kaizen genannt ist. Die grundlegendste Komponente ist die Optimierung "der Einstellung und des Verhaltens". Wir denken, daß sich die Einstellung bzw. das Verhalten ändern muß, und zwar bei allen, sowohl das Führungsverhalten als auch die Einstellung zur Arbeit, zu den Mitarbeiter und zu den Kollegen. Bei einem ganzheitlichen Ansatz muß dieser Bereich auch aktiv berücksichtigt werden. Die zweite Komponente wird als "Arbeitsprinzipien" bezeichnet. Wir führen sehr einfache Arbeitsprinzipien ein, die optimales Zusammenwirken und einfache Abläufe ermöglichen sollen. Dies geschieht anhand von, übertrieben gesagt, Geboten, die jeder befolgen muß. Wenn erst zwei Komponenten im Unternehmen Erfolg zeigen, kann die dritte Komponente, nämlich die "kontinuierliche Verbesserung" aufsetzen. Alles zusammen soll dazu führen, daß das Engagement und das Zusammenwirken aller Mitarbeiter optimiert wird und damit ein maßgeblicher Beitrag geliefert wird, um die heute schon vorhandenen Unternehmensziele zu erreichen.

Es lohnt sich, die drei Komponenten des Programmes noch etwas detaillierter zu beschreiben:

1. "Einstellung und Verhalten"

Wir wollen mit dem Programm nicht nur Symptome sondern auch Ursachen berücksichtigen. Die Basis dafür ist unsere Unternehmensphilosophie oder die Unternehmensziele. Besonders dabei zu nennen:

- Pünktlichkeit und Fleiß
- Loyalität

- Höflichkeit
- Rücksicht auf die Persönlichkeit des anderen
- Vorbildfunktion der Führungskräfte

2. "Arbeitsprinzipien"

Diese Programmkomponente wird bei uns zur Zeit am aktivsten verfolgt. Wir machen dabei vier Begriffe zu Leitlinien, nämlich:

* gemeinsam * sachlich * einfach * freundlich

Diese Regeln sollen von allen Mitarbeitern intern und auch nach außen immer befolgt werden.

"Gemeinsam" heißt dabei: optimierte Zusammenarbeit, optimierte Kommunikation und optimierte Information.

"Sachlich" bedeutet, mit Fakten zu argumentieren und mit Fakten zu entscheiden, möglichst vollständige Fakten zu benützen.

"Einfach" bedeutet unkomplizierte Arbeitsergebnisse, Abläufe und Richtlinien suchen, genauso wie diese Arbeitsprinzipien einfach sind.

"Freundlich" bedeutet, Freundlichkeit im Umgang miteinander, aber natürlich auch mit den Kunden pflegen; dabei soll das Bewußtsein entwickelt werden, daß nicht nur der Kunde außen sondern auch der Kunde innen höflich und hilfsbereit behandelt werden muß.

3. Die "kontinuierliche Verbesserung" ist unter dem Namen Kaizen eigentlich schon bekannt. Wir sehen dieses Kaizen keineswegs als den letzten Schritt, sondern als einen von vielen praktischen Wegen, der kommen muß, nachdem die Arbeitsprinzipien von allen befolgt werden und sich Einstellung und Verhalten optimiert haben. Die "kontinuierliche Verbesserung" hat zwei Grundsätze: der eine ist, daß man sich darauf konzentriert, unnötige Arbeitsschritte bzw. Vorgänge zu vermeiden, der zweite Teil ist, Probleme zu begrüßen und diese zu nutzen, um das Ganze zu verbessern.

Jetzt zu den Aktivitäten, die wir seit Start des Programmes im März dieses Jahres schon durchgeführt haben:

- Das Programm wird aktiv von einem Projektteam unterstützt, das aus fünf Mitarbeitern besteht. Es sind darin alle Unternehmensbereiche, inkl. Betriebsrat vertreten. Geführt wird das Projektteam von einem vollamtlichen Projektleiter.
- Wir haben gemeinsam mit den Mitarbeitern ein Symbol und ein Motto entwickelt.
- Wir haben eine Mitarbeiterbefragung durchgeführt, bei der alle 2.000 Mitarbeiter des Unternehmens zu ihrer Arbeitszufriedenheit, ihrem Engagement und ihrer Motivation befragt wurden. Die Ergebnisse davon sollen uns bei nochmaliger Durchführung in ca. 1 Jahr auch dazu dienen, den Erfolg des Programmes beurteilen zu können.
- Wir haben 15 Arbeitskreise im Unternehmen eingesetzt, die vor allem Ideen entwickeln sollen, wie die Arbeitsprinzipien am besten verwirklicht werden und welche Probleme durch die Arbeitsprinzipien verbessert werden können.
- Wir wollen die bei uns übliche intensive Information noch intensiver machen.
- Wir haben ein Lernteam projektiert, das neue Ideen bei der Ausbildung unserer Jungfacharbeiter verwirklichen soll. Dabei steht der Schwerpunkt auf Zusammenarbeit und neuen Problemlösungstechniken.
- Wir installieren Workshops zu speziellen Themen.

- Wir führen Pilotprojekte zur Gruppenarbeit im Fertigungsbereich durch.

Prinzipiell wollen wir Selbstheilung und kein Arzt-Patienten-Modell, es soll also trotz des Projektteams nicht alles von oben kommen, sondern eigentlich sollen die Ideen von unten entwickelt werden.

Funktionieren kann das Programm jedoch nur, wenn folgende Erfolgsfaktoren berücksichtigt sind:

1. Es müssen alle Mitarbeiter beteiligt werden, aber wirklich alle, nicht nur alle Stufen sondern alle Mitarbeiter von oben bis unten.
2. Das Programm muß Top-down eingeführt werden. Es muß also zuerst die Firmenspitze überzeugt werden, um das Ganze mitzutragen und so zu denken.
3. Wir benötigen die volle Identifikation aller Mitarbeiter mit dem Programm.
4. Ein solches Programm muß unbedingt konsequent und sehr intensiv verfolgt werden.

Elmar Dannecker

Kurzstellungnahme

Inzwischen bin ich nicht mehr freigestellter Betriebsrat bei der Fa. TRUMPF, sondern Leiter des Logistikzentrums. Allerdings bin ich weiterhin Mitglied des Betriebsrates.
Ich halte es für grundsätzlich richtig, daß Betriebsräte - zumal junge Betriebsräte - in die Linie wechseln und Verantwortung übernehmen. Das Betriebsratsbüro darf keine Sackgasse sein. Auch das ist ein Stück TOP.
Die einwöchige Japanreise, auf die ich nur kurz eingehen möchte, hat die Stärken der Japaner beeindruckend aufgezeigt. Dazu ist heute schon viel gesagt worden. Ich verweise hier - was meine persönlichen Eindrücke betrifft - auf "Zusammenfassung und Ausblick" meines Reiseberichts (s.u., Anlage).
Erstaunlich ist immer wieder, wie genau die Japaner einerseits ihre Schwächen und andererseits die Stärken der deutschen Werkzeugmaschinenbauer kennen (Facharbeiterausbildung, Arbeitssicherheit, Arbeitsbedingungen).
Ein Kernpunkt des Erfolges der japanischen Werkzeugmaschinenbauer scheint die intensive und effiziente Zusammenarbeit und Kommunikation auf allen Ebenen und zwischen allen Ebenen zu sein. Basismethode der Zusammenarbeit ist das informelle Gespräch (Nemawashi), Konsens das Ziel. Dazu kommt ein ausgeprägt kundenorientiertes Verhalten.

Von den Japanern lernen?
Warum nicht, sie tun es doch auch von uns. Wir müssen die guten Seiten kapieren - nicht kopieren - und auch die richtigen Schlußfolgerungen ziehen. Ich schließe mich hier meinem Vorredner an.
Doch besinnen wir uns auf unsere eigenen Stärken.
Das TRUMPF-Optimierungsprogramm (TOP) ist ein Programm, das unsere Stärke, die individuelle Kreativität gut ausgebildeter Fachkräfte, zu besserer Wirkung kommen lassen will - im Interesse aller.
Ansatzpunkte der Mitarbeiterbeteiligung versuchen wir im Logistikzentrum mit seinen 40 Mitarbeitern umzusetzen. Der jetzige TOP-Projektleiter hat dazu bereits gute Vorarbeit geleistet. Das Leitungsteam Logistik trifft sich regelmäßig, um gemeinsam die anstehenden Probleme zu lösen und einen Konsens zu finden.
Am "I-Punkt" (Identifikationspunkt) werden die Mitarbeiter regelmäßig über Unternehmensziele, betriebliche und fachliche Probleme bis hin zum "Getränkeautomatenproblem" informiert. Ein Qualitätszirkel (LOGO '91) bringt Probleme auf den Punkt, entwickelt Lösungen und setzt diese um.
Ein Ergebnis ist ein 1-jähriges Schulungsprogramm, in dem Mitarbeiter als Referenten ihre Kolleginnen und Kollegen selbst weiterqualifizieren. Weitere Punkte sind die Verfügbarkeit der Stapler und ein Müllkonzept. Ein weiterer Punkt, den wir angehen wollen, ist die Bildung von Teams, die ihren Bereich selbst organisieren und optimieren. Wo möglich, soll Job-Rotation eingeführt werden, wobei sich die Mitarbeiter verschiedener Bereiche austauschen, in andere Bereiche hineingehen und sich selbst ständig weiterqualifizieren.
Wir wollen auch anders mit Fehlern und Kritik umgehen. Ständige Verbesserung erreichen wir nur, wenn Fehler nicht dazu benutzt werden, den Mitarbeitern "eins

auszuwischen", sondern um deren Ursache herauszufinden und so zu verhindern, daß diese Fehler jemals wieder auftreten.
Besonders wichtig ist das ständige Hinwirken auf ein kundenorientiertes Verhalten (intern und extern). Das ganze ist natürlich ein Prozess und nicht von heute auf morgen zu erreichen.
Mir scheint ein Punkt noch ganz wichtig, und zwar die Frage des Kollegen von vorhin nach den Schwierigkeiten bei der Durchsetzung des Programms.
Was wir hier ansatzweise diskutiert haben und was bei TRUMPF - ich sage bewußt ansatzweise - läuft, ist eine recht schwierige Angelegenheit. Man darf sich das nicht so vorstellen, als könne man ein schönes Konzept vorstellen und alles würde von selbst laufen. Mit Schwierigkeiten ist sicherlich auf allen Ebenen zu rechnen. Es ist ein täglicher und ständiger Kampf, herkömmliche Denkweisen aufzubrechen und ein Umdenken auf allen Ebenen zu erreichen. Das fängt ganz oben an, betrifft vor allem das mittlere Management, aber auch die Mitarbeiter in den Abteilungen und den Betriebsrat. Ich denke, wir sind alle aufgefordert mitzumachen.
Eines ist ganz wichtig und entscheidend - nämlich Vertrauen. Das ganze TRUMPF Optimierungsprogramm wird nur dann ein Erfolg sein, wenn die Mitarbeiter feststellen, daß es ehrlich gemeint ist, und Punkt für Punkt erkennen, daß das, was gemacht wird im Sinne des Betriebes, im Sinne der Mitarbeiter geschieht, daß es eine Sache ist, aus der beide Nutzen ziehen können, die uns insgesamt ein Stück weiterbringt, und die nicht irgendwo eine "linke Sache" ist.
Dieses Vertrauen muß wachsen, muß ständig erkämpft werden. Aber ich denke auch, daß es eine ganz entscheidende Sache ist, daß wir auch als Betriebsräte oder Gewerkschafter begreifen, daß dies der einzige Weg ist.

Anlage: Zusammenfassung und Ausblick

Aus dem Reisebericht von E. Dannecker

Für den Erfolg des japanischen Maschinenbaus scheinen - ohne den Anspruch auf Vollständigkeit zu erheben nachfolgend genannte Wesensmerkmale entscheidend:

1. Die konfuzianische Denkweise, nach der die Arbeit im Mittelpunkt des Lebens steht (historisch-kultureller Aspekt).
2. Die Identifikation der Mitarbeiter mit dem Unternehmen und den Unternehenszielen.
3. Das Prinzip der "lebenslangen Beschäftigung" und die Fürsorge des Unternehmens.
4. Die strategischen Unternehmensziele und Teilziele, die klar und einprägsam den Mitarbeitern vermittelt werden:

5. Die intensive und effiziente Zusammenarbeit und Kommunikation
   * zwischen Unternehmen, Gewerkschaften, MITI und Wissenschaft mit dem Ziel gemeinsame Absprachen zu treffen und Schwerpunktprojekte zu fördern (z.B. Mikromaschine)
   * im Betrieb auf allen Ebenen (horizontal) und zwischen allen Ebenen (vertikal).
6. Das informelle Gespräch (Nemawashi) als Basismethode der Zusammenarbeit.
7. Das Prinzip der Konsultation (Joint Consultation System) zwischen Betriebsgewerkschaft und Management mit dem Ziel Konsens zu finden.
8. Das Prinzip der "ständigen Verbesserung", um das Innovationspotential der Mitarbeiter zu nutzen.
9. Die Gruppenarbeit mit vielseitig qualifizierten und flexiblen Mitarbeitern und einer Verlagerung der Verantwortung von oben nach unten.
10. Produkt- und projektorientiertes Arbeiten im Team mit einer durchgängigen Verknüpfung von Vertrieb, Service, Entwicklung und Produktion:
11. Das Streben nach Vereinfachung von Produkt und Prozess.
12. Die gegenseitige Achtung und der gleichberechtigte Umgang von Mitarbeitern und Vorgesetzten - bei unterschiedlichen Funktionen.

Was können wir von den Japanern lernen?
Vernachlässigen wir den ideologischen Überbau und die historisch-kulturellen Eigenheiten, dann bleiben praktische und nachvollziehbare Arbeitsmethoden übrig, die zumindest auf ihre Praktikabilität in deutschen Maschinenbaubetrieben überprüft werden sollten. An der einen oder anderen Stelle ist sicher ein Umdenken bei Unternehmern, Gewerkschaften, Betriebsräten und Mitarbeitern unumgänglich.
Es gilt die Stärken des deutschen Werkzeugmaschinenbaus - hoher Technologiestandard, individuelle Kreativität gut ausgebildeter Fachkräfte - mit den Arbeitsmethoden der Zusammenarbeit und Kommunikation zu verbinden.

Fall 2: Niles, Berlin/Ost

Peter Klopsch

Niles und Lean Production

Auf diesem Forum Werkzeugmaschinen des IGM-Kongresses sind mit den Teilnehmern Trumpf/Ditzingen und Niles/Berlin große Unterschiedlichkeiten bis Kontraste gegeben. Trumpf ist ein Unternehmen mit der Kontinuität des Erfolges in der Marktwirtschaft, Niles ein Unternehmen mitten in einem komplizierten und problembeladenen Transformationsprozeß von der Planwirtschaft in die Marktwirtschaft.

Deshalb einige wenige Informationen zu Niles:

Niles ist ein Unternehmen des Verzahnungsmaschinenbaus, der ja immer auch Präzisionsmaschinenbau ist, mit den produkttypischen Entwicklungsaufwendungen und einer Know how-intensiven Produktion. Das Unternehmen ist traditionell auf dem Weltmarkt tätig, ohne einseitige Abhängigkeit vom Markt in Osteuropa. Im Übrigen ist Niles ein typischer DDR-Betrieb, gekennzeichnet durch einen hohen Anteil Eigenleistungen statt Dienstleistungen und einer unverhältnismäßig hohen Fertigungstiefe wegen mangelnder Zulieferungen (1990 noch 78% Fertigungstiefe - gegenwärtig 64%). Das Unternehmen war klassisch strukturiert mit 9 Hierarchieebenen. Der Anteil indirekter Beschäftigten in allen Bereichen war überdurchschnittlich hoch und in Verbindung mit der Einstellung marktwirtschaftlich unrentabler Produktlinien war ein Abbau von ursprünglich 2.250 auf jetzt 520 Beschäftigte notwendig.

Es stellt sich darum angesichts der anzugehenden Probleme von Niles schon die Frage:

Warum Lean Production gerade dort ?

Anfangs, das meint den Zeitraum 1990, ging es uns darum, die Überleitung in die Marktwirtschaft zur unmittelbaren Überlebenssicherung mit maximalem Tempo in größtmöglicher Breite zu beginnen. Zur schnellen und wirksamen Umsetzung schien uns schon damals die Verteilung der Aufgaben auf viele Schultern in Verbindung mit den notwendigen Kompetenzen als wichtig.

In Anlehnung an das Profit-Center-Prinzip haben wir durch strukturelle Entscheidungen eine größere Verantwortungsbreite erreichen können. Das war sicherlich auch schon ein Schritt in die Richtung Lean Production. Parallel begannen wir nachzudenken, wie über die ersten Schritte hinausgehend die längerfristige Sicherung der Zukunft des Unternehmens gestaltet werden muß, d.h. welche Sanierungsziele zu setzen sind.

Unsere vergleichenden Analysen ergaben, daß nach Produktivität und Rendite japanische Werkzeugmaschinenfabriken die Maßstäbe setzen. Die Suche nach der Art und Weise der Methode, wie die Japaner das erreichen, führte dann auch zu Lean Production.

Die Möglichkeit der Teilnahme an der Studienreise von RKW/VDW/IGM nach Japan vertiefte die Überlegungen, machte klar, daß Lean Production nicht nur ein

Konzept der schlanken Produktion, sondern vor allem ein Fabrikkonzept, eine veränderte Unternehmensphilosophie ist. Zugleich aber wurde deutlich, daß es nicht möglich und richtig wäre, japanische Modelle zu kopieren, sondern deutsche Lösungen zu finden, daß jedes Unternehmen seine eigene spezifische Lösung entwickeln muß.

Wir haben die Auffassung, daß die Möglichkeiten und Chancen zur Realisierung eines Lean-Production-Konzeptes bei uns in Niles sogar besonders günstig ist, warum:

Unsere erste Auffassung ist, wenn wir transformieren aus der Planwirtschaft in die Marktwirtschaft, sollten wir das nicht erst in klassische Fabrikstrukturen, wie sie jetzt noch in den meisten Maschinenbaubetrieben der alten Bundesländer gültig sind, tun, um dann vielleicht ein paar Jahre später mit Lean Production nochmals zu transformieren, sondern möglichst in einem Zuge in zukunftssichere Unternehmensformen überleiten.

Dieser Ansatz, denke ich, hat sich bisher in den Schritten, die wir auf diesem Wege schon gehen konnten, durchaus bewährt. Die Bereitschaft von Mitarbeitern bis zum Management, sich auch gravierenden Veränderungen zu unterziehen, ist in dieser Zeit des Umbruchs sicher größer, als in den meisten Unternehmen der alten Bundesländer. Dabei kommt zu Hilfe, daß wir es noch nicht mit schon wieder verfestigten Strukturen und Haltungen zu tun haben, sondern noch mitten im Fluß sind, sollten deswegen also gar nicht die Chance vorbeigehen lassen, tiefgreifende Veränderungen herbeizuführen, ehe Verfestigung und Beharrung wieder eingetreten sein könnten.

Eine weitere Komponente ist, daß der radikale Personalabbau auch zu einer Qualifikationsauslese führte und wir darum uns vor der Aufgabe sehen, Maximales an Ergebnissen mit einer hochqualifizierten Belegschaft zu erreichen.

Letztlich meinen wir uns damit zu konfrontieren, längerfristig den Standort Berlin zu halten. Der Standort Berlin wird sich zu einem Ballungszentrum entwickeln, ähnlich wie früher schon München und Stuttgart, sicherlich stärker. Industrieunternehmen werden es schwieriger haben, sich zu behaupten im Verhältnis zu den attraktiven Arbeitsplätzen der Dienstleister. Dem müssen wir entgegentreten mit analoger Entwicklung attraktiver Arbeitsplätze, Abbau von Taylorismus, guten betrieblichen klimatischen Bedingungen. Auch hier ist Lean Production ein Lösungsansatz.

Im Ganzen meinen wir, der Weg zu Lean Production ist ein besonders aussichtsreicher in Richtung Zukunftssicherheit/Wettbewerbsfähigkeit. Mehr noch als beim Einsatz von Investitionen wird hier auf die primäre Quelle von Wettbewerbsfähigkeit des Humanpotential gesetzt.

Wenn wir hier auf dieser Konferenz über Möglichkeiten und Lösungswege von Lean Production diskutieren, scheint mir folgendes erwähnenswert:

Wenig zu hören war bisher davon, inwieweit Lean Production Folgerungen für die Berufsausbildung mit sich bringt, mindestens zwei Denkrichtungen sind hier zu sehen.

Die Ausbildungsstrukturen sind überwiegend klassisch-tayloristisch geprägt, entsprechen nicht ausreichend dem Trend nach Abbau übertriebener Arbeitsteilung.

Weiterhin wird immer wieder auch von Japanern die bessere Qualität der deutschen Berufsausbildung betont gegenüber dem japanischen System, einem vorwiegenden Training on the Job. Mindestens ein Vorteil hat aber Training on the Job, nämlich die sozialen Kriterien von Arbeiten in Lean Production auszuprägen. Wir sollten also sehen, in weiteren Diskussionsrunden auch die Berufsausbildung einzubeziehen.

Lean Production bedeutet u.a. Abkehr vom Taylorismus, überzogener Arbeitsteilung. Grundverkehrt jedoch wäre es, daraus wieder einen Trend zum Handwerksbetrieb bis zur Maschinenstürmerei abzuleiten. Im Gegenteil bilden Lean Production und massiver Technikeinsatz eine Einheit. Es kommt nur darauf an, Technikeinsatz besser zu bestimmen. Insbesondere sind modernste Informationssysteme wie PPS unentbehrlich. Das führt zu der Rolle von Organisation in Lean Production.

Folgende Komponenten erscheinen wir wichtig:

Reduzierung von Arbeitsteilung reduziert automatisch in demselben Maße bisherige Arbeitsaufwände für Organisation, multivalente Tätigkeiten erübrigen Organisationsaufwand.

Interdisziplinäre Teamarbeit reduziert ebenfalls Organisationsaufwand. Wenn in Teams Arbeitsinhalte ausdiskutiert werden, werden zumeist Organisationsabläufe mit geregelt, ohne daß darüber hinausgehender Aufwand anderer notwendig ist.

Moderne Organisationstechnik ermöglicht Organisationsinformationen direkt an die Arbeitsplätze heranzutragen ohne Hinzutun weiterer Personen. Diese Entkopplung von Leitung und Organisation vollzieht sich bereits. Sie bewußt weiter zu entwickeln, ist eine Aufgabe. Vor dem Vorhandensein moderner Datentechnik waren Leitungsstrukturen und Organisationsstrukturen überwiegend identisch gestaltet. Mit dem zunehmenden Entkoppeln von Organisation und Leitung können strukturelle Entscheidungen freier und unkomplizierter getroffen werden.

Indem Organisationsaufwand mindestens teilweise aus dem Leitungsaufwand herausgenommen werden kann, wird Leitungskapazität frei für andere Aufgaben. Hier ist nach den Konzeptvorstellungen von Lean Production in stärkerem Maße das Moderieren von Zusammenarbeit auch interdisziplinärer Zusammenarbeit als Aufgabe von Leitern zu sehen, also die stärkere Betonung sozialer Funktionen und sozialer Verantwortung der Tätigkeit von Leitern, eine gewiß nicht einfache Aufgabe im Vergleich zu dem traditionellen Rollenverständnis der Leitertätigkeit in Hierarchien.

Man wird keineswegs übersehen können, daß Lean Production als Fabrikkonzept auch Einfluß haben wird auf notwendige Veränderungen des Zusammenwirkens zwischen Arbeitgebern, Betriebsräten und Gewerkschaften. Es soll nun hier nicht das japanische Modell der Betriebsgewerkschaften propagiert werden, jedenfalls aber haben diese Betriebsgewerkschaften einen unschätzbaren Vorteil, daß sie flexibel auf die betriebsspezifische Ausprägungen von Lean Production reagieren können. Eine Rolle, wie sie analog wohl nur mit einer Ausdehnung des Handlungsspielraumes von Betriebsräten erreicht werden kann. Unverkennbar ist, daß dabei zunächst an die Betriebsräte viel höhere qualitative Anforderungen gestellt sind, um Ausprägungsformen von Lean Production sinnvoll mitzugehen. Im weiteren sind aber auch die manteltarifvertraglich geprägten Strukturen noch dominierend tayloristisch beeinflußt. Es scheint nicht möglich zu sein, in der bisherigen Vorgehensweise branchenübergreifend und flächendeckend gleichartige Tarifstrukturen noch sinnvoll bilden zu können.

Es ist also nicht richtig, zu behaupten, nur die Arbeitgeber hätten Handlungsbedarf für moderne Fabrikkonzepte. Es geht auch nicht um die Suche nach einem irgendwie gearteten "Produktivitätspakt", also etwa anrüchige Kompromisse unter Verschleierung der Interessenlagen von Arbeitgebern und Arbeitnehmern. Es geht darum, Lean Production als besseres Produktivitäts- und Renditekonzept zu sehen, mit dem sich zugleich die Chance bietet, Arbeitsbedingungen, Arbeitsinhalte, arbeitssoziologische Komponenten besser zu gestalten.
Bei Niles sind Schritte auf dem Wege Lean Production begonnen worden. Die Strukturebenen wurden drastisch reduziert und sollten weiter reduziert werden.
Innerhalb eines BMFT-Verbundprojektes wird sei Mitte 1991 an der Einrichtung von Fertigungsinseln gearbeitet. Dabei wird sukzessive die Arbeitsvorbereitung reduziert und vor allem direkt örtlich an die Fertigung herangeführt.
Entwicklungsaufgaben werden von interdisziplinären Teams effektiver und schneller bearbeitet.
Die Ablösung der veralteten DV-Technik mit einem neuen Logistik/PPS-Konzept folgt Arbeitsprinzipien von Lean Production. In diesem Zusammenhang ist die Reduzierung um weitere ca. 100 indirekte Beschäftigte 1993 als Ziel gesetzt.
Die Realisierung eines Gesamtkonzeptes Lean Production ist aber auch als ein mehrjähriger Prozeß zu sehen. Die Ziele sind von der Spitze des Unternehmens her zu setzen und in einem aufwendigen Informations- und Diskussionsverfahren plausibel darzustellen, um eine breite Mitwirkung zu erreichen. Rückkopplungen aus gemachten Erfahrungen sind ein Bestandteil dieser Vorgehensweise. Insoweit kann weder von Rezepten, noch von Modellen die Rede sein, die Suche nach dem geeigneten Weg im Unternehmen hat Priorität.

Egon Meinel

Kurzbeitrag

Ich sitze hier als einer der Leute, die nicht in Japan waren. Ich bin ja auf diesen Platz gekommen, obwohl ich einfach erst seit ca. 6 Wochen Betriebsratsvorsitzender bei Niles bin. Nach dem hervorragenden Vortrag meines Geschäftsführers fällt es mir schwer noch eine ordentliche Gegendarstellung zu machen. Ich werde es aber versuchen.

Sie werden sicherlich verstehen, daß wir bemüht sind, als Arbeitnehmervertretung ständig darauf hinzuwirken, in erster Linie Arbeitsplätze zu erhalten. Sie haben gehört, daß wir von ca. 2.250, die wir einst im Stammbetrieb des Werkzeugmaschinenkombinats "7. Oktober" waren, auf 520 zu Ende Juni abgespeckt haben. Dadurch sind auf uns als Betriebsräte Dinge zugekommen, die wir bisher in der ehemaligen DDR nicht gekannt haben. Wir haben also hunderte von Gesprächen geführt, hunderte von Widersprüchen gegen die Kündigungen formuliert und geschrieben und wir haben heute zum Teil Kündigungsklagen laufen, die uns immer noch beschäftigen. Nun wird schon wieder daran gedacht, weitere Mitarbeiter zu entlassen, was natürlich für uns sehr, sehr schwierig ist und deswegen werden Sie verstehen, wenn uns als Arbeitnehmer Lean Production nicht so sehr interessiert.

Unser Interesse geht einfach dahin, Arbeitsplätze zu erhalten. Das sieht auch sicherlich unser Geschäftsführer ein, aber der Not gehorchend haben wir schon drei Interessenausgleiche gemacht und sind von 1.500 auf 1.200 auf 765 und 520 Mitarbeiter herunter. Immer wieder haben wir gedacht, wir werden es schon irgendwie packen. Die Zeit hat es aber mit sich gebracht, daß es nicht so ist.

Der Fluch der bösen Tat ist vielleicht noch, daß wir Treuhand-Betriebe sind. Die Treuhand hat sich bis zum vorigen Jahr strikt geweigert, mit Betriebs- oder Personalräten überhaupt zu sprechen.

Diese Politik hat sich erst im letzten dreiviertel Jahr etwas verändert. Frau Breuel hat auch schon Betriebsräte empfangen. Ich selber war letzten Monat bei Herrn Brahms mit noch 10 Betriebsräten, die auch beim Bundeskanzler waren und mal die Probleme, die uns in Berlin und Brandenburg interessieren, vorgetragen haben. Herr Brahms hat sich sehr viel Zeit für uns genommen, um unsere Sorgen und Nöte anzuhören. Und ich mußte ihm auch eindeutig und klar mitteilen: Ein Betrieb wie Niles, wo speziell Zahnflankenschleifmaschinen von gestandenen Facharbeitern in jahrelanger harter und qualitativ guter Arbeit gebaut werden, geht unweigerlich den Bach hinunter, wenn es mal wieder boomt und Maschinen in größerem Umfang gebraucht werden, wenn die Leute nicht mehr da sind.

Nun können wir sagen, gut, wir könnten hier in der Verwaltung noch einiges einsparen, wir könnten vielleicht auch auf anderen Gebieten noch einiges einsparen, aber bei den direkten Facharbeitern an den Maschinen und Montagearbeitsplätzen, da ist nicht mehr viel einzusparen. Das ist unser großes Problem, weil wir ganz einfach davon ausgehen, und wir rechnen ja alle damit, daß es eines Tages doch wieder nach oben geht und das tiefe Tal durchschritten ist. Und dann stehen wir vor dem Dilemma: Jetzt werden Maschinen gebraucht, aber sie können nicht gebaut werden, weil die guten Fachleute weg sind. Die Leute warten ja nicht vor dem Werkstor, zumal in Berlin nicht, da immer noch die West-Berliner Seite da ist und es noch andere Möglichkeiten gibt, Geld zu verdienen. Mit unserem Geld können wir im Ostteil der Stadt keinen Hund mehr hinterm Ofen vorlocken. Da ist eines

der wichtigsten und schwierigsten Probleme. Genauso schwierig ist für uns das Problem der Azubis.
Es gibt eine ganze Menge Hinweise, daß sich viele Azubis im Westteil der Stadt nach einem Ausbildungsplatz umsehen, einfach deshalb, weil sie dort besser verdienen. Und unsere Azubis kommen dann zu uns und sagen, nun fordert mal, daß wir dasselbe kriegen wie die im Westen. Und wenn wir dann sagen, das geht nicht, wir haben Tarifverträge, die für das Tarifgebiet 2 gültig sind, sagen die Jungs, na ja, dann seid ihr rechte Stoffels, warum sitzt ihr nun hier und hängt der Geschäftsleitung am Rock.
Sie wollen partout nicht einsehen, daß es Dinge gibt, die gegen sie sind und die auch nicht regulierbar sind, wenn der Betriebsrat Bambule macht.
Wir haben also das große Problem, daß wahrscheinlich in absehbarer Zeit doch noch weitere Mitarbeiter entlassen werden. Ich habe gegenüber der Treuhand gesagt, es wird keinen neuen Interessenausgleich geben, unter 520 können wir nicht mehr mitgehen. - Die Herren der Treuhand sind da anderer Auffassung, die sagen ganz einfach: Wollen sie denn wirklich alle im Betrieb bleiben und unter Umständen nur noch Fertigungsabschnitt für irgendeinen anderen Betrieb sein oder wollen Sie nur produzieren, um Arbeitsplätze zu erhalten ohne Gewinn für das Unternehmen und nur um unbedingt Leute am Leben zu erhalten, die weder das Unternehmen voranbringen noch tatsächlich mit ihrer Beschäftigung ehrliches Geld verdienen?
Wenn man viele Jahre - ich bin fast 35 Jahre dabei - in so einer Firma tätig ist und die Mitarbeiter zum Teil seit Jahrzehnten kennt und die dann vor einem sitzen mit Tränen in den Augen, mutlos, erschöpft und ohne Perspektive mit der Feststellung im Nacken, Du wirst nicht mehr gebraucht, du kannst zu Hause bleiben, dann geht einem das schon sehr nahe. Und deswegen ist es auch für mich schwierig, hier über die Lean Production und den Einbau solcher Prinzipien in das Unternehmen Niles zu reden, weil wir im Moment schwierigere Probleme zu klären und zu lösen haben.
Das wir über alles, was mit dem Thema Lean Production zusammenhängt, diskutieren müssen, ist klar, bloß im Augenblick überdecken die harten Existenzfragen unserer Zeit alles andere.

Mathias Kammüller:
Welche Probleme haben wir mit TOP, und wenden wir die richtige Methode an? - Offensichtlich kam in meinem Vortrag nicht klar heraus, ob das Programm Top-down oder Bottom-up durchgeführt werden soll. Die Antwort ist, daß beides notwendig ist. Die Identifikation und volle Unterstützung des Programmes muß oben beginnen und nach unten fortschreiten. Dagegen sollen die Ideen und Maßnahmen von allen, besonders auch von unten nach oben entwickelt werden. Für das ganze Programm muß ein Umdenken stattfinden, ein Umdenken, das hauptsächlich mit der Verbesserung der Zusammenarbeit zu tun hat. Um dies durchzusetzen, ist ein hoher Aufwand erforderlich. Ab und zu gibt es Rückschläge, aber mit der Zeit werden die Mitarbeiter überzeugt. Als konkrete Beispiele nenne ich die ersten Maßnahmen zu den Arbeitsprinzipien. Hier haben wir 10 Teams eingesetzt, die interdisziplinär und interhierarchär aufgebaut sind. In den meisten Teams ist auch die unterste Ebene vertreten.
Die nächste Frage bezog sich auf weitere Schritte mit Bezug auf die Produktionstechnik. Das Programm selbst befaßt sich eher mit Arbeitsmethodik und Einstellung und nicht mit ganz konkreten Schritten, z.B. wie wir unsere Technik in der Zukunft gestalten. Hier führen wir auch Methoden ein, die in Japan sehr intensiv betrieben werden, z.B. das Simultaneous Engineering. Wie ich vorher dargestellt habe, haben wir mit großem Erfolg eine Maschine mit dieser Methode entwickelt. Dies auch als Antwort auf die Frage nach Problemen bei der Einführung von Methoden. Bisher sind diese bei uns noch nicht erwähnenswert. Es gilt also nicht, was häufig gesagt wird, "in Deutschland können wir diese Methoden nicht einführen, weil wir ein Volk von Individualisten sind".
Die Frage nach den erwarteten Wirkungen des Programmes ist sehr wichtig und schwer zu beantworten. Zumindest fällt es uns schwer, die Wirkungen sicher vorauszusetzen. Das Programm ist nach herkömmlichen Kosten-Nutzen-Analysen nicht bewertbar. Am Anfang ist es mehr eine Glaubensfrage. Man muß glauben, daß es funktioniert und muß dahinterstehen. Wir haben aber doch etwas getan, um wenigstens nach Einführung messen zu können, welche Wirkung das Programm hat. Die schon erwähnte Mitarbeiterbefragung wird uns bei nochmaliger Durchführung nach einem Jahr dazu dienen, Verbesserungen oder Veränderungen in der Arbeitszufriedenheit, in der Arbeitsmotivation und im Engagement der Mitarbeiter zu erkennen, die durch das Programm erreicht wurden.
Das TOP-Programm hat direkt nichts mit der Suche nach neuen Techniken zu tun. Es soll nur die Basis bieten, um die beste Technik zu finden. Wir kehren uns grundsätzlich nicht ab von umfänglichen Informationskonzepten, die wir immer verfolgt haben. D.h., wir kehren uns nicht ab von einem durchgängigen PPS-System, wir kehren uns nicht ab von einem Fertigungsleitstand, der umfängliche Informationen bietet und Transparenz in der Fertigung bringt. Allerdings beides so, daß es von allen Mitarbeitern verstanden wird und von allen einfach handhabbar ist. Ansonsten passen unsere bisherigen Fertigungskonzepte auch in unsere neuen Gedanken. Wir hatten immer Fertigungszentren, die zwar für eine dritte Schicht nachts ausgelegt waren, aber dort immer unbemannt gearbeitet haben. Außerdem

betreiben wir schon seit langer Zeit Fertigungsinseln, in denen ein Team von Mitarbeitern möglichst viele Funktionen bewältigt, nämlich die Fertigung der Teile, die Steuerung der Aufträge und die Qualitätssicherung. Diese werden wir in Zukunft eher noch weiter verbreiten.

Diether Klingelnberg:
Was sind die Schlußfolgerungen des VDW?
Da muß ich als Haupterkenntnis nennen, daß die Produktivität, gemessen an der Wertschöpfung pro Beschäftigten, in Japan um ein vielfaches höher ist als bei uns. Als Begründung führt der VDW dafür fünf Punkte an, die ich hier noch einmal wiederholen möchte:
1. die japanische Kostenstruktur, 2. die japanische Arbeitszeit, 3. das japanische Fertigungsprogramm, 4. die japanische Unternehmenskultur und das japanische Produktionskonzept und 5. die höhere Rendite in Japan.
Wir müssen uns mit diesen Fakten befassen, auch mit der Unternehmenskultur, die aber allein sicher nicht ausreicht, um die Lücke zu schließen. Ansätze im VDW sind da, und wir werden sicher unseren Mitgliedern empfehlen, sich mit dem ganzen Thema intensiv zu befassen. Einige Firmen haben sich auch schon mit diesen Fragen befaßt und Sie werden gleich im Abschluß dazu auch Beispiele hören.
In diesem Zusammenhang auch noch ein paar Anmerkungen zu unseren Facharbeitern. Wenn ich mir vorstelle, daß einer der besuchten japanischen Betriebe die Maschinen herstellen müßte wie wir, so können wir sicher mit Recht sagen, das schaffen die nicht oder noch nicht. Ein Grund dafür, und darauf sind die Japaner auch neidisch, sind unsere Facharbeiter, die viel universeller ausgebildet sind und ein viel breiteres Fachwissen mitbringen als es die Arbeitskräfte in Japan haben, und gerade die Firma Mori Seki sagte, daß ein Ziel der Japaner ist, den deutschen Meisterbetrieb und die deutsche Facharbeiterausbildung nachzuvollziehen.
Andererseits müssen wir uns jedoch auch darüber klar sein: Wenn man das japanische Modell auf Deutschland übertrüge, dann würden viele Facharbeiter überflüssig. Wenn wir hier in Deutschland versuchen würden, die japanische Pro-Kopf-Leistung zu erreichen, so würde das zu radikalen Konsequenzen führen. Wir sollten unseren eigenen Weg suchen und nicht versuchen, und den Kimono überzustülpen, der uns nicht steht, wie man auf einigen Bildern, die auf der Reise von Reiseteilnehmern im Kimono gemacht wurden, deutlich sehen kann.

Hartmut Hirsch-Kreinsen, ISF München, Sozialwissenschaftler:
Eine Frage aus den vielen, die sich jetzt nach diesen drei Vorträgen über die Japan-Reise und den dargestellten Befunden aufdrängen: Was mich ein bißchen, vor allem vor dem Hintergrund der neueren und aktuelleren Diskussion über die Entwicklungsperspektiven des bundesdeutschen Werkzeugmaschinenbaus erstaunt, ist, daß sie insgesamt dem Aspekt des Produktionsprogramms und der dahinterstehenden Marktsegmente sowohl des bundesdeutschen Werkzeugmaschinenbaus als auch des japanischen Werkzeugmachinenbaus so wenig Aufmerksamkeit in ihren Ausführungen geschenkt haben. Herr Klingelnberg hat darauf verwiesen, Herr Brödner überhaupt nicht. Ich halte dies, nachdem was man weiß, doch für einen wichtigen Bestimmungsfaktor für die verschiedene Entwicklung des Werkzeugmaschinenbaus in Japan und Deutschland. Vor allen Dingen möchte ich in diesem Zusammenhang auf eine neuere Studie von Diebold verweisen, die ex-

plizit auf Differenzen der Produktstrategien und die damit zusammenhängenden Entwicklungsmöglichkeiten verwiesen hat und ganz deutlich gemacht hat, daß traditionell der bundesdeutsche Werkzeugmaschinenbau schwerpunktmäßig ein anderes Segment, andere Produkte anbietet als der japanische Werkzeugmaschinenbau. Wenn man davon ausgehend ein Ursache-Wirkungs-Verhältnis im Hinblick auf die betrieblichen Strukturen abzuleiten versucht, muß man vermuten, daß die Entwicklungsmöglichkeiten sehr verschiedene sind, während im japanischen Werkzeugmaschinenbau mit seinem standardisierten Fertigungsprogramm in größeren Serien eben Geisterschichten zur Kostenoptimierung etc. möglich sind, weist der bundesdeutsche Werkzeugmaschinenbau mit seinen Spezialitäten und kundenspezifischen Produkten ja sehr viel problematischere Produkte und Kostenstrukturen usw. auf. Daraus erklärt sich ein Großteil der Unterschiede und daraus sind vor allem in Hinblick auf die Zukunft unterschiedliche Strategien abzuleiten. Auszugehen ist von der Frage: In welche Richtung mit den vorhandenen Produktionsprogrammen, in welche Richtung in Hinblick auf Marktsegmente soll die hiesige Industrie laufen, und welches sind die hierfür adäquaten technisch-organisatorischen und personellen Strategien? Lediglich normative Empfehlungen helfen hier nicht weiter und es besteht die Gefahr, daß man Äpfel mit Birnen vergleicht.

Diether Klingelnberg:
Es ist auch für mich ein ganz wesentlicher struktureller Unterschied, wie die Japaner sich ausrichten von der Produktion bis zum Vertrieb auf Serienmaschinen in den genannten Stückzahlen. Zu den gemachten Angaben über Stückzahlen bei kleineren Drehmaschinen und Bearbeitungszentren stehe ich nachhaltig.
Demgegenüber fertigen wir hier Serienmaschinen und bieten ein Fertigungsprogramm mit vielen Variationen und unterschiedlichen Steuerungen. Die Variantenvielfalt ist trotz Bemühen der Hersteller unheimlich groß, und für mich stellt sich die entscheidende Frage, verlangt dies der Markt wirklich und wie sieht das in Zukunft auf? Geht das weiter in die Einzelmaschine und die kundengebundene Maßschneiderei, wie wir sie hier betreiben, mit ganz erheblichen Erklärungsbedarf draußen bei den Kunden und auch erheblichen Kosten für unsere Abnehmer, oder entwickelt sich auch der Markt hier in eine ähnliche Richtung wie bei den Japanern, die für die Massenherstellung Serienmaschinen mit einfachen Mitteln kombinieren und so ein Systemgeschäft betreiben. Der Vertrieb über Handelshäuser hat erhebliche Vorteile, wie die Japaner demonstrieren. Auch unsere Abnehmer müssen sich im Hinblick auf Lean Production fragen, ob die Maßschneiderei für sie wirklich Vorteile bringt, wobei natürlich nicht zu verkennen ist, daß auch die Japaner, basierend auf ihren großen Stückzahlen, in letzter Zeit die Typenvielfalt vergrößert haben.

Kapp, Firma Kapp:
Wir stellen Verzahnungsschleifmaschinen her; ich war auch Teilnehmer der Reise nach Japan.
Zum Thema Variantenkonstruktion kann ich Ihnen aus unserer Erfahrung sagen, daß wir für zwei verschiedene Kunden Maschinensysteme geliefert haben, die beide das gleiche Teil gefertigt haben. Wir hatten maximal die Möglichkeit, 60%

Gleichteile an den Maschinen zu verwenden, weil jeder der Kunden eine eigene Philosophie hat, wie er dieses Teil herstellen will.
In unserem Segment verlangt der Markt ausschließlich CNC-gesteuerte Werkzeugmaschinen. Wenn Sie probieren, dem Kunden eine konventionelle Maschine zu verkaufen, schickt er Sie einfach nach Hause. Auch die Japaner kaufen von uns nur CNC-gesteuerte Werkzeugmaschinen und verlangen auch nichts anderes. Bei uns in der eigenen Herstellung ist das Verhältnis zwischen konventionellen und CNC-Werkzeugmaschinen grob geschätzt etwa 50 : 50. Unsere konventionellen Maschinen sind alle aus Europa, bei uns überwiegend sogar aus deutscher Herstellung. Es ist also nicht so, daß nur noch in Japan oder Korea und sonstigen Ländern konventionelle Maschinen gekauft werden.
Wir reden von der Werkzeugmaschinenindustrie - und nicht von der Automobilindustrie. In der Werkzeugmaschinenindustrie wird eindeutig vom Facharbeiter gesprochen und dieser Begriff wird nicht für Maschinenbediener verwendet. Ich glaube, der Facharbeiter ist unsere große Stütze und so wird er auch gewertet.

Diether Klingelnberg:
Die typischen Kunden der japanischen Werkzeugmaschinenindustrie, insbesondere die Automobilindustrie, nehmen die recht einfachen, billigen und möglichst wenig Fläche beanspruchenden japanischen Serienmaschinen und produzieren damit. Diese Philosophie bezeichnen wir jetzt als Lean Production. Unserer größeren Kunden, sprich die Automobilindustrie, verlangen von uns als Lieferanten eine Maschine, die auf ihre speziellen Belange abgestimmt ist. Dies geschieht durch dicke Pflichtenhefte, in denen alle Vorschriften für den Bau der Maschine festgelegt sind, und das bedeutet, daß alle Maschinen spezifisch für den Kunden gebaut werden müssen. Dies verteuert die Maschinen für den Kunden und führt bei uns zu den niedrigeren Pro-Kopf-Umsätzen. Unsere Kunden müssen sich sehr sorgfältig überlegen, ob sie diese Tendenz weiter durchsetzen wollen. Zum Glück sind jetzt diese Überlegungen überall im Gange.
Es wurde hier gesagt, daß auch Index 60 Maschinen herstellt, genauso wie Mori Seki, und dennoch ist die Vielfalt bei Index um vieles größer. Das Typenprogramm und die Varianten sind viel höher. Während sich bei Mori Seki dies nur auf drei oder vier Maschinen im kleineren und mittleren Bereich bezieht, die praktisch ab Lager verkauft werden, teilt isch fast die gleiche Zahl bei Index in kleine wie große Maschinen, Futter- und Stangenmaschinen und die Mehrspindler. Bei Mori Seki standen diese Maschinen in einer neuen Halle aufgereiht, sicher mehr als eine Monatsproduktion. Dies ist eine ganz andere Struktur als hier in Deutschland üblich.
Weiter wurde gesagt, daß nach wie vor sehr viele mechanische Maschinen für untergeordnete Anwendung verkauft werden. Nur wenn sie einmal den Wert sehen dieser mechanischen Maschinen und nicht die Stückzahlen, so bekommen Sie für eine numerische Maschine fünf bis zehn mechanische Maschinen, und es ist schlecht denkbar, daß wir hier in Deutschland bei unserer höheren Kostenstruktur diese einfachen Maschinen anbieten.
Hohe Kosten heißt auch hohe Technologie und dazu kommen noch die vielen Sondervorschriften und der Wunsch nach unterschiedlichen Steuerungen. Insbesondere bezüglich der Steuerung haben wir ganz unterschiedliche Konzepte in Deutschland und Japan. Bezüglich der Steuerung sind wir von unseren Zulieferern

abhändig und haben hier einen sehr hohen Nachteil gegenüber dem japanischen Wettbewerb. Wir haben nicht so preiswerte und leistungsfähige Steuerungen mit weltweitem Service wie die japanische Industrie, und hier wäre sicher einmal ein übergeordneter Vorstoß nötig, um gleiche Wettbewerbsvoraussetzungen zu schaffen.
Die Fanuc-Steuerung ist eine ausgezeichnete Steuerung, und Fanuc verdient mit dieser Steuerung soviel wie Siemens auf diesem Sektor an Umsatz macht. Hier liegt unser Problem, und es ist sicher keine Lösung, auch bei uns die japanische Steuerung einzusetzen, wir würden uns dann eher noch mehr in die Hände der Japaner begeben.

Peter Brödner:
Ich wollte noch einmal darauf verweisen, daß man auch eine große Vielfalt unterschiedlicher Kundenwünsche durchaus mit einer sehr begrenzten Anzahl von Einzelteilen und Baugruppen befriedigen kann. Das ist ein Aspekt, der bei uns sträflich vernachlässigt wird. Es wird nämlich jeder Kundenwunsch durch eine weitestgehende Anpassungskonstruktion erfüllt, anstatt systematisch das Produktionsprogramm durchzuforsten, zu vereinfachen und zu strukturieren. Dann kommt man auch zu anderen Kostenstrukturen. Auch in einer variantenreichen Produktion. Das scheint mir der viel bessere Ansatzpunkt zum Handeln zu sein, als jetzt über Marktverhältnisse zu klagen, die man nicht ändern kann. Sogar aus dem Anlagenbau könnte ich viele Beispiele anführen, wo durch eine solche systematische Vorgehensweise eine Halbierung der Stammteile gelungen ist.
Was mir aber noch sehr am Herzen liegt, ist noch einmal auf die Frage der Arbeitszuschnitte und Arbeitsteilung einzugehen. Ich möchte betonen, daß wir in Japan nicht in einer einzigen Fabrik noch eine Werkstattfertigung gefunden haben. Das zeigt eine durchgängig objektorientierte Produktionsstruktur. Und das auch bis hinein in die Konstruktionsbüros. Wir haben das in zwei Betrieben in neuen Konstruktionszentren gesehen. Das ermöglicht einen ganzheitlichen Zuschnitt von Arbeitsaufgaben, die nur nicht unbedingt von einer Person wahrgenommen werden, sondern u.U. in einem Konstruktionsteam oder in einer Montagegruppe. Wo aber jeder in der Lage ist, nach eigener Einschätzung des Arbeitsstandes mal hier oder mal da zu arbeiten. Wenn Sie sich erinnern an Montagebereiche, die wir besichtigt haben, dann führt diese saubere Strukturierung bspw. auch dazu, daß man in sehr viel stärkerem Umfang als bei uns üblich Vormontagen machen kann, also wo Funktionsbaugruppen in einem solchen ganzheitlichen Arbeitszuschnitt erstellt, funktionsgeprüft und einbaufertig weitergegeben werden und dann die Endmontage ganz schnell geht. Aber das machen die meisten Betriebe hier nicht. Vielleicht sind Sie da ein leuchtendes Beispiel, von dem man in Deutschland viel lernen könnte.

Sieghard Bender, IG Metall, Verwaltungsstelle Chemnitz:
Ich komme aus Chemnitz, der Wiege des deutschen Maschinenbaus, ursprünglich aber aus Esslingen; insofern kenne ich natürlich auch den Werkzeugbau der Esslinger Region wie Index, Traub oder Heller, um die drei großen dort zu nennen. An dem letzten, was der Kollege Meinel angeführt hat, möchte ich anknüpfen. Die Betriebe im Treuhandbesitz - und das trifft besonders hart Maschinenbaubetriebe - sind auch ein Stück weit Experimentierfeld für Unternehmens-

berater. Sie versuchen im Auftrag der Treuhand - nicht schlecht dotiert mit einem Tagessatz von etwa 2.800 DM - ihre Philosophie und das, was sie in den Hochschulen gelernt haben, umzusetzen. Und so gibt es die Situation, daß dort die Betriebe wirklich so schlank sind, daß keine Produktion mehr stattfinden kann, wenn mal wieder Aufträge kommen. Es gibt eine Reihe von Maschinenbaubetrieben, da ist die Fertigungstiefe soweit verringert, daß man weiter unter dem Vergleichbaren der Westbetriebe liegt, ohne daß es eine entsprechende Zuliefererstruktur gibt.
Bei einem Werkzeugmaschinenforum darf die Darstellung nicht fehlen, wie es in der Wiege des deutschen Maschinenbaus aussieht. Auch in Chemnitz gibt es Betriebe vom "7.Oktober". Niles Drehmaschinen mit 3.200 Beschäftigten wurden jetzt erfolgreich privatisiert mit 250 an ein amerikanisches Unternehmen. Heckert, Stammbetrieb des Heckert-Kombinats und einst einer der größten Bearbeitungszentrenhersteller Europas mit 4.500 Beschäftigten, ist z.Zt. mit knapp unter 1.000 noch der größte Betrieb in Chemnitz; laut Planung für den Werkzeugmaschinenbereich sollen sie runter auf 550. Im Gespräch war eine Kooperation und auch die Übernahme von Heckert durch einen der großen japanischen Werkzeugmaschinenbauer. Das ist noch nicht beendet. Ich möchte mal erleben, wie die Westmaschinenbauer reagieren, wenn also da ein oder zwei Japaner in Chemnitz die vorhandenen Kapazitäten aufkaufen und da einen Werkzeugmaschinenbaubetrieb hinstellen. Wenn die Japaner die Facharbeiterqualifikation und die deutsche Berufsausbildung so schätzen, dann hätten sie in Chemnitz die besten Voraussetzungen; z.Zt. sind 30.000 Facharbeiter und Konstrukteure arbeitslos.
Es gab in Chemnitz andere Strukturen des Maschinenbaus, wie sie jetzt unter dem Stichwort Maschinenbauholding diskutiert werden. Dort wurden - neben dem überflüssigen Überbaukombinat - bestimmte Arbeitsvorgänge und Synergieeffekte genutzt. Da gab es *eine* Vertriebsfirma, die von Heckert oder von der Union oder ähnlichen Betrieben Werkzeugmaschinen auch im Westen vertrieben hat. Da gab es ein Forschungszentrum für Maschinenbau mit ursprünglich 1.600 Beschäftigten; das hat die Rothenberger Wagner Gruppe mit 400 übernommen. Da gab es einen Projektierungsbetrieb, der im Grunde nichts anderes gemacht hat, als z.B. für eine Traktorenfabrik von der Grundsteinlegung bis zur Qualitätskontrolle die Projektierung zu machen und die entsprechenden Aufträge an die Werkzeugmaschinenbau- und Anlagenbaubetriebe zu vergeben.
Es gab also bei uns Strukturen, die sehr wohl in einem Verbund, in einer Holding, gute Chancen gehabt hätten. Das sollte offensichtlich nicht sein. Die Treuhand betrachtet jeden einzelnen Betrieb für sich, und jeder ist jetzt so klein, daß er *zu* klein für einen eigenen Vertrieb ist. Die Vertriebsfirma wurde übrigens auch verkauft an die Rothenberger Wagner Gruppe und ebenso der Schaltschrankbau an Steuerungshersteller mit den neuen Hallen.
Im Textilmaschinenbau, aus dem der Werkzeugmaschinenbau entstanden ist, gibt es von einst 18.000 Beschäftigten z.Zt. noch ca. 2.500, davon die Hälfte in Kurzarbeit.
Von den Jugendlichen, das ist nicht nur in Berlin so, lernt kaum mehr einer einen Metall- oder Elektroberuf. Wir haben durch verschiedene Aktivitäten durchgesetzt, daß auch die Treuhandbetriebe entsprechend Ausbildungsplätze anbieten, daß die Lehrwerkstätten modernisiert werden - oft als Ausgliederung, als eigene GmbH. Jetzt haben wir die paradoxe Situation, daß eigentlich ein paar tausend

Lehrstellen fehlen, aber Lehrstellen als Industriemechaniker oder Industrieelektroniker nicht zu besetzen sind.
Es läuft hier also eine gigantische Dequalifizierung einer traditionellen Industrieregion, deren Basis für die Zukunft damit zerstört wird. Das liegt daran, daß das, was wir an Qualifikationsvoraussetzungen für eine moderne Maschinenbauproduktion ansetzen - die Fähigkeit zur Kommunikation und die Fähigkeit, die Wichtigkeit der eigenen Arbeit im Gesamten und in ihren Zusammenhängen zu erkennen - bei den handelnden Politikern nicht vorhanden ist, geschweige denn bei der Treuhand. Ich weiß nicht, ob es eine bewußte Strategie ist.
Wir fahren z.Zt. eine Linie von der IG Metall aus, daß wir sagen, jetzt sind wir so Lean, so schlank, in diesen traditionellen Kernbereichen, die das Rückgrat einer Industrieregion ausmachen, daß wir, wenn es irgendwie geht, mit allen möglichen (und auch unmöglichen) Mitteln weitere Massenentlassungen zu verhindern versuchen. Wir sagen: Beschäftigung statt Sozialplan. Warum Entwicklung und Vertrieb in "Kurzarbeit Null" schicken im Auftrag der Treuhand? Das ist katastrophal. Warum über ein Jahr lang keine Produktweiterentwicklung, weil man aus Kostengründen die Konstrukteure in Kurzarbeit oder entlassen hat? Wir wollen die Zeit genutzt wissen für Qualifizierungen auf das, was in fünf Jahren gebraucht wird. Also Produktweiterentwicklung und sinnvolle Qualifizierung. Aber das wird nicht reichen, weil die Beschäftigtenzahl im Maschinenbau wird nie mehr so hoch sein, wie es notwendig ist. Also auch Produktneuentwicklung, Entwicklung neuer Standbeine. Das wäre möglich mit dem vorhandenen Qualifikationspotential, das bei Konstrukteuren, Ingenieuren und Facharbeitern genauso hoch ist wie in der Industrieregion Esslingen. Vielleicht sogar noch geballter. Es gibt wahrscheinlich weltweit kaum vergleichbare Industrieregionen mit so einem vorhandenen Qualifikationspotential. Das läßt man brach liegen und es wird, so unterstelle ich, von einigen systematisch zerstört.
Der VDW, der Verband der Werkzeugmaschinenbauer, lehnt sich zurück, schaut zu, forscht die Betriebe aus, schaut, welche Konstruktionsunterlagen es gibt. An Engagement ist eigentlich nichts festzustellen. Wenn sich US- oder japanisches Kapital engagieren will, so vermuten die Kolleginnen und Kollegen, gibt es in der Treuhand genügend Leute, die das blockieren. Auch aus diesem Grund gab es jetzt die Gründung eines Interessenverbandes Chemnitzer Maschinenbau, ein eigener Unternehmerverband, um die alten Strukturen der Zusammenarbeit - nicht die des Kombinats! - wieder herzustellen, also die des Vertriebs usw., um auch gemeinsam Lobbyarbeit zu machen, und um auch solche Dinge zu diskutieren wie Lean Production, denn das, was an Referaten da war, das machen wir vor Ort mit dem vorhandenen Potential.

Wolfgang Schultetus, Institut für angewandte Arbeitswissenschaft:
Wie Sie wissen, war auch ich bei der Reise dabei. Ich möchte eine Klarstellung versuchen. Wir vermischen hier sehr stark das Produktionsspektrum und die Art zu produzieren. Die Zielsetzung dieser Reise war nun nicht, primär Wege zur Markterschließung zu suchen oder Informationen, wie man eventuell seine Segmente anders legen kann, sondern sie hatte einen ganz konkreten *arbeitspolitischen* Hintergrund. Wir wollten unser Augenmerk darauf richten, wie die Beziehungen im Arbeitsverhältnis aussehen, also wie etwa Arbeitsorganisation oder die Beziehungen Mitarbeiter- Vorgesetzte. Das war vom Auftrag etwas anderes und nach

unserer Kenntnis war auch die Zusammensetzung der Delegation etwas Neues: Unternehmer, Betriebsratsvorsitzende, Verbandsvertreter, IG Metall-Vertreter und begleitende Wissenschaftler reisten nach Japan, um *gemeinsam* sie bewegende Fragen zu studieren. Und insofern sollten wir jetzt die - wie ich meine - guten Ergebnisse dieser Reise nicht dadurch schmälern, daß wir sie jetzt vergleichen mit anderen wichtigen Ergebnissen, die man auch hätte sammeln können, was aber nicht Zielsetzung dieser Reise war.

IV. Teil

Berichte aus den Branchenforen

Dr. P.Brödner
Bericht über das "Forum Werkzeugmaschinenindustrie"

Prof. Dr. M. Schumann
Bericht über das "Forum Automobilindustrie"

Peter Brödner

Bericht über das "Forum Werkzeugmaschinenindustrie"

Mit meinem Bericht aus dem "Forum Werkzeugmaschinenindustrie" möchte ich unmittelbar anknüpfen an die Plenarvorträge und zunächst einmal feststellen, daß es uns nicht darum ging zu bewerten, inwieweit japanische Arbeitspolitik etwa als menschenzentriert zu kennzeichnen sei. Es ging auch nicht darum, japanische Produktion einfach nachzuahmen, sondern es ging uns darum, das japanische Produktionssystem in seiner Funktionsweise und die Bedingungen seiner Leistung verstehen zu lernen, um dann mit unseren Mitteln unter Nutzung unserer Stärken eine mindestens vergleichbare Leistung zu erzielen. Das war der Tenor unserer Arbeitsgruppe, und ich möchte dazu Herrn Kammüller von der Firma Trumpf zitieren: "Das Gute auf uns anpassen, das Schlechte unterlassen." Was Herr Altmann ausdrücklich nicht zum Gegenstand seiner Ausführungen gemacht hat, nämlich abzuklopfen, "welche neuen und effektiven Formen der Arbeitsorganisation unter unseren betrieblichen und gesellschaftlichen Verhältnissen entwickelt und durchgesetzt werden können", genau dieses war Gegenstand unserer Diskussion.
Wichtig ist noch, zu Anfang gleich darauf hinzuweisen, daß es natürlich auch in Japan ganz ähnlich wie bei uns erhebliche Unterschiede zwischen der Automobilindustrie und dem Maschinenbau gibt, insbesondere die Arbeitswelten in diesen Bereichen sind doch erheblich von einander verschieden, dennoch gibt es auch vieles Gemeinsame.
Zunächst möchte ich die wesentlichsten Ergebnisse aus der vom RKW, der IG Metall und dem Verband deutscher Werkzeugmaschinenfabriken (VDW) gemeinsam durchgeführten "Analyse der Erfolgsfaktoren des japanischen Werkzeugmaschinenbaus" präsentieren. Da sind zunächst einmal die ganz außerordent-

lichen Leistungsunterschiede zwischen japanischen und deutschen Firmen festzustellen. Die Unterschiede sind eher noch dramatischer als im Automobilbau. Verglichen mit durchschnittlichen deutschen Betrieben erreichen die drei analysierten japanischen Werkzeugmaschinenhersteller - zugegebenermaßen Spitzenbetriebe - die zweieinhalb- bis fünffache Produktivität und die fünf- bis zehnfache Umsatzrendite. Selbst verglichen mit unserem Spitzenreiter im Werkzeugmaschinenbau besteht eine 1,7- bis 3,5fach höhere Produktivität. Die wirtschaftlichen Leistungskennziffern, die wir analysiert haben, verweisen auch direkt auf fehlgeleitete Personaleinsätze und überhöhte Bestände als sozusagen Grundursachenkomplex für diese Unterschiede. Das Wissen und Können der Facharbeiter - die Primärausbildung unserer Arbeitskräfte ist auch in japanischen Augen weit überlegen - dieses Wissen und Können werden nicht ausreichend in Produktivität umgesetzt.
Dafür förderte die Analyse eine Vielzahl von Erklärungsansätzen zutage. Die reichen von der deutlich längeren Arbeitszeit in Japan über die ganz unterschiedlichen Faktorkosten, nämlich für Arbeit, aber auch für Kapital, die Unterschiede in den Fertigungsprogrammen, mehr Standardisierung dort - mehr Nischenfertigung, Sonderanfertigung hier - bis hin zu allen Unterschieden, die sich um den Einsatz der lebendigen Arbeit ranken, also Aufgabenzuschnitte, Arbeitsorganisation, Technikeinsatz, Technikverständnis, Führung im Unternehmen, um qualifizierte Arbeit zu entwickeln und umfassend zu nutzen. Dabei gab es weitgehende Übereinstimmung hinsichtlich der Vielzahl der zu betrachtenden Erfolgsfaktoren und ausdrücklich auch hinsichtlich der Bedeutung von Arbeitsorganisation, Qualifikation, Führung und Unternehmenskultur.
Umstritten sind allerdings die Gewichte dieser Faktoren. Der VDW betont besonders den hohen Einfluß der längeren Arbeitszeit und den Kostenfaktoren, insbesondere Arbeits- und Kapitalkosten, die in Japan viel geringer sind, sowie die Unterschiede in den Fertigungsprogrammen. Dem gegenüber hebt die IG Metall hervor, daß natürlich aus den wenigen Beispielen erfolgreicher japanischer Werkzeugmaschinenbauer keine Lohnpolitik abzuleiten sei, zumal die deutsche Werkzeugmaschinenindustrie als Exportweltmeister insgesamt doch auch sehr erfolgreich agiert hat in den letzten Jahren. Allerdings lieferten nach Ansicht der IG Metall die japanischen Beispiele sehr weitreichende Anregungen zur Gestaltung von Fabrikstrukturen, Arbeitsorganisation und Führung.
Herr Schultetus und ich als die analysierenden Wissenschaftler sehen in den Bedingungen und Umständen der Entwicklung und umfassenden Nutzung qualifizierter Arbeit die bedeutsamsten Erfolgsfaktoren und da namentlich das folgende: Die systematische Vereinfachung von Produkten und Prozessen, die produktorientierte statt der bei uns üblichen funktionalen Organisation der Produktionsprozesse, den Einsatz standardisierter zuverlässiger Technikkomponenten, die im Verein mit organisatorischer Vorbereitung durch qualifizierte Arbeit in hohem Maße auch unbewacht genutzt werden können, das systematische Nutzen von Erfahrungswissen, die regelmäßige Bewertung von Leistung und Können, die dann die Grundlage für Karrierewege und auch das Einkommen der Arbeitnehmer ist, und die Führung durch Konsultation und Konsensbildung.
Entsprechende Ansätze und Experimente in Deutschland zeigen, daß durchaus auch hierzulande mit vergleichbaren, in ähnliche Richtung zielenden Maßnahmen und Gestaltungsmerkmalen in der Produktion ganz erfolgreiche Verbesserungen

erzielt werden können, indem man versucht, solche Strukturierungsmerkmale umzusetzen, natürlich noch nicht in dem umfassenden Sinne, wie wir das in Japan gesehen haben. Aber es gibt sehr erfolgversprechende Ansätze und der zweite Teil unsere Forums brachte auch gleich zwei höchst lehrreiche, wenn auch sehr unterschiedliche, Beispiele dafür.

Da war zunächst die Firma Trumpf, die unter anderem auch angeregt und bestärkt durch die Erlebnisse und Erfahrungen aus Japan, natürlich nicht nur von dieser Analyse, aus anderen Quellen natürlich auch gespeist, ein sogenanntes Trumpf-Optimierungsprogramm (TOP) im Unternehmen praktiziert. Es beruht auf folgenden neuen Grundsätzen der Unternehmenskultur - das ist jetzt ein wörtliches Zitat: "Der Mensch ist die Quelle des Erfolgs. Der Mensch hat das Bedürfnis und die Fähigkeit, mitzugestalten. Konsens verhindert Reibungsverluste und gegenseitige Verpflichtung ist die Voraussetzung, diese Quelle zu nutzen." Durch breit angelegte Informations-, Kommunikations- und Kooperationsprozesse werden in den jeweiligen Bereichen alle Mitarbeiter einbezogen, um ihre Einstellung und ihr Verhalten darauf zu orientieren, in der Arbeit den Prozeß der Wertschöpfung kontinuierlich zu verbessern. Dieses Konzept wird von oben getragen, von der Spitze des Unternehmens, und soll von unten mit Ideen gefüllt werden. Natürlich ist das ein langer und schwieriger Lernprozeß. Darüber haben wir ausführlich diskutiert, das kann ich jetzt in den interessanten Details leider nicht alles wiedergeben, aber ich will doch dazu den Betriebsrat zitieren, der, denke ich, da Wichtiges auf den Punkt gebracht hat: "Das Miteinander läuft nur, wenn es ehrlich gemeint ist."

Ein ganz anders gelagerter Fall war die Firma Niles, ein Spitzenbetrieb aus der früheren DDR-Werkzeugmaschinenproduktion, der natürlich auch von einem dramatischen Personalabbau betroffen ist, obwohl er auch früher schon höchst erfolgreich am Weltmarkt operiert und entsprechend viel Devisen verdient hat. Der Personalabbau beziffert sich immerhin von 2.200 Personen auf 520 derzeit, was eine tiefgreifende Umbruchsituation kennzeichnet, die aber andererseits auch eine hohe Bereitschaft zur Anpassung, zum Aufbruch zu neuen Ufern, erkennen läßt. Es gibt halt noch wenig verfestigte Strukturen, wie das oftmals bei unseren Betrieben der Fall ist, und man hat versucht, diese Situation produktiv zu nutzen, um neue Fabrikstrukturen schrittweise einzuführen. Der Gedanke war, gar nicht erst die problematischen Fabrikstrukturen in der Bundesrepublik nachzuahmen, sondern gleich die sozusagen fortschrittlichsten der Welt zu realisieren, dabei die Fertigung in Inseln produktorientiert zu strukturieren, die Facharbeit, die dann sehr viel umfassendere ganzheitliche Facharbeit durch entsprechend gestaltete Informationssysteme zu unterstützen, die Hierarchie auf fünf derzeit, demnächst auf vier Ebenen zu reduzieren und dabei systematisch die Bürokratien und Wasserköpfe abzubauen. Natürlich zeigen sich dabei erhebliche Widerstände und Verunsicherungen im mittleren Management, die nur durch eine sehr offen angelegte Kommunikation überwindbar erscheinen.

Die Beispiele machen sehr deutlich, daß das alles keine Osterspaziergänge sind, aber sie zeigen auch, was möglich ist und daß dabei jeder Betrieb seinen eigenen Weg finden muß. Dennoch ist es angesichts der Weltmarktsituation und für die Umsetzung in Politik notwendig, eine Generalisierung von Gestaltungsleitlinien sozusagen herauszufiltern aus diesen Prozessen. Daher ist eine Diskussion um Leitbilder der künftigen Fabrik so wichtig und nötig.

Michael Schumann

Bericht über das "Forum Automobilindustrie"

Die Beiträge im Forum Automobilindustrie unterstrichen vor allem eines: Lean Production ist immer noch eine Reizvokabel. Es gibt noch hohen Klärungsbedarf, worin die Effizienzvorteile der Japaner liegen und welches die Chancen und Gefahren der verschiedenen Elemente des Konzeptes sind.

Diskutiert wurde im Forum zu wenig, ausdiskutiert überhaupt nichts und insofern blieben sehr viele Fragen offen. Wenn ich dennoch (mit Hilfe meines Kollegen Martin Kuhlmann) eine Zusammenfassung einiger Ergebnisse versuchen will, dann entlang der zumindest hintergründig die gesamte Diskussion bestimmenden Grundsatzfrage: Ist nicht Lean Production letztlich doch nur ein Effizienzkonzept, das genau wie traditionelle Rationalisierung, freilich sehr viel raffinierter, Produktivitätserhöhung primär auf Kosten und zu Lasten der Beschäftigten sucht und deswegen konsequenterweise von den Gewerkschaften zu bekämpfen ist? Oder gibt es tatsächlich in diesem Konzept, wie seine Protagonisten behaupten, zumindest Elemente, die im Gleichklang der Interessen "Effizienzsteigerung" und "Arbeitsverbesserung" genutzt werden können? Auch wer diese zweite Frage bejahte, wollte dabei aber die in Japan praktizierte Lean Production und insbesondere die Rationalisierung in den amerikanischen und europäischen Transplants nicht als Vorbild gelten lassen. Hier war der mehr oder weniger einhellige Tenor im Forum Automobilindustrie: Woraus immer sich die Effizienz dieser Modelle tatsächlich erklären lasse: Die Folgen nicht nur für die Beschäftigten, sondern auch für die Gesellschaft als Ganze seien eher skeptisch, ja in vielen Fällen sogar eindeutig negativ einzuschätzen.

Hatte Norbert Altmann bereits das Argument stark gemacht, daß das japanische Produktionsmodell große arbeitspolitische Defizite aufweise, so lieferten Peter Unterweger und Masami Nomura dafür Anschauungsmaterial und spitzten diese Interpretation nochmals zu. Die Konkurrenzvorteile der Japaner resultierten danach ganz überwiegend aus unterschiedlichen Formen des Sozial-Dumping und einer übergroßen Vernutzung der Ressource Mensch. Deswegen, so die Schlußfolgerung von Unterweger, dürfe man Lean Production nicht nur nicht übernehmen, dürfe man auch von Lean Production nicht lernen wollen, sondern müsse man umgekehrt dieses Konzept dezidiert politisch bekämpfen. Einen global nicht regulierten Konkurrenzkampf könne Europa - an der Entwicklung der USA ablesbar - nur verlieren. Deswegen könne die richtige Politik nur heißen: dagegenhalten, gleichermaßen durch internationale Absprachen wie durch Einflußnahme auf die innerjapanische Entwicklung selbst.

Für diese Wahrnehmung der japanischen Rationalisierungspolitik boten die Einschätzungen von Nomura zumindest Anknüpfungspunkte. Demzufolge wird das Konzept schon innerhalb Japans zunehmend mehr kritisiert und steht unter wachsendem Veränderungsdruck. Auch in Japan nähmen mittlerweile Akzeptanzprobleme eines derartigen Rationalisierungsansatzes zu. So steige z.B. die Fluktuation, die Arbeiter fühlten sich über die Maßen ausgepowert und kaum einer wolle mehr in der Automobilindustrie arbeiten.

Als kennzeichnend für die japanische Situation der 90er Jahre betonte Nomura also Arbeitseinsatzprobleme, die Assoziationen auslösen zu dem, was wir in Deutschland und insbesondere in Schweden in den 70er Jahren über Humanisierung der Arbeit und die wirtschaftspolitische Begründung dieses Politikansatzes diskutiert haben. Nomura resümierte seine Position: Man müsse die Diskussion geradezu umdrehen: Statt Japan zum Modell der deutschen Politik zu erklären, müsse Japan erkennen, daß es vom deutschen Vorbild zu lernen habe, um dauerhaft konkurrenzfähig zu bleiben. Die Lean-Production-Diskussion jedenfalls knüpfe an einem in Japan bereits überholten Rationalisierungskonzept an.
Auf dem Podium wie aus dem Plenum wurde Skepsis angemeldet gegenüber diesen Positionen von Unterweger und Nomura. Insbesondere zwei Einwände wurden formuliert: (1) Die japanische Herausforderung bleibe auf der Tagesordnung. Wo sei wirksame politische Gegensteuerung in Sicht? (2) Müsse nicht die deutsche Automobilindustrie, wolle sie konkurrenzfähig bleiben - bei Strafe des eigenen Untergangs - eine tragfähige Antwort finden? Diese Situation begründe die Berechtigung der Suche nach einem neuen Produktionskonzept in dieser Industrie, um nicht nur, aber auch der Konkurrenz mit Japan gewachsen zu sein.
Um eine Antwort auf diese beiden Fragen ging es dann auch den Praktikern aus den Betrieben, die insbesondere im zweiten Teil der Diskussion zu Wort kamen. Bei allen Differenzen im einzelnen gab es bei den Praktikern von der Management- und der Betriebsratsseite einen gemeinsamen Grundtenor: Die Lean-Production-Konzeption biete zwar keineswegs den versprochenen neuen "one best way" der Rationalisierung, doch die Diskussion über diesen Rationalisierungsvorschlag mache sich zurecht fest an den Defiziten der traditionellen Rationalisierungspraktiken und hier insbesondere an deren Unfähigkeit, die Qualifikations- und Kreativitätspotentiale der Beschäftigten hinreichend auszuloten. Bei der Suche nach einem neuem arbeitspolitischen Konzept, das eine breitere Nutzung der human resources ermögliche, träfen sich aber, wie die Diskussion zeigte, gemeinsame Interessen von Automanagern wie von Automobilbetriebsräten. Bezeichnend für den Tenor der Diskussion war etwa, daß Pischetsrieder, Vorstandsmitglied bei BMW, die Formulierung von Franz Steinkühler vom "bürokratischen Kapitalismus" als zutreffend aufgriff und seinerseits betonte, daß in der HdA-Diskussion der 70er Jahre im nachherein durchaus eine verpaßte Chance des Managements gesehen werden müßte.
Eine Kopie von Lean Production wollte keiner der Praktiker. Ein solcher Ansatz sei auch im deutschen Kontext wegen der entsprechend differenten politisch-ökonomischen Rahmenbedingungen ganz und gar unrealistisch. Vielmehr suche jeder, zum Teil unter Aufnahme von Stichworten von Lean Production, eigene Lösungen. Lean Production habe diese Lösungssuche zwar forciert, doch das Bewußtsein um die Notwendigkeit neuer Konzepte und die angedachten Ansätze reichten überwiegend in die Zeit zurück, als die Diskussion noch nicht unter dem Ticket Lean Production geführt wurde.
Hinter den, wie es hieß "sächsischen", "bayerischen" oder "schwäbisch-bremischen" Wegen stecken freilich sehr unterschiedliche Elemente und insgesamt, das wurde sehr deutlich, eine ziemliche Spannbreite von angedachten bzw. praktizierten Lösungen. Werden Arbeitsinhalte tatsächlich verbreitert oder nicht? Wie sieht die Fertigungstiefe aus und wie organisiert man den Kontakt zu den Zulieferern? Wie

gestaltet man konkret Dezentralisierung und Enthierarchisierung? Und vor allem: Was verbirgt sich hinter der Chiffre "Gruppenarbeit"? Handelt es sich um Formen einer verschärften hierarchischen Einbindung, insbesondere über den betrieblich eingesetzten "Gruppensprecher" oder kommt es tatsächlich zu einer Delegation von Aufgaben nach unten, zur Erweiterung von Handlungsspielräumen und selbstgewählten Gruppenvertretungen?
Die einzelnen Elemente der neuen Ansätze und ihre Vor- und Nachteile konnten nicht ausführlich im Automobilforum diskutiert werden. Insofern mußte unbeantwortet bleiben, ob entlang der von F. Steinkühler in seinem Eingangsreferat angelegten Meßlatte für ein arbeitspolitisches Konzept, das auch die Gewerkschaften mittragen könnten (Aufgabenerweiterung; breite Qualifizierung aller Beschäftigten; Möglichkeiten, Erfahrungen einzubringen; Mitbestimmung am Arbeitsplatz und Beteiligung im Produktionsprozeß) die vorgestellten Betriebsprojekte positiv zu bewerten sind oder ob diese Arbeitsverbesserungen auf diesem Wege bisher zumindest noch nicht erreicht wurden.
Hier bleibt noch erheblicher Klärungsbedarf, wie die verschiedenen Elemente des neuen arbeitspolitischen Ansatzes gestaltet sein müssen und in welcher Kombination sie zu bündeln sind, um gleichermaßen den Anforderungen der Managementseite wie der Gewerkschaftsseite zu entsprechen.
Doch die geführte Diskussion verdeutlichte auch eindrucksvoll eine, gegenüber den 70er Jahren grundlegend veränderte Schlachtordnung. Wurde die Debatte um die "Humanisierung der Arbeit" noch ganz überwiegend als eine der "Sozialpolitik" geführt, die zwar unter Arbeitseinsatzgesichtspunkten auch auf ein begrenztes Eigeninteresse der Wirtschaft rechnen konnte, doch insgesamt eher als Konterstrategie angelegt war zu einer nur an Fragen der Wirtschaftlichkeit orientierten betrieblichen Rationalisierungspolitik, so geht es heute unter dem Stichwort von Lean Production um eine Arbeitspolitik, in der diese Polarität zumindest ein stückweit zurückgenommen ist, in der sich nicht mehr gewerkschaftlich getragene Sozialpolitik versus unternehmensgetragene Effizienzpolitik mehr oder weniger gegensätzlich gegenüberstehen, sondern in der auch im Selbstverständnis der Unternehmen in ein und demselben Politikansatz Arbeitsverbesserung (im Sinne von qualifizierterer, selbstverantwortlicherer Arbeit) gerade zum Mittel wird, um Effizienzsteigerung zu erzielen. Jede Seite behält entsprechend dem Anspruch dieses neuen Konzepts von Arbeitspolitik durchaus die eigenen Interessen im Auge - es geht also keineswegs um unzulässige Harmonisierung - aber der gemeinsame Weg ist länger geworden: Die gewollte wirtschaftliche Leistungsverbesserung wird erreicht durch eine Umgestaltung der Arbeit und der Arbeitseinsatzpolitik, die auch für die Beschäftigten relevante Vorteile bringt, weil sich trotz der gewünschten Leistungserhöhung die Leistungsbedingungen qualitativ verbessern.
Ich denke, dies ist der gemeinsame Stand der arbeitspolitischen Diskussion um Lean Production, den es festzuhalten, und - soweit noch nicht erreicht - appelationsfähig zu machen gilt. Der Fortschritt gegenüber früheren Jahren liegt darin, daß diese Einheit von höherer Effizienz und besseren Arbeitskonditionen eben nicht mehr als nur gewerkschaftspolitisches Postulat gehandelt werden muß, sondern zur gemeinsamen Suchrichtung um eine zukunftsweisende Arbeitspolitik von Unternehmen und Gewerkschaften geworden ist. Jeder Schritt hinter diesen Diskussionsstand zurück wäre gleichbedeutend mit Rückfall in die polarisierte Dis-

kussion der 70er Jahre. Jeder Schritt zurück wäre deswegen auch gleichbedeutend mit einer Niederlage um die neugewonnene Hegemonie einer modernen Arbeitspolitik.

Die gegenwärtige Herausforderung heißt: Die neue Arbeitspolitik nun tatsächlich konkret zu konzeptualisieren, betrieblich zu gestalten und die Vereinbarkeit von Leistungserhöhung und Arbeitsverbesserung nachzuweisen. Keine Seite hat bisher eine in jeder Hinsicht überzeugende Lösung; alle arbeiten sich aber bei einer so verstandenen neuen Arbeitspolitik am gleichen Problem ab.

Konsens scheint es mittlerweile zumindest bei den ernsthaften Mitdiskutanten auch darüber zu geben, daß eine überzeugende tragfähige Lösung nicht zu haben sein wird, ohne sehr grundlegenden betrieblichen Wandel, der weit über die unmittelbaren Konditionen der Arbeit hinausweisen muß, wenn das neue Konzept tatsächlich funktionieren soll. Steinkühler sprach in der Diskussion unseres Forums von einer neuen Unternehmensverfassung, um die es gehen müsse, von veränderten Machtstrukturen in den Betrieben und erweiterten Beschäftigtenrechten. Man kann die Lean-Production-Diskussion nur so verstehen, daß heute auch die Managementseite zunehmend mehr davon überzeugt ist, daß diese betrieblichen Strukturveränderungen Voraussetzungen sind, um die gewünschten wirtschaftlichen Effekte zu erreichen: veränderte Entscheidungsstrukturen und Aufgabenzuschnitte und damit größere Einflußmöglichkeiten und Handlungsfreiräume der Beschäftigten; damit also qualitativ höherwertigen Arbeitseinsatz und arbeitsplatznahe Mitbestimmung - dafür Mehrleistung.

Ich wünsche mir für die weitere Diskussion dieses Tages, daß die damit aufgeworfenen Fragen genauer ausgeleuchtet werden. Was geht in den neuen Deal zwischen Beschäftigten und Management ein? Wie sieht das Geben und Nehmen, um das es auch bei der neuen Arbeitspolitik natürlich nach wie vor geht, auf beiden Seiten aus, damit man sich auf einen freilich auf neuem Niveau angesiedelten Kompromiß verständigen kann?

V. Teil

Lean Production und Qualifikation - welche bildungspolitischen Konsequenzen drängen sich auf?

Moderation: Prof. Dr. Walter Georg, Fernuniversität Hagen

Karlheinz Hiesinger, Vorstandsmitglied der IG Metall
Lean Production auch in der Berufsbildung?

Peter Haase
Leiter des Bereichs Personalentwicklung, Volkswagen AG
Lean Production und Qualifikation - welche bildungspolitischen Konsequenzen drängen sich auf?

Diskussion

Karlheinz Hiesinger

Lean Production auch in der Berufsbildung ?

I.

Grundsätzlich, so wird vermutet, habe der deutsche Maschinenbau und die Automobilindustrie zumindest gleichwertige oder sogar bessere qualifikatorische Voraussetzungen gegenüber den japanischen Konkurrenten. Dies mache sich allein schon daran fest, daß z.B. in der Werkzeugmaschinenbranche in der Produktion 90% der Beschäftigten Facharbeiter sind. Ganz ohne Zweifel: Berufsausbildung hat zumindest im deutschen Werkzeugmaschinenbau Tradition.
Dabei ist allerdings zu beachten: eine direkte vergleichende Betrachtung - bezogen auf den Qualifikationsstandard - zwischen den beiden Ländern ist nicht möglich, da der deutsche Facharbeitertypus in Japan gänzlich unbekannt ist. Das Bildungssystem ist völlig anders strukturiert. Berufliche Qualifikationen werden fast nur in der Weiterbildung und direkt im Betrieb vermittelt.

II.

Doch was nützen Qualifizierungsvorsprünge, wenn sie nicht genutzt werden: Von der lebendigen Arbeit wird im deutschen Werkzeugmaschinenbau kein angemessener Gebrauch gemacht" diese Feststellung von Wissenschaftlern verweist auf beträchtliche Mängel in der Arbeitsorganisation, Personalführung und Personalentwicklung. Dies ist in der Tat belegbar: das vorhandene Facharbeiterpotential wird in der Metall- und Elektroindustrie keineswegs hinreichend abgerufen. Qualifikationen liegen nach der beruflichen Ausbildung im betrieblichen Einsatz vielfach brach. Insofern kann man durchaus von einer Verschwendung des wichtigsten Potential deutscher Werkzeugmaschinen- und Automobilbauer sprechen.
Neuere Untersuchungen des SOFI zeigen, wie schwer die betriebliche Praxis sich mit dem Facharbeiter neuen Typs (ausgebildet in den neu geordneten Berufen) tut:

> "Der Facharbeiter neuen Typs ist mit der traditionellen Betriebsorganisation, der traditionellen Sichtweise von Produktionsarbeit nur schwer kompatibel.... Wenn die Betriebe die Abwanderung dieser Facharbeiter verhindern wollen, sind sie letztlich gezwungen, auch für diesen neuen Beschäftigtentyp Karrierewege zu planen und bereitzuhalten.... Unsere Recherchen zeigen, daß die Betriebe sich mit dieser neuen Sichtweise - und erst recht mit deren Umsetzung - schwertun. Die wenigen Fälle, in denen sich eine offensive Lösung durchsetzt, zeigen aber auch, daß es für die Zukunft von Produktionsarbeit von strategischer Bedeutung ist, wie die Probleme mit dem Problemlöser gelöst werden." (Voskamp/Wittke: Junge Facharbeiter in der Produktion, SOFI-Mitteilungen, Nr. 19, 1992, S.34)

Die nur als dramatisch zu bezeichnenden Produktivitätsunterschiede beispielsweise im Werkzeugmaschinenbau der beiden Länder hat Ursachen: während im deutschen Werkzeugmaschinenbau Facharbeiterwissen, praktische Erfahrungskompetenz weitgehend negiert wird und objektiviertes, theoretisches Wissen dominiert - setzen Japaner ganz bewußt und gezielt auf die Werkstatterfahrung. Das Können der praktisch gebildeten Fachleute gilt als primäre Quelle von Produktivität und ist unverzichtbare Voraussetzung für die Bewältigung der Probleme.

Entscheidend sind insbesondere auch die Führungskonzepte.
In der FAZ konnte man kürzlich lesen:

> "Was die japanischen Transplants in den Vereinigten Staaten und Europa zustandebringen, können die deutschen Unternehmen auch, wenn die Manager auf allen Ebenen sich umstellen, d.h. vorrangig Mitarbeiter- und prozeßorientiert agieren statt aufgaben- und ergebnisorientiert zu handeln. Ohne diese Bewußtseinsveränderung gibt es kein funktions- und bereichsübergreifendes Denken und Handeln und damit auch keine störungsfreie Produktion und keine Vollwertleistung im Unternehmen mit Kostensenkungen von 30-40 Prozent" (Jürgen Lietz, Blick durch die Wirtschaft v. 7.4.92).

Es bedarf einer radikalen Umorientierung der Arbeitsorganisation und der damit verknüpften Personaleinsatzstrategien. "Schlank werden, abspecken und den Wasserkopf drainieren", ist für Peter Brödner die einzig aussichtsreiche Therapie.

III.

Grundlage für eine Stärkung der Werkstatt ist eine konsequente Betriebspolitik, die das Primat Erfahrung in den Mittelpunkt rückt. Dies ist heute in Japan keineswegs nur ein idealisierter unternehmensphilosophischer Leitsatz, sondern vielmehr in vielfältiger praktischer Form untermauert. Die Personalpolitik im Betrieb hat dafür Instrumente zur Hand: betriebliche Karrieren nur bei Bewährung in der praktischen Arbeit, keine Blitzkarrieren und Seiteneinsteiger; ein Entlohnungssystem, das Können (Qualifikation) und Erfahrung deutlich höher bewertet; dadurch hoher Stellenwert von Qualifikation; Bedeutung der Gruppenarbeit; Abbau von Hierarchien; Abbau von hierarchiebedingten exorbitanten Einkommensvorsprüngen (Managergehälter); Transparenz von Unternehmensentscheidungen und -zielen.

IV.

Vom Bildungssystem erwarten die japanischen Betriebe keine formalen, arbeitsbezogenen oder fachlichen Qualifikationen. Was allerdings erwartet wird, sind generelle Verhaltens- und Orientierungsmuster, wie z.B. Disziplin, Pünktlichkeit, Ein- und Unterordnungsbereitschaft. Seit vielen Jahren werfen Lehrer, Eltern und Bildungspolitiker dem japanischen Schulsystem vor, die Schüler zu "funktionierenden Robotern", anstatt zu freien und kreativen Menschen auszubilden.

V.

Japanische Unternehmen bilden fast ausschließlich nach betrieblichen Konzepten aus. Sie agieren völlig unabhängig von staatlichen Ausbildungsordnungen oder Weiterbildungsregelungen. Berufliche Bildung ist kein öffentliches Thema.
Berufliche Bildung ist statt dessen integraler Bestandteil unternehmerischer Arbeits- und Personalpolitik. Sie ist eingebettet in das komplizierte Netz der informellen Kommunikations- und Organisationsstrukturen. Weder Staat noch Öffentlichkeit erwarten irgendwelche Ausbildungsleistungen, die über die betriebsinterne Verwertbarkeit hinausgehen. Der Beruf ist eben nicht Industriemechaniker oder Industriekaufmann, sondern man ist bei Toyota oder Matsushita.
Hierzu eine Aussage von *Walter Georg*:

"Deshalb haben Qualifikationen keinen arbeitsmarktbezogenen Tauschwert, sondern nur einen unternehmensbezogenen Gebrauchswert. Eine eindeutige Zuordnung von Ausbildungsabschluß und Arbeitsplatz gibt es nicht. Auf den weitgehend abgeschlossenen internen, betrieblichen Arbeitsmärkten erhalten vor allem soziale Qualifikationskomponenten wie Anpassungsfähigkeit und Einordnungsbereitschaft einen hohen Stellenwert." (*W.Georg*: "Bildung und Berufsbildung in Japan", S.24).

Aus dieser grundlegenden anderen Struktur beruflicher Qualifikation ergibt sich zweierlei: Die Betriebe sind gezwungen, umfassenden beruflichen Bildungsprozessen einen ganz anderen Stellenwert beizumessen. Nicht vorhandene berufsbezogene Vorleistungen und Standards bedingen zentrale betriebliche Bildungsleistungen. Die Reduktion von beruflicher Bildung auf nur betriebsbezogene Verwertbarkeit macht den Arbeitnehmer für den Arbeitsmarkt untauglich. Diesem System entspricht eine lebenslange Beschäftigung im Unternehmen. Wer das Unternehmen verläßt, verliert sämtliche Privilegien.

Nur: Was ist, wenn diese Beschäftigungsgarantie von Arbeitnehmern oder vom Betrieb aufgekündigt wird? Gerade weil junge japanische Arbeitnehmer mit guter hochschulischer Vorbildung ihre Karrierehoffnungen zunehmend nicht mehr erfüllt sehen, wächst die Bereitschaft zum Betriebswechsel.

Hinzu kommt noch etwas: insgesamt erreichen nur 30% aller Erwerbstätigen das Ziel, zur Kernbelegschaft in einem Großbetrieb, mit einen beamtenähnlichen Status, zu gehören.

Doch was ist mit den 70%, für die dieses System der betrieblichen Qualifizierung nicht hinreichend funktioniert? Hier versagt das japanische Qualifizierungssystem ganz offensichtlich.

VI.

Betriebliche Qualifizierung erfolgt weitgehend im Betrieb im Rahmen eines Rotationssystems mit kurzfristigen von der Produktion getrennten Aus- und Weiterbildungsabschnitten. Die Ausbildung bezieht sich allenfalls auf das Spektrum der im Unternehmen angebotenen Arbeitsplätze. Damit wird die innerbetriebliche Mobilität gefördert, aber die zwischenbetriebliche zusätzlich ausgeschlossen.

Zu Beginn des Beschäftigungsverhältnisses liegt die Betonung weniger auf einer fachspezifischen Qualifizierung, sondern auf der Vereinnahmung der ganzen Person, die auf Dauer die 'Rundumnutzung der Arbeitskraft' sichern soll. Im Rahmen von Einführungspraktika, werden die Neueingestellten auf den Betrieb wie auf eine familienähnliche Schicksalsgemeinschaft eingeschworen. Disziplin, Korpsgeist und Gruppenharmonie sind Ausbildungsziele. Zunächst geht es also nicht um eine fachliche Qualifizierung, sondern um das Einschwören auf die Unternehmensphilosophie.

Solch ein beruflicher Sozialisationsprozeß hat Folgen: berufliche Bildung dieser Art zielt eben nicht auf den kompetenten, selbständigen seine Interessen erkennenden, mündigen Arbeitnehmer im Betrieb. Starke Gewerkschaften und Betriebsräte, die die kollektiven Interessen der Beschäftigten vertreten, haben in diesem Konzept keinen Platz.

In das Konzept der Rundumnutzung der Arbeitskraft passen dann Dinge wie gemeinsame Morgengymnastik, Unternehmenshymnen, Rezitation der auf eine Kurzformel gebrachten Unternehmensphilosophie, gemeinsame Lokalbesuche,

gemeinsamer Urlaub im Firmenheim, die wiederholten Appelle zur Intensivierung des Wettbewerbs.
Die Steigerung der Produktivität ist das Ziel: wenn Personalstrategien dem dienlich sind, sind sie willkommen und werden praktiziert. Verbesserte Lebens- und Arbeitsbedingungen der Arbeitnehmer werden nur dann akzeptiert, wenn dies sozusagen im Koppelgeschäft möglich ist.
In Deutschland gibt es eine andere Tradition: die Debatte um die Humanisierung der Arbeit (HdA). Die Betriebsräte akzeptieren zwar durchaus, daß es Produktivitätseffekte gibt und geben muß, zugleich fragen sie aber auch nach den Arbeitsverbesserungen, nach den Gestaltungsmöglichkeiten von Arbeit und Technik. Das SOFI erläutert dazu:

> "Bei der Umstrukturierung der Montagen ist es sicher schwieriger, den geforderten Spagat zwischen Konkurrenzfähiger Leistung und konsensfähiger Arbeit zu schaffen. Die verbleibenden Widersprüche wegzureden erscheint als keine aussichtsreiche Perspektive, eher schon, die Lösungssuche zur gemeinsamen Sache zu machen: Leistung mit einer Arbeitspolitik zu sichern, die einerseits durch möglichst breite Aufgabenzuschnitte fachliche Ressourcen ausschöpft und berufliche Ansprüche befriedigt, andererseits für verbleibende defizitäre Arbeitsinhalte weitreichende Verhaltensfreiräume für individuelle Bewältigungsstratgien und persönliche Arbeitsstile anbieten". (*Michael Schumann*, Blick durch die Wirtschaft v. 11.3.92)

VII.

In der bundesrepublikanischen (auch gewerkschaftlichen) Aufnahme des Modells Japans werden einzelne Elemente von Lean Production, insbesondere die andere Arbeitsorganisation, in den Vordergrund geschoben, quasi zu übertragbaren Einzelkomponenten erklärt. Es ist allerdings mehr als fraglich, ob dies möglich ist. Was notwendig ist, ist vielmehr eine Auseinandersetzung mit der japanischen Produktionsweise generell. Dabei ist darauf zu achten, daß japanische Produktivitätsmargen einführen zu wollen wohl auch heißt, die Persönlichkeit des Arbeitnehmers mit Haut und Haaren dem internationalen Wettbewerb zu verschreiben.
Im Kern gilt: Lean Production ist eine Rationalisierungs- und keine Humanisierungsstrategie, die gleichwohl neue Gestaltungschancen eröffnet. Diese Gestaltungschance gilt es, zu erkennen und zu nutzen.
Aber: Zumindest für den Bereich der beruflichen Qualifizierung kann Japan kein 'Modell' sein.
Diese Ablehnung beruht auf sechs zentralen Argumenten:

1. Lean Production korrespondiert auf der betrieblichen Ebene eher mit "Lean Training", das sich sehr eng auf die konkreten Arbeitsplatzanforderungen reduziert. Das Erlangen umfassender beruflicher Grundlagenkompetenz und die Erhaltung aktuellen Wissens ist eher die Ausnahme und in jedem Fall abhängig von betrieblichen Personalstrategien. Der einzelne hat wenig Chancen, ein vom Betrieb unabhängiges breites fachliches Wissen zu erwerben. Ein gesicherter Anspruch auf breite berufliche Erstausbildung und Weiterbildung besteht in diesem Konzept nicht.
2. Die japanische Betriebsbildung bietet eine ausreichende Arbeitskompetenz nur für Arbeitnehmer in Großbetrieben. Für Arbeitnehmer in kleineren Mittelbetrieben gibt es nur unzureichende oder qualitativ minderwertigere

Qualifizierungsangebote. Sie werden nachhaltig und dauerhaft von hoher Qualifikation, beruflichen Karrieren ausgeschlossen.

3. Die breit gefächerte allgemeine Kompetenz, die gerade in der japanischen Hochschule erworben wird, schlägt sich nicht in einer entsprechenden beruflichen Bildungsstruktur nieder. Diese würde erst eine berufliche Autonomie des Arbeitnehmers ermöglichen. Die Nutzung von Bildung zur Stärkung von Persönlichkeit, zur Emanzipation in und von der Arbeit ist im japanischen Qualifizierungskonzept nicht vorgesehen, ja sie wird ausgeschlossen.
4. Die mit dem Erwerb und kontinuierlichen Erhaltung beruflicher Bildung verbundenen Chancen des Arbeitnehmers, auf dem Arbeitsmarkt verwertbares Wissen dem Betrieb zu entziehen und die daraus erwachsene, zugegeben relative Machtstellung als Anbieter von qualifizierter Arbeit, geht im japanischen Modell verloren. Weder innerbetrieblich noch auf dem Arbeitsmarkt kann der qualifizierte Arbeitnehmer seine Wissenspotentiale hinreichend einbringen und vermarkten.
5. Der Facharbeiter deutschen Typs mit seiner besonderen Beruflichkeit scheint besser für das Ende des Taylorismus gerüstet, als dies auf den ersten Blick erscheint. Die mit den Neuordnungen in der Metallwirtschaft veränderten generellen Berufskonzepte schaffen Qualifikationspotentiale, die bislang nur unzureichend in den Betrieben genutzt werden.
6. Lean Production in der beruflichen Bildung nicht zu wollen heißt keineswegs, die mit der japanischen Herausforderung verbundene Lektion nicht lernen wollen. Konzepte der Arbeitsorganisation, die einseitig auf Technik setzen, welche die Qualifikation des Menschen negieren, ihn mit seinen Bedürfnissen sinnhafter befriedigender Arbeit mißachten, sind mega-out. Insofern müssen wir, wie es Bundesforschungsminister Riesenhuber einmal sagte, das Modell Japan kapieren und nicht kopieren.

Peter Haase

Lean Production und Qualifikation - welche bildungspolitischen Konsequenzen drängen sich auf?

(Kurz-Statement)

Vier Jahre lang haben wir im Arbeitskreis "Gruppenarbeit" der deutschen Automobilindustrie fleißig gearbeitet. Derzeit versuchen nun einige meiner Kollegen und ich selbst, das, was wir erarbeitet haben, auch in unseren Werken umzusetzen. Es geht um die Verbesserung von Wettbewerbsfähigkeit, Qualität, Programm- und Liefertreue - alles wichtige Kriterien aus der Sicht der Kunden - und zugleich um die Erhaltung unseres sozialen Besitzstandes. Es geht also um Mittel und Wege, die Kriterien der deutschen Wertarbeit hochzuhalten und am Markt erfolgreich zu bleiben.

Welches sind nun mögliche Mittel und Wege? Die Antworten heißen Lean Production, adäquate Arbeitsorganisation, JiT (Just-in-Time), problemorientiertes Denken, KVP (Kontinuierlicher Verbesserungsprozeß) usw. Nachfolgend werde ich versuchen, einige dieser Begriffe aus qualifikatorischer Sicht geradezurücken.

Vorab noch eine Vorbemerkung: Ich habe mehr als 20 Jahre an der Schnittstelle Unternehmens-/Arbeitnehmerinteresse gearbeitet. Heute kann es uns nicht mehr nur um's Feststellen (Problemanalyse) gehen, es muß um's Abstellen (Umsetzen von Lösungsansätzen) gehen. Und dafür brauchen wir bei den Mitarbeitern einige Qualifikationen, die im Moment noch zu entwickeln sind.

Die MIT-Studie möchte ich mal in folgendem Satz zusammenfassen: Letztendlich geht es um die *"schlanke Mitdenke"* vor Ort, in den Gruppen, den Teams und zwar vorwiegend darum, daß diese "schlanke Mitdenke" auch zugelassen wird. Dieses Wort *"Zulassen"* müssen Sie dreimal unterstreichen. Denn in der Tat - so meine ich - geht es weniger um das Entwickeln oder Fördern, sondern es geht um das "Zulassen" (Abb. 1).

Wir haben uns bisher in der Verwaltung und in der Technik einen gewaltigen Taylorismus geleistet. Und deshalb setzt heute in unserem Unternehmen ein Wettbewerb ein um dieses "Zulassen", den wir nun qualifikatorisch aufarbeiten müssen!

Das eigentliche Dilemma, in das wir in den nächsten Jahren hineinlaufen werden, ist dies: Viele versuchen, das Thema "Lean Production" oder - wie ich es nenne - "Mitdenke vor Ort" einzuführen wie ein neues Produkt mit Nullserie, Vorserie und mit Start of production. In Wirklichkeit geht es aber nicht um eine technisch-organisatorische Neuerung, sondern um einen mentalen Veränderungsprozeß.

Wir sind doch in den letzten 40 Jahren nur in die eine Richtung gelaufen: Wir haben die Mitdenke nicht zugelassen - trotz sporadischer Sonntagsreden, die sich anders anhörten, stattdessen haben wir immer größere Stäbe für Planung und Organisation geschaffen. Und jetzt aufeinmal wollen wir diese Mitdenke vor Ort initiieren.

Ein Blick zurück: In den letzten 10 Jahren haben wir Bildungsleute den Schwerpunkt bei der Personalentwicklung in der Verbesserung der *Leistungsfähigkeit* der Mitarbeiter gesehen (Abb. 2). Dann haben wir gemerkt, daß dies allein nicht aus-

reicht, obwohl wir die besten Facharbeiter der Welt haben! Wir haben gesagt, wir müssen mehr motivieren, mehr *Leistungsbereitschaft* schaffen. Deshalb sind wir mit allen möglichen Programmen an das Thema Führung und Förderung und die Themen Zirkel-Arbeit und Verbesserungsvorschläge herangegangen.
Heute aber merken wir: Vorschlagswesen und Zirkel sind nur eine Art Bypass-Operation.
Wir haben jetzt die hochqualifizierten und zumindest anfangs hoch motivierten Mitarbeiter, nur sie dürfen dieses Know how und diese Kraft nicht umsetzen. Also heißt unser heutiger Schwerpunkt bei der Qualifizierungsarbeit: Schaffung der *Leistungsmöglichkeit*. Und damit sind wir wieder bei unseren Stichworten: Arbeitsorganisation, Teamarbeit, Just-in-Time, Produktionsstärke-Management, Kontinuierlicher Verbesserungsprozeß.
An dieser Stelle sei im Hinblick auf das herrschende Durcheinander im Gebrauch vieler Begriffe, die damit zu undefinierten Schlagworten verkommen, ein Hinweis gestattet: Die einen reden z.B. über "Qualifizierung" und meinen "Beschäftigung", andere reden über "Kooperation" und meinen "Kollektivdruck", die dritten reden über "Gruppenarbeit" und meinen "Arbeit in Gruppen". Überall wo ich mir Gruppenarbeit angesehen habe, herrschte dieses Durcheinander der Begriffe, fehlte die einheitliche Begriffsdefinition. Fast alles, was heute in der Industrie als Gruppenarbeit bezeichnet wird, ist zumindest nicht Gruppenarbeit nach der Definition von uns Bildungsleuten.
Es heißt, bei Volkswagen z.B. seien 25.000 Mitarbeiter in Gruppenarbeit beschäftigt, bei Daimler Benz ca. 26.000 Mitarbeiter. In Wirklichkeit sind davon - da bin ich mir sicher - 95% bis 98% Arbeit in Gruppen - und nur der kleine Rest ist auf dem Wege zur Gruppenarbeit.
Was also verstehen wir Bildungsleute unter Gruppenarbeit?
Schauen wir einmal auf die Abbildung 3:
Auf der X-Achse sehen Sie den englischen Begriff Job-Enlargement, also quantitative Anreicherung, auf der Y-Achse sehen Sie den Begriff Job-Enrichment, also Arbeitsanreicherung qualitativ, und da finden Sie irgendwo Gruppenarbeit, so, wie wir es verstehen.
In der letzten Zeit haben wir immer deutlicher erkannt, daß das immer weitere Zerschnippeln von Arbeitsgängen aufhören muß, daß wir damit genau auf dem falschen Wege sind. Wir sind ja zum Teil unter 45 Sekunden in den Takten gekommen. Also haben wir diese Takte - zum Beispiel Montieren Schritt 1, Schritt 2, Schritt 3, Schritt 4 - wieder zu einem Arbeitsgang zusammengefaßt. Und um die Leistungsfähigkeit der Mitarbeiter hier zu nutzen und möglichst für jeden die Arbeit durch Job-Enlargement interessanter zu gestalten, ließ man 4-5 Leute diese Arbeitsgänge gemeinsam machen. Das hat aber mit echter Gruppenarbeit noch nichts zu tun, denn dafür fehlt noch die Anreicherung mit qualitativen Elementen.
Kontrollieren gehört eigentlich ursächlich in die Durchführung der Arbeit. Die Tarifverträge gaben das auch her. Also hat man das Thema Qualität zurückgeholt an den Arbeitsplatz. Es waren ja in den letzten Jahren richtige Vorstandsbereiche entstanden, die sich nur mit Qualitätssicherung beschäftigten; damit haben wir eine noch größere Separation bekommen, weil die Mitarbeiter der Qualitätskontrolle eben darauf bestanden haben, daß sie die Kontrolle der Kontrolle machen. Bei uns hieß das Thema Q in P, Qualität in die Produktion.

Die Dezentralisierung der *Instandhaltung* war der nächste Schritt, und wir haben versucht, kleine Reparaturen wieder zurückzuverlagern an den Arbeitsplatz. Für uns Bildungsleute heißt "kleine Reparaturen" zum Beispiel Elektroreparaturen durchführen können, etwa eine Größenordnung von 600 Stunden Schulungsarbeit. Wenn wir wirklich die schlanke Mitdenke vor Ort haben wollen, dann heißt es jetzt abgeben, und zwar höherwertige Funktionen, z.B. auch *planerische Funktionen*.

Ein Beispiel: In der Autofabrik NUMMI in Freemont/USA kam die Planung in eine Halle und sagte, hier habt ihr einen Robby für 500.000 Dollar. Da hat die Gruppe gesagt, den Robby wollen wir nicht. Der macht unsere Produktivität in dieser Einheit kaputt, gebt uns für 10.000 Dollar Material und wir bauen uns einen Robby selbst. Den habe ich gesehen. Das war eine kleine Vorrichtung, die funktionierte hervorragend und jeder der vorbeiging, hat ein bißchen Öl drangemacht, war ja auch sein Baby! Das waren keine Ingenieure, das waren noch nicht einmal alles Facharbeiter, wie wir sie haben, sondern zum Teil angelernte Leute.

Die Personalabteilung muß *Personalfunktionen* abgeben. Warum soll die Gruppe nicht selbst entscheiden, wenn ein Mann gebraucht wird und drei Leute wollen weg, weil einer Hochzeit hat, der zweite Großmutters Geburtstag feiern und der dritte zum Angeln will? Das kann die Gruppe viel besser.

Genauso ist es mit *Qualifizierungsbilanzen*. Überall, wo ich einigermaßen echte Gruppenarbeit gesehen habe, hat die Gruppe selbst ihre Qualifizierungsbilanz gemacht. Weiß ich denn besser, was den Beschäftigten an Sollqualifikationen noch fehlt?

Wir müssen *Finanzfunktionen* abgeben. Das ist der schlimmste Punkt im Moment, weil Controlling den zentralen Weg gegangen ist und den absoluten dezentralen Weg gehen müßte. Denn nur dann kriegen wir diese Mitdenke vor Ort, wenn eine Selbstkontrolle möglich ist und keine Fremdkontrolle.

In die Nähe von echter Gruppenarbeit nach unserer Definition kommen wir also erst, wenn für die Gruppe eine tatsächliche Selbststeuerung durch die Verlagerung der eben angesprochenen Funktionen von den großen Stäben oder den Chefs hin zu den Gruppen erfolgt ist.

Abb. 4 zeigt das Thema *Lean Production* entlang der Wertschöpfungskette und die Auswirkungen für die Bildungsarbeit. Der Ablauf geht über die Entwicklung, Planung, Fertigung zum Verkauf eines Produktes. Dabei gibt es im Moment einige Probleme mit der Qualifikation. In der Entwicklung ist *Simultaneous Engineering* angesagt, was nichts anderes ist, als das in den verschiedenen, heute zersplitterten Abteilungen Technische Entwicklung, Planung und Technischer Einkauf gespeicherte Wissen wieder an den einen Tisch zu kriegen: Direkte Kommunikation, um für den Kunden die beste Lösung zu entwickeln. Eine Reihe von überfachlichen Qualifikationen sind dazu erforderlich, die unser Bildungssystem heute so noch nicht anbietet.

Das Stichwort heißt *Organisationsentwicklung*. Derzeit findet ein "Krieg" zwischen den Teams und den bestehenden Hierarchien statt. Wir haben einen Unterstützungsbedarf der Teams vor Ort. Die Unterstützung der Teams in ihrer Auseinandersetzung mit den Hierarchien durch die Personalentwicklung ist also kein fachliches Qualifikationsthema, sondern es ist ein Organisationsentwicklungsthema.

Die Planung soll schlanke Konzepte hervorbringen. Nur unser Problem ist, wie bringe ich z.B. 2.500 Planern eine schlanke Denke bei? Wo haben sie das an den Hochschulen gelernt? Wir müssen erst einmal das Planungs-Know how dieser Mitarbeiterinnen und Mitarbeiter verändern, d. h. hier haben wir ein großes Problem hinsichtlich der Konzepte und der Methoden.
Nun kommen diese schlanken Produkte, hoffentlich mit Simultaneous Engineering entwickelt, und dann die schlanken Fertigungskonzepte in die Hallen. Es gibt die "Architektenlösung" klassischer Art und es gibt die "bauseitige Lösung". Das kennen Sie, wenn Sie mal gebaut haben. Da werden Zeichnungen gemacht, und auf dem Bau sagt einem der Polier, paß mal auf, das ist alles Quatsch, da machen wir ein bißchen weniger Eisen rein und ein bißchen mehr Zement und dann ist das halb so teuer und hält doppelt so lange. Vergiß mal die Zeichnung des Architekten. - Das heißt: jetzt sind "bauseitige Lösungen" gefordert, und das müssen wir *zulassen*. Jetzt muß der permanente *Kontinuierliche Verbesserungsprozeß* einsetzen. Was nützt es, wenn man mitdenken darf, aber nichts zu sagen hat?
Diese Veränderung ist ein mentaler Prozeß, und deshalb kann man das nicht von heute auf morgen machen. Letztlich geht das durch bis zum Verkauf, dort ist kundenorientiertes, marktbezogenes Denken angesagt und das müßte eigentlich auch im Betrieb gelten, denn jeder ist letztlich der Kunde des anderen.
In der *Organisationsentwicklung* gibt es u.E. drei Trends, wie sie in Abb.5 dargestellt sind. Dazu einige Anmerkungen:
Diesen Trends ist eines gemeinsam, alle erfordern eine gewaltige Steigerung des Qualifikationsniveaus (Abb 6). Die Qualifizierungskurve, läuft in der Regel flacher, mehr mit einem S-förmigen Verlauf. Sie steigt langsam an, sie müssen Gebäude bauen, die Trainer fit machen, die Labors aufbauen usw. Wenn sie keine verzahnte Planung haben, laufen sie in das Feld mit dem Blitz hinein. Das heißt Frustration und Krankenstand, Ausschuß, Nacharbeit, Stillstandskosten. Wenn sie schneller schlanke Konzepte einführen wollen, müssen Sie mit der Qualifikation früher als mit anderen Innovationen beginnen. Das heißt auch Schulung der Planer, Einführung von entsprechenden Systemen. Nach unseren Erfahrungen aus 50 bis 60 Großprojekten entstehen gemessen an den Investitionskosten bei einem mittleren Techniksprung 1,5 bis 2% an Qualifizierungskosten. Das geht bei CAD bis 6,7% hoch. Wenn Sie aber diese Qualifizierungsmaßnahmen unterlassen, laufen Sie automatisch rein in die Falle Ausschuß, Nacharbeit, Stillstandszeiten.
Wir Bildungsleute müssen vor Ort. In unseren neuen Fabriken haben wir zum Teil die zentralen Bildungswesen um 50% reduziert und haben diese 50% vor Ort verlagert. Die zukünftigen Themen sind eben Arbeitsgestaltungsstil, Lerninseln, das Thema Meisterentwicklung - denn der Meister spielt eine sehr wichtige Rolle in dem neuen Konzept - Integrationsprogramme, Mitarbeiterproblemlösungsgruppen, also *arbeitsplatznahe Personalentwicklung* (Abb 7).
Wenn wir die Kreativität von der Hobby-Werkbank wieder zurückholen wollen an die Werkbank im Betrieb, dann kriegen wir einen riesen Bildungsbedarf für Unterstützung durch Prozeßbegleiter (Abb 8). Das Thema läuft nicht in den Bildungswesen ab, wie sie heute konstruiert sind, sondern wir müssen mit unseren Trainern und mit anderen Gruppen vor Ort gehen und vor Ort Teamentwicklung unterstützen, kooperative *Selbstqualifizierung* unterstützen und oft auch selbst in

die Arbeitsorganisation bei der Arbeitsgestaltung qualifikatorisch eingreifen. Evaluation muß natürlich profihaft gemacht werden.
Das Problem der nächsten Jahre wird sein, daß sich die *Mitarbeiterinteressen* und die *Unternehmensinteressen* die Waage halten (Abb 9). Das Unternehmensinteresse ist ganz eindeutig, wettbewerbsfähig und wirtschaftlich zu sein durch mehr Innovation und hohe Produktivität. Das werden wir aber nur schaffen, wenn wir auf der linken Seite gleichzeitig das Mitarbeiterinteresse wieder in die Betriebe hineinbringen, d. h. Arbeit, die Freude macht, Einsatz von fachlicher und persönlicher Kompetenz, Anerkennung, gute Bezahlung, Chancen zum beruflichen Aufstieg, Information und Beteiligung, Vorgesetze, die richtig führen, gute Zusammenarbeit, gute Mischung von Arbeit und Freizeit. Die Mittel dafür sind da. Das Credo heißt: Wer Leistung fordert, muß Sinn geben, und das Thema *Sinn geben* ist letztlich das Thema *Arbeitsorganisation*.

Executive Summary

MIT - Studie / KAIZEN - Prozeß

Schlanke Mitdenke vor Ort (in Gruppen/Teams)

- zulassen
- organisieren
- fördern

VOLKSWAGEN
Abb. 1

Personalentwicklung/22.06.92

Aufgaben - Bereich Personalentwicklung

Förderung/Entwicklung der	Durch was ?
1 Leistungsfähigkeit	- Berufsausbildung - Fortbildung - Anlernen und Unterweisen - Externe Einstellungen • Spezialisten • Volontäre • MBA's - Praktika - Job rotation - Studienförderung
2 Leistungsbereitschaft	- Führung und Förderung - VW-Zirkel - Vorschlagwesen - Integrationsprogramme - Culture-Change-Prozesse
3 Leistungsmöglichkeit	- Arbeitsorganisation/Mitarbeitereinbeziehung • Teamarbeit • Just in Time • Produktionsstättenmanagement • Kontinuierlicher Verbesserungsprozeß • Organisatorische/Strukturelle Veränderungen

VOLKSWAGEN
Abb. 2

PERSONALENTWICKLUNG

Gruppenarbeitskonzepte

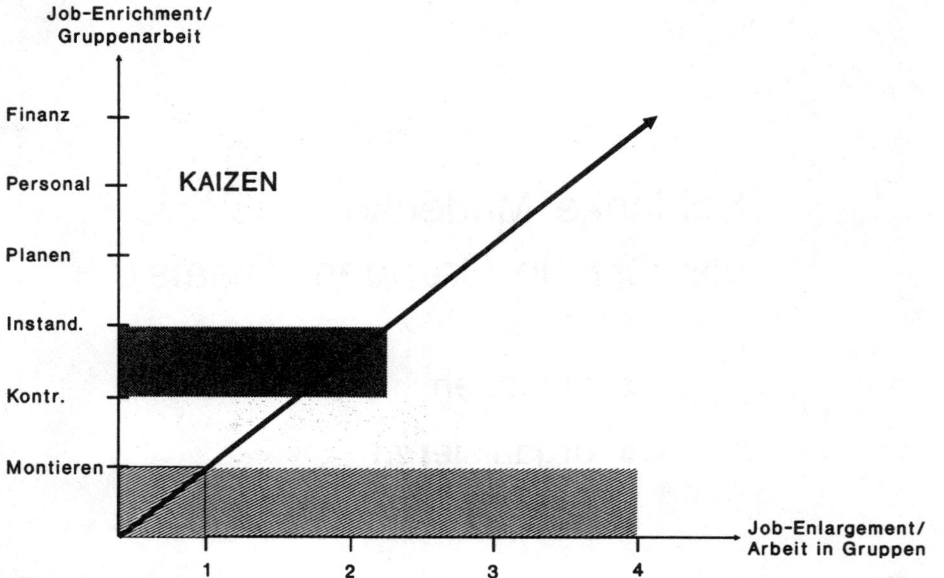

VOLKSWAGEN
Abb. 3

Personalentwicklung

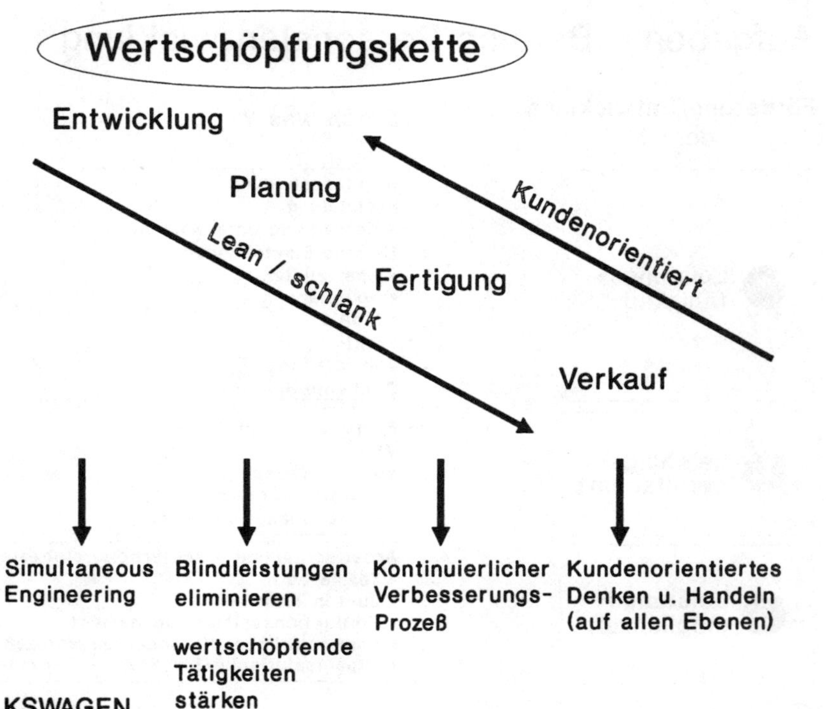

VOLKSWAGEN
Abb. 4

Personalentwicklung/22.06.92

Trends in der Organisationsentwicklung

- Integration von Technik-, Arbeitsorganisation- und Qualifikationsplanung
- Erweiterung hin zu arbeitsplatznahen, dezentralen Qualifizierungsstrategien
- Verstärkung von Beteiligungs- und Mitarbeiter-einbeziehungsmaßnahmen

VOLKSWAGEN
Abb. 5

PE-Planung u. Strategie

Qualifikationsbedarfsdeckung durch Personalplanung/-entwicklung

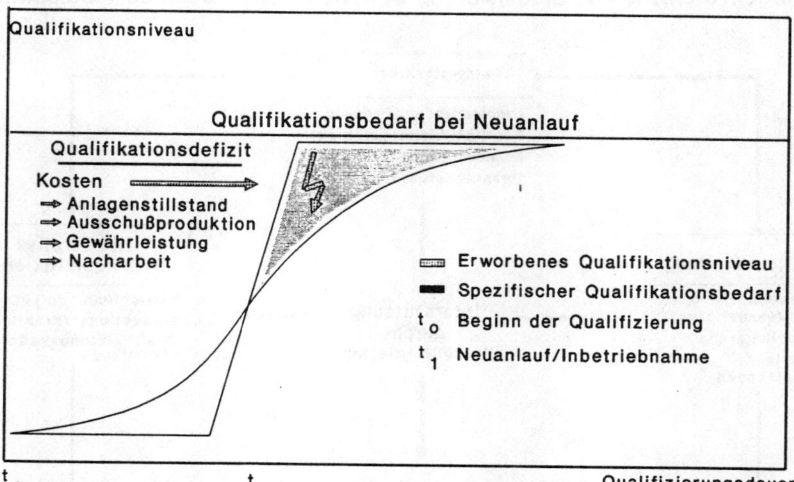

VOLKSWAGEN
Abb. 6

SX-1 Personalkonzepte
16.10.90

Elemente arbeitsplatznaher Personalentwicklung

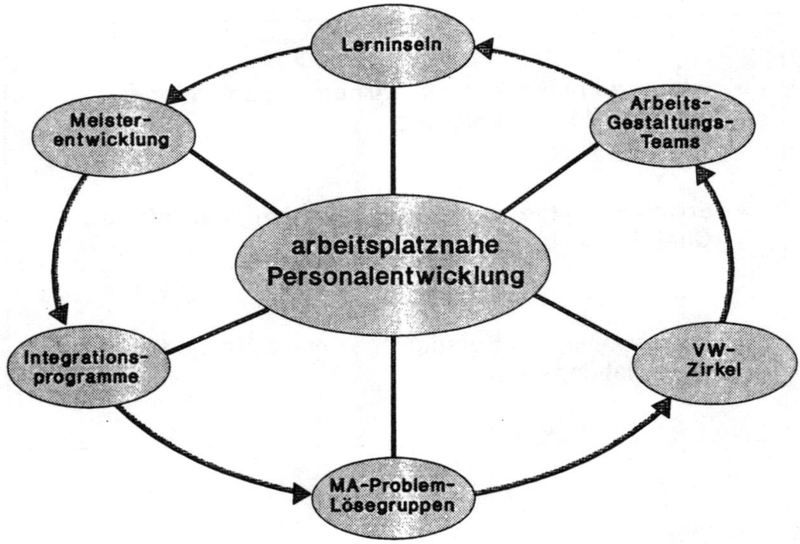

VOLKSWAGEN
Abb. 7

PE-Planung u. Strategie

Prozeßbegleitung bei Einführung der Gruppenarbeit

Ziel: Entwicklung und Stabilisierung des GA-Prozesses bis zum Selbstlauf

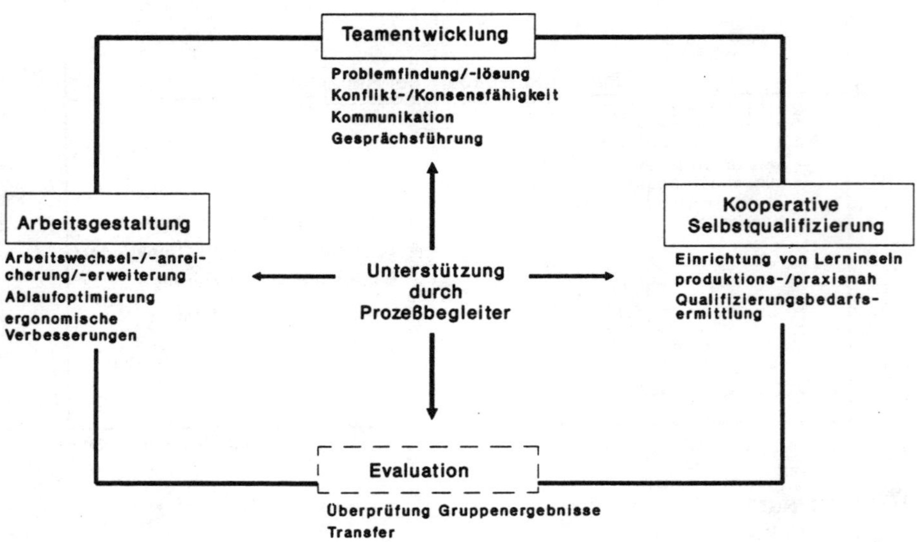

VOLKSWAGEN
Abb. 8

PE-Planung und Strategie
Dr. M. Lacher

Mitarbeiterinteresse / Unternehmensinteresse
Wirtschaftlichkeit
+
–
–
Mitarbeiterinteresse
● Arbeit, die Freude macht
● Einsatz nach fachl. und persönl. Kompetenz
● Anerkennung und gute Bezahlung
● Chancen zum beruflichen Aufstieg
● Information und Beteiligung
● Vorgesetzte, die richtig führen
● Gute Zusammenarbeit
● Gute Mischung von Arbeit und Freizeit
Unternehmensinteresse
Wettbewerbsfähig und wirtschaftlich durch:
● Innovation
● Kundenorientierung
● Hohe Produktivität
VOLKSWAGEN
Abb. 9
Personalentwicklung

Walter Georg:
In dem Referat von Karlheinz Hiesinger ist deutlich geworden, wo im Vergleich zur deutschen Diskussion die Probleme einer unmittelbaren Übernahme bildungspolitischer Konzepte aus Japan liegen. Ich finde es aber irritierend, daß wir uns permanent in eine Art Verteidigungshaltung begeben, die positiven Verhältnisse - zumindest die sozialen - in der Bundesrepublik betonen und die Defizite auf der japanischen Seite pointieren, ohne daß wir die ganz andersartigen *Maßstäbe* thematisieren, die in Japan und Deutschland für die Bemessung solcher sozialen Probleme bestehen.
In den Handlungsfeldern betriebliche Qualifizierung und staatliche/gewerkschaftliche Bildungspolitik finden in Deutschland in periodischen Abständen immer wieder hektische Diskussionen statt, die sich derzeit nicht nur auf die technischen und arbeitsorganisatorischen Veränderungen und die damit verbundenen Qualifikationsprobleme beziehen, sondern auch auf sinkende Schulabsolventenzahlen und ein verändertes Bildungsverhalten, das immer mehr Jugendliche in die Gymnasien und in die Hochschulen lockt und die Berufsausbildung innerhalb des dualen Systems immer weniger attraktiv erscheinen läßt. Hier scheint diese Diskussion besonders spannend zu sein vor dem Hintergrund der japanischen Erfahrungen. Japan ist ähnlichen Herausforderungen ausgesetzt, scheint diese Herausforderungen aber auf eine völlig andere, ja gegensätzliche Weise zu lösen.
Man könnte im Kontext von Japan auch darüber sprechen, daß man in Japan keine Scheu hat, ein Bildungssystem aufzubauen, das sich ausschließlich der *Gesamtschulidee* verpflichtet, daß es eine neunjährige Pflichtschulzeit gibt, in der es weder ein Sitzenbleiben noch eine Differenzierung in verschiedene Schulzweige gibt und anschließend eine dreijährige Oberschule, die von 95% der Bevölkerung in Anspruch genommen wird, obwohl man dafür Schulgeld bezahlt.
Und es gibt offenbar keine heftigen Widerstände von Seiten der Industrie gegen diese Bildungsexpansion, die es in den letzten 20 Jahren in Japan gab. Wenn ich erinnern darf an die hektischen Diskussionen, die bei uns zur Zeit laufen über die Verschiebung der Schulabsolventen zu Lasten des dualen Systems und zugunsten der gymnasialen und der Hochschulausbildung, denke ich, ist das auch ein interessantes Phänomen, das im Japan-Deutschland-Vergleich zu diskutieren lohnt.

Klaus Franz, Opel Rüsselsheim:
Ein großes Defizit ist im Moment, daß wir hier keine gemeinsame Einschätzung haben, was eigentlich Lean Production ist. Was haben wir unter diesem prozeßorientierten Verhältnis von Konstruktion, von Just-in-Time, von Unternehmenskultur, von Gruppen- und Teamarbeit, von Qualifikationsanforderungen zu verstehen?
Weiter wurde vernachlässigt, welch enormes Rationalisierungselement darin i.S. von Lean Konstruction steckt: Ein Fahrzeug aus der Reihe von Opel hatte 12.000, der Nachfolger rund 8.000 Einzelteile - ein Rationalisierungseffekt von 33%!

Wir machen auch einen Fehler, indem wir immer nur auf Japan starren und die MIT-Studie zitieren. Früher habe ich Türen lackiert, 647 am Tag; eine davon unten schlecht lackiert bedeutete: Eine Kundin oder ein Kunde kaufte ein Auto für 30.000 DM, bei dem die Tür in einem halben Jahr durchgerostet war - ein entscheidendes Argument, nie mehr so ein Fahrzeug zu kaufen.
Meine These: das westliche Produktionssystem ist absolut an seine Grenzen gestoßen. Mit und ohne Japaner. *Deshalb* müssen wir uns über neue Arbeitsorganisation und über neue Produktionsmodelle unterhalten.
Der nächste Punkt ist der, daß wir es lernen müssen als Gewerkschaften mit über 100-jähriger Tradition, nicht mehr in Zielvorgaben von einem festen Anfangspunkt bis zu einem festen Endpunkt zu denken. Wir müssen es lernen, uns auf Prozesse einzulassen, die wir *in der konkreten Prozeßentwicklung gestalten* können. Die Unternehmen lassen sich heute - und da sind sie ein Stück weiter als wir - auf Prozesse ein, sie finanzieren Prozesse, sei es in berufliche Qualifikation, in Unternehmenskulturentwicklung, in der Arbeitsorganisation; sie optimieren die Prozesse.
Wo stehen wir? Haben wir eine Zaunkönigsmentalität, wollen wir die Geschichte nur kommentieren oder sind wir Bestandteil und Gegenstand dieses Prozesses? Meine Position ist, daß wir eingreifen, aktiver Bestandteil sein müssen! Denn Wertvorstellungen, die heute theoretisch von den Unternehmen formuliert werden, im wesentlichen Mitarbeiter-, Qualifikations-, Qualitäts- und Umweltorientierung sind für uns Chancen, die Unternehmen beim Wort zu nehmen. Das sind gewerkschaftliche Ziele, für die wir schon vor vielen Jahren eingetreten sind. Wir sind Frau und Manns genug, auch inhaltlich zu gestalten. In der Technikgestaltungsdiskussion der siebziger Jahre haben wir gute Arbeit geleistet.
Die Unternehmer geben den Widerspruch zwischen Lohnarbeit und Kapital auch mit Lean Production überhaupt nicht auf. Er wird nur im einzelnen deutlich, wenn etwa ein kontinuierlicher Verbesserungsprozeß (KVP) dazu benutzt wird, einseitig der Belegschaft Vorgaben zu machen, ablaufbedingte Wartezeiten zu eliminieren, olympiareife Mannschaften zu produzieren, Attestanten und Schwerbehinderte herauszudrängen aus den Gruppen. Ihr Ziel ist natürlich ein möglichst großer Rationalisierungseffekt mit diesen Sozialtechniken. Es ist unsere Aufgabe, eine Offensive zu beginnen in den Fragen Qualifikation, Verantwortung der Arbeitseinteilung, Personaldisposition usw. Diese Elemente wollen die Beschäftigten und darauf reagieren die Unternehmer!
Wir müssen als Gewerkschaften wertorientierend, wertstiftend sein. Auf diesem Gebiet wird sich der Kampf um die Herzen und Hirne der Menschen in den Fabriken entscheiden. Wer die Alltagskompetenz besitzt, in den Produktionsprozeß, in die Arbeitsorganisation und in die soziale Struktur einzugreifen, wird auch die Stimmen für Gruppensprecher kriegen. Hier haben wir eine enorme Herausforderung, unsere Gestaltungsaufgaben wahrzunehmen.
Wir müssen eine Offensive führen gegen die Auswirkung der Lean Production im Verhältnis zu den Zulieferern, gegen prekäre Arbeitsverhältnisse.
Wir müssen von einem Standortdenken zu einem regionalen Denken kommen, wir müssen über den Betriebsbereich hinausdenken.
Ein wichtiger Punkt ist die gruppenarbeitsförderliche Technikgestaltung. Die Unternehmen wollen durch Belastungswechsel die Überkopfarbeit wieder einführen;

bei 2 anstelle von 8 Stunden mache die Überkopfarbeit nichts aus. In der Fertigmontage Automobilbau müssen auch bei Gruppenarbeit Schwenkgehänge weiterhin Essentials sein. Von erreichten Standards dürfen wir auch bei der zukünftigen Technikgestaltung nicht abkommen.
Was wir brauchen ist Lean Production, Gruppenarbeit, Teamarbeit, um selbstbewußtes, selbstkritisches autonomes Handeln von Beschäftigten zu befördern und damit Produktivität zu erreichen.
Ich warne die Unternehmer: Die Belegschaften in unseren Betrieben kennen die Schürfbedingungen und die Schürfgebühren für "das Gold in ihren Köpfen". Werden sie mit dem kontinuierlichen Verbesserungsprozeß über den Tisch gezogen, dann werden sie zumachen, dann haben die Unternehmen das riesen Entgegenkommen der Belegschaft verspielt, sich in den Produktionsprozeß einzubringen.

Wolfgang Curt, BRV (Kundengießerei, 3.000 Leute, Zulieferindustrie):
Ich persönlich lerne Lean Production in der Realität völlig anders kennen. In Japan, so war hier zu hören, soll Lean Production quasi schon überholt sein. Ich habe fast gar nichts gehört, wie es bei den Zulieferern aussieht, sicherlich viel verheerender.
Offensichtlich haben die Zulieferer auch in Japan eine sehr schlechte Lobby. Enttäuschend für mich ist, daß selbst bei dieser IG-Metall-Veranstaltung keiner aus der Zuliefererindustrie auf dem Podium sitzt, obwohl es angekündigt war.
Lean Production läuft bei uns auch, nur unter anderen Bezeichnungen - und viel an uns vorbei.
Wettbewerbsfähigkeit könnte die Fahrzeugindustrie auch erreichen, wenn sie sich das Gleiche vornähme, was sie den Zulieferern diktiert, nämlich in den nächsten fünf Jahren bei garantierter guter Qualität jedes Jahr billiger zu werden trotz Lohn- und Materialkostenerhöhungen!
Unter diesem Gesichtspunkt muß Lean Production anders gesehen werden.

Manfred Wuggazer, Osram (Zulieferindustrie):
Mir scheint in der Diskussion, daß Weiterbildung nur bei Männern und Facharbeitern notwendig ist. Ich frage, wo bleiben hier die beabsichtigten Weiterbildungsschritte oder angedachten Möglichkeiten für unsere Frauen? Es ist unsere Verpflichtung als Gewerkschaft, denen zu helfen, die oft unter sehr schwierigen Bedingungen die arbeitsintensiven Teile auch in der Autoindustrie erledigen. Die jeweiligen Erstzulieferer weichen zur Kostensenkung auf die Zweitzulieferer aus - und dort auf Arbeitsplätze, die "geringfügige Beschäftigung" und ähnliche Dinge beinhalten, weil der Betrieb Sozialkosten spart. Das erfordert eine *politische* Antwort der IG Metall.

Herbert Kahlisch, (Zulieferindustrie):
Ich bedaure, daß auf dem Podium und auch bei den Diskussionen die Automobilherstellerriege anscheinend alles beherrscht und niemand von den vielen kleinen Ameisen in unserem Lande so recht Kenntnis nimmt.
Beim Thema Qualifikation vermisse ich, daß eine Qualifizierung auch der Manager erfolgen muß, nämlich im Umgang mit dem Partner, der Automobilzulieferindustrie. Das Feld "Sein oder Nichtsein" als Autozulieferer und als abhängig Beschäftigte dürfen wir nicht Kaufleuten überlassen, die nichts anderes zu tun haben,

als mit dem spitzen Bleistift zu rechnen, uns in der Wettbewerbsfähigkeit auszugrenzen, zu blöffen und zu drängeln.
Hier muß über das *Gesamtkonzept* in unserer Gesellschaft nachgedacht werden.
Wenn ich die Kollegen in den Autoherstellerbetrieben auf das Thema anspreche, bekomme ich immer nur ein Schulterzucken.
Wenn wir von Partnerschaftlichkeit, von Mitbestimmung reden, muß auch eine übergreifende Mitbestimmung diskutiert werden, damit es nicht zu japanischen Verhältnissen kommt, wo in Hinterhöfen zu Arbeitsbedingungen des frühkapitalistischen Systems gearbeitet werden muß.
Ich bitte, das als Anregung für diesen Kongreß zu verstehen.

Christoph Deutschmann, Universität Tübingen:
Manches, was von den Rednern zu unserem Thema gesagt worden ist, erinnert mich ein bißchen an den alten Spruch "Wasch mich, aber mach mir den Pelz nicht naß": Wir nehmen uns die angehmen, erfreulichen Seiten der Lean Production heraus, aber die weniger erfreulichen, unangenehmen Seiten wollen wir nicht!
Können wir das überhaupt? Handeln wir uns, wenn wir die positiven Seiten verwirklichen, damit nicht *notwendigerweise* eben auch gewisse *unerwünschte Folgen* ein?
Ein Beispiel: Es ist gesagt worden, wie wichtig Prozeßorientierung ist, d.h. die Optimierung des Gesamtprozesses des Arbeitsflusses im Unternehmen ist wichtiger als die Optimierung der einzelnen Funktionen und Aufgaben. Diese Prozeßoptimierung beherrschen die japanischen Unternehmen offensichtlich besser als die deutschen Unternehmen und das hat - wie wir gehört haben - etwas mit dem Ausbildungssystem zu tun: mit der Integration der Beschäftigten in den konkreten Arbeitskontext des Unternehmens und einem eben nicht auf Berufe hin orientierten Ausbildungssystems.
Unser Ausbildungssystem ist *beruflich* orientiert, d.h. aber immer: bis zu einem gewissen Grade aufgaben- und funktionsbezogen - und eben *nicht prozeßbezogen*. Gleichzeitig wurde gesagt, unser berufliches Ausbildungssystem soll die Persönlichkeit entwickeln, soll die individuelle Unabhängigkeit fördern. Das sind alles für uns wichtige Ziele, die aber gleichzeitig der Prozeßorientierung und den Kooperationsanforderungen, die damit gesetzt sind, in gewisser Weise widersprechen.
Man kann also u.U. nicht beides gleichzeitig haben. Man wird möglicherweise eine stark betriebsabhängige Form der Qualifizierung bekommen mit allen Nachteilen. Wenn wir diese Nebenfolgen vermeiden wollen, wie das Herr Haase gefordert hat, dann ist die Frage: Können wir uns das leisten? Wird es nicht heißen, daß wir mit der besseren Koordinierung der Arbeitsflüsse nicht vorankommen?

Dieter Riemann, BRV VW Mosel/Zwickau:
Was der Kollege Hiesinger und Herr Haase zum Auftrag an Qualifizierung gesagt haben, ist zu unterstützen. Nur die Zielorientierung derer, die Lean Production umsetzen wollen, ist eine andere. Danach wird es eine kleine Elite geben, die anderen werden "während der Arbeit" angelernt und bekommen bei neuen Maschinen eine Kurzschulung durch den Hersteller. Und hinterher stehen unsere verunsicherten Kolleginnen und Kollegen vor den Tableaus mit den vielen Lichtern. Aus dieser Unsicherheit rühren mittlerweile psychosomatische Erkrankungen. Da liegt der Hase im Pfeffer *(Heiterkeit)*.

Peter Haase:
Herr Franz hat das Innovationspotential angesprochen. Wir haben - gemessen an Japan - bei unseren Technikern und Ingenieuren ein riesen Innovationspotential, und wir versuchen, Produkte und Prozesse vorne in der F+E durch Simultaneous Engineering noch besser zu gestalten. Bei der Prozeßorientierung, glaube ich, haben wir ein Defizit, nicht aber bei den fachlichen Qualifikationen. Das liegt an unserem Schulsystem, das uns zum Einzelkämpfer erzieht. Die Einzelleistung zählt, aber heute wird die Innovation, die uns voranbringt, in Gruppen erarbeitet. Wir von der Industrie versuchen jedenfalls, mit entsprechenden Bildungspolitikern ins Gespräch zu kommen, und es gibt auch an den Schulen eine Reihe erfolgversprechender Ansätze. Aber leider ist das ein Thema von zehn oder auch zwanzig Jahren.
Das Management muß sich im Klaren über folgende Punkte sein - und das TOP-Management ist sich darüber im Klaren: Bildung im Betrieb erfordert Auszeit - also wenn Gruppengespräche laufen müssen o.ä. - genauso als wenn sie jemand zum Seminar schicken. Das muß geplant werden und es muß hoffähig werden, daß dafür auch Sondergutschriften geschrieben werden. Das muß feststehender Bestandteil der Planung werden.
Wenn wir die "Pyramide" auf den Kopf stellen und den Werker wirklich in den Mittelpunkt rücken, dann müssen wir uns darauf einstellen, daß wir innerbetrieblich einen Wettbewerbskampf bekommen werden zwischen dieser neuen "Delegation" und den Fachabteilungen, die bisher diese Aufgaben innehatten.

Karlheinz Hiesinger:
Ein Widerspruch zieht sich notgedrungen durchgängig durch diese Veranstaltung, von dem ich glaube, daß Herr Deutschmann ihn entscheidend herausgearbeitet hat. Wir werden uns irgendwann innerhalb unseres Bildungssystems, innerhalb unseres Qualifizierungssystems dafür entscheiden müssen: Wollen wir den mündigen, sich in der Arbeit selbstverwirklichenden Bürger, oder wollen wir den, der sich in diese Prozesse einbringt mit all dem, was in Japan praktiziert wird?
Nirgendwo im Betriebsverfassungsgesetz gibt es bessere Mitbestimmungsmöglichkeiten, als diese Qualifizierungsprozesse zu initiieren und zu gestalten bis hin zu dem, was Herr Haase vorgetragen hat - wo ich sagen müßte, die Botschaft höre ich wohl, doch mir fehlt der Glaube.
Denn dieses würde z.B. bedeuten, daß Ausbildungszentren offiziell Innovationszentren der Betriebe werden würden.

Walter Georg:
Ich hatte den Eindruck, daß im Vergleich zu Japan ein allgemeines Einverständnis, eine weitgehende Zustimmung zu dem vorliegt, was bei uns innerhalb des Berufsausbildungssystems geschieht. Gleichzeitig besteht aber eine Kritik daran, daß einerseits diese komplex strukturierte Facharbeiterausbildung bei uns auf einen Aufgabenzuschnitt stößt, der dieser Komplexität eher nicht gerecht wird, der andererseits aber die mit der Ausbildung geschaffenen Potentiale zumindest zum Teil verfallen läßt, weil eben nur partiell Fähigkeiten abgefordert werden, die in der Facharbeiterausbildung aufgebaut wurden.
Damit verbunden ist dann ein Plädoyer für eine bessere Nutzung von Qualifikationen und für eine stärkere Verschränkung von Qualifizierung und Arbeitsstruk-

turierungsmaßnahmen. Hier liegt ein entscheidender Unterschied zwischen der berufsbezogenen Ausbildung in Deutschland und der unternehmensbezogenen Qualifizierung in Japan.

VI.Teil

Lean Production und Gestaltung - Arbeitsorganisation, Technik und Unternehmenskultur

Moderation: Prof. Dr. Frieder Naschold, WZB

Podiumsdiskussion mit

Siegfried Bleicher, Vorstandsmitglied der IG Metall
Lean Production und Gestaltung
- Arbeitsorganisation, Technik und Unternehmenskultur
Dr. Otto Hirschbach, Roland-Berger-Unternehmensberatung, München
Kurzbeitrag
Manfred Schoch, GBR-Vorsitzender BMW
Kurzbeitrag
Walter Riester, Bezirksleiter der IG Metall, Bezirk Stuttgart
Kurzbeitrag

Diskussion

Siegfried Bleicher

Lean Production und Gestaltung

- Arbeitsorganisation, Technik und Unternehmenskultur

Viele Fragestellungen und manche Antworten sind im Rahmen dieser Tagung zum Themenkomplex "Lean Production" als gewerkschaftliche Gestaltungsaufgabe entwickelt bzw. gegeben worden. Feststeht, daß die neuen Produktions- und Managementkonzepte wie "Lean Production" nicht nur eine neue Herausforderung an die Gestaltung von Arbeit und Technik darstellen, sondern Gestaltungspolitik geradezu in den Mittelpunkt gewerkschaftlicher Interessenvertretung rücken.
Zentraler Ort der Gestaltung von Arbeit und Technik ist zwangsläufig der Betrieb. Deshalb werden wir nicht umhin kommen, die gewerkschaftliche Betriebspolitik darauf zu überprüfen, ob sie den qualitativen Anforderungen, die mit neuen Planungs- und Produktionskonzepten verbunden sind, entspricht.
Gewerkschaftliche Gegenmachtpolitik muß zukünftig Gestaltungspolitik sein. Es genügt nicht mehr, betrieblich auf "sozialpolitischen Husten" zu reagieren. Nein, wir haben die Aufgabe, eigene, an den Interessen der abhängig Beschäftigten orientierte Gestaltungskonzepte zu entwickeln, um sie in einen - natürlich auch interessenbezogenen - Wettbewerb unternehmerischer Vorstellungen einzubringen.
Dies setzt natürlich zum einen entsprechende gesetzliche und tarifvertragliche Rahmenbedingungen und Möglichkeiten voraus und ist zum anderen ein hoher Anspruch an die sogenannte Unternehmenskultur, die durch Argumentation und Diskurs geprägt sein muß. Vergessen wir nicht, daß Lean Production aus der Sicht der Unternehmensleitungen auch und vor allem eine Rationalisierungsstrategie ist.
Von besonderem Interesse ist dabei der schnell vollzogene, ja geradezu atemberaubende Schritt vieler Unternehmensleitungen weg von einer ausschließlich technikzentrierten Rationalisierungsstrategie hin zu Produktionskonzepten, welche die menschliche Arbeitskraft zum Mittelpunkt haben. Illusionen von einer menschenleeren oder auch nur menschenarmen Fabrik, wie sie durch manche CIM-Konzepte oder viele Überlegungen zur sogenannten Künstlichen Intelligenz genährt wurden, haben sich zwischenzeitlich aufgelöst.
Wir können uns durch diese Entwicklung bestätigt fühlen, weil wir schon sehr früh nicht nur auf die humanisierungspolitischen Probleme, sondern auch auf die ökonomischen und gesellschaftlichen Konflikte, die mit einer ausschließlich technisch orientierten Prozeßinnovation verbunden sind, hingewiesen haben. Aber diese Bestätigung unserer Politik darf nicht zur Selbstzufriedenheit führen.
Das Tempo der angelaufenen Diskussion über neue Produktionskonzepte sowie die geradezu sprunghaft vorgenommene Einführung von Gruppenarbeit, insbesondere in Großbetrieben, die für die IG Metall von strategischer Bedeutung sind, zeigen auf, wie wichtig und dringlich gewerkschaftliches Handeln ist. Allerdings benötigen wir auch Zeit, um neue Produktionskonzepte mitzugestalten. Wir benötigen Zeit, um auszuloten, welche Beschäftigtengruppen besonders negativ von den anstehenden Veränderungsprozessen betroffen sein können, um Vorschläge für deren Interessenschutz auszuarbeiten. Die Entwicklung solidarischer Personal- und Arbeitskonzepte gehört zu unseren Aufgaben. Wer Arbeitskonzepte

verändert, verändert auch Zuständigkeiten, Kompetenzen, soziale Beziehungen, Anforderungen und Belastungen. All dies droht, bei dem eingeschlagenen Tempo mancher Unternehmensleitungen zu kurz zu kommen.

Bei vielen Betriebsräten hat dies zu Unsicherheiten geführt. Manche meinen, daß Lean Production gewissermaßen eine Modeerscheinung sei, die genauso vergeht, wie andere auch. Andere Betriebsfunktionäre entwickeln auch aufgrund eigener Erfahrungen Ängste und sehen nur die Verlierer, aber weniger die Chancen, die bei der Einführung neuer Produktionskonzepte entstehen.

Betriebsräte, die bisher hauptsächlich betriebliche Gestaltungspolitik als Formulierung von Gegenpositionen verstanden haben, müssen sich neu orientieren. Es ist nicht mehr ausreichend, zum Beispiel gegen Gruppenarbeit zu sein, nur, weil die Unternehmensleitung diese fordert. Aber nur zu sagen, auch wir wollen Gruppenarbeit, ist ebenso wenig ausreichend.

War gestern noch Technik die Nummer eins, so ist heute im Zuge von Lean-Production-Konzeptionen die Priorität bei Organisations-, Personal- und Arbeitsentwicklung gelegt. Die Wende von der Technik- zur Menschenzentrierung ist nicht automatisch identisch mit einer Humanisierung der Arbeit!

Die partielle Aufhebung tayloristischer Arbeitsteilung ist keinesfalls identisch mit der Aufhebung von Arbeitsteilung schlechthin.

Und in der schlanken Fabrik ist die Technik nicht automatisch eine sozial- und umweltverträgliche!

Die mit Lean Production verbundenen Arbeitsstrukturen sind keinesfalls per se persönlichkeitsförderlich und -fördernd. Wenn Unternehmensleitungen Gruppenarbeit zur Ökonomisierung der Produktion sowie zur Nutzung des Produktionswissens der Arbeitnehmerinnen und Arbeitnehmer aber auch zur Erhöhung der Maschinenverfügbarkeit und der Qualität einsetzen wollen, sind aus unserer Sicht die Inhalte und Formen von Gruppenarbeit zu bestimmen.

Es gilt, die Chancen und Risiken von Gruppenarbeit, Beteiligung, höherer Verantwortlichkeit der Beschäftigten und anderer Elemente unter den Bedingungen neuer Produktionskonzepte abzuwägen und zu bestimmen. Dies wird in gewerkschaftlich gut organisierten Großbetrieben eher möglich sein als in Klein- und Mittelbetrieben.

In vielen Unternehmen werden Rationalisierungsprozesse als offene Such- und Lernprozesse organisiert. Betriebsratsarbeit muß sich diesem Charakter anpassen sowie prozeß- und projektorientiert angelegt sein. Die Eingriffsmöglichkeiten des Betriebsrates müssen schon zu Beginn derartiger unternehmerischer Rationalisierungsvorhaben vorhanden sein.

Neue Produktionskonzepte oder gar die Fabrik der Zukunft - sie lassen sich nicht so nebenbei planen und einführen. Notwendig ist eine verstärkte Professionalisierung, um unternehmerischen Vorstellungen eigene konstruktive Konzepte entgegenzusetzen.

Diese Konzepte müssen vor allem eines berücksichtigen: Unser Ziel ist nicht die schlanke Fabrik an sich, sondern eine Fabrik, in der sozial- und umweltverträglich produziert wird und in der Produkte hergestellt werden, die wiederum selbst sozial- und umweltverträglich sind.

Im Ergebnis ist dies nicht eine Fabrik, die nach statischen, technischen oder ausschließlich organisatorischen Prinzipien umorganisiert wird. Wir gehen vielmehr

von einer sogenannten lernenden Organisation aus. Also einer Fabrik, die in ihren Strukturen so beschaffen ist, daß sie sich dem wandelnden Interesse der Beschäftigten ebenso anpassen kann wie wirtschaftlichen und betrieblichen Notwendigkeiten. Dieser permanente Wandlungsprozeß muß, wie ich eben schon ansprach, in einem demokratischen Dialog ausgehandelt werden.
Solche Industriestrukturen haben selbstverständlich auch Rückwirkungen auf die Gewerkschaften. Die Gewerkschaften selbst müssen in einem höheren Maße als bisher "lernende Organisationen" sein. Unsere Forderung nach einer demokratischen Unternehmenskultur, die sich von unmittelbar interessenbestimmten Sozialtechniken abhebt, ist deshalb auch eine Herausforderung an die Gewerkschaften selbst.
Für die Diskussion möchte ich noch einige gewerkschaftliche Grundpositionen formulieren.

1. Das klassische Hierarchieverständnis im Betrieb ist zu verändern, um Eigenverantwortung und Selbstbestimmung der Beschäftigten zu fördern und dadurch Herrschaftsansprüche abzubauen.
2. Die Gestaltung von Arbeit und Technik ist als Systemgestaltung zu begreifen, in dem Menschen als biologische Wesen berücksichtigt werden und ein lebenslanges Arbeiten und Lernen technisch und organisatorisch unterstützt wird.
3. Eine Organisationsgestaltung ist durchzusetzen, die der Persönlichkeitsentwicklung dient und Selbstbewußtsein fördert, aber auch herausfordert, anstatt dieses zu deformieren.
4. Personal- und Qualifikationsentwicklung ist so zu gestalten, daß "Berufskarrieren" für alle Beschäftigten möglich sind und über diese nicht nur der formale Bildungsabschluß entscheidet.
5. Eine Technikgestaltung ist zum Durchbruch zu bringen, in der Technik als Werkzeug betrachtet wird, welches die Beschäftigten unterstützt und sie dort ersetzt, wo massive Gefährdungen der Gesundheit unabwendbar sind.
6. Ein ökologisches Bewußtsein ist zu befördern, das sowohl den Arbeitsprozeß als auch das Produkt, dessen Anwendung und seine Entsorgung zu einer gemeinschaftlichen, vernetzten Aufgabe macht.
7. Das Bewußtsein ist dafür zu schärfen, daß auch im Betrieb Ressourcen- und Energieeinsparungen als unternehmerische Zukunftssicherung definiert.
8. Ein Zukunftsverständnis ist zu fördern, in dem die Fragen nach dem zukünftigen Arbeiten und Leben nicht vorschnell sogenannten Sachzwängen unterworfen wird.
9. Über zukünftige Tarifverträge sowie über die Novellierung der entsprechenden Gesetze - wie der Betriebsverfassung - müssen die Möglichkeiten der Beteiligung der Arbeitnehmerinnen und Arbeitnehmer über qualifizierte Mitbestimmungsrechte vom Arbeitsplatz bis zur Gesamtwirtschaft festgeschrieben werden.
10. Ein neues Menschenbild muß in der Gestaltung von Arbeit und Technik dominieren, welches die Fähigkeiten der Menschen als eine Stärke begreift, aber auch vorhandene Schwächen akzeptiert.

Wir müssen begreifen, daß es nicht nur um technische und organisatorische Veränderungen geht, wenn neue Produktions- und Planungskonzepte eingeführt werden sollen. Es geht vielmehr um einen Umbruch in unserer Industriekultur, ja, in unserer Kultur schlechthin. Wenn wir diesen Umbruch nicht bewältigen, werden wir vielleicht mehr schlecht als recht und mitunter sogar erfolgreich Arbeitsstrukturen aus anderen Industriegesellschaften übernehmen. Dies wird aber bei weitem nicht ausreichen, um die notwendige eigenständige industrielle Zukunftsvorsorge zu treffen.
Ich weiß, daß diese Forderungen in ihre Globalität bei den Unternehmensleitungen größtenteils Bejahung finden werden. Viele Erfahrungen zeigen, daß die Interessengegensätze erst dann deutlich aufbrechen, wenn es um die konkrete Mitwirkung und Mitbestimmung der Beschäftigten und ihrer Interessenvertretungen geht.

Manfred Schoch

Kurzbeitrag

Jedes Jahr - und das schon seit zehn Jahren - macht das Management den Vergleich mit den Japanern und vergrößert damit die Angst in der Belegschaft. Das Ergebnis ist, der Arbeitsdruck und die Belastung steigen, die Stimmung im Betrieb sinkt, und am Jahresende wird wieder ein Ergebnis in Rekordhöhe ausgewiesen oder sogar die Dividende weiter erhöht. Es stellt sich also für mich die Frage, ob der Japanvergleich nicht ein Vorwand für eine verschärfte Rationalisierung ist.
Ist Lean Production eine neue Falle der Rationalisierung? Wollen die Arbeitgeber unter dem Deckmantel von Lean Production die schnelle Mark machen?
In unserem Unternehmen konnte man das Wörtchen Lean Production noch nicht fehlerfrei schreiben, da wußte man schon, daß man 120 Millionen Mark damit spart. Und es stellt sich für mich die Frage, ob wir nach dem Themen Qualitätszirkel, Just-in-Time, Kaizen usw. nun die vierte Modewelle mit Lean Production bekommen.
Die Arbeitgeber wollen meiner Meinung nach mit dem Ansatz Lean Production die Standortnachteile in Deutschland ausgleichen. Ihr alle kennt die Arbeitgebersprüche: "Wir haben die kürzesten Arbeitszeiten, den längsten Urlaub, die höchste Krankenquote, die höchsten Löhne und dafür die meisten Feiertage."
Es stellt sich nun die Frage, ob diese angeblichen Standortnachteile durch Lean Production ausgeglichen werden können. Ich vertrete die Meinung, daß wesentliche Kostennachteile hier in Deutschland ganz andere Ursachen haben als unsere Produktionsstrukturen in den Fabriken.
Erstens, die Hauptursache des Kostenvorteils der Japaner kommt aus den Verhältnissen in der Zulieferindustrie in Japan. Es wurde dargestellt, daß Toyota nur noch eine Fertigungstiefe von 15 Prozent hat, d.h. 85 Prozent der Teile kommen aus der Zulieferindustrie. Ich habe persönlich Garagenbetriebe in den Vororten von Tokio besichtigt. In der Zuliefererindustrie in Japan wurden Löhne zwischen 7 und 8 DM gezahlt, die Arbeitszeiten betrugen zwischen 9 und 12 Stunden incl. Samstag oder sogar Sonntag, Sozialleistungen wie Urlaubsgeld, Weihnachtsgeld oder sonstige Zahlungen waren unbekannt!
Und hinzu kommt Heimarbeit für ältere Mitarbeiter und Kinder, für 3 bis 4 DM. Das sind Verhältnisse wie bei uns - ich sage etwas überspitzt - im Jahre 1890.
Der *zweite* Kostenvorteil der Japaner sind die günstigen Möglichkeiten der Finanzierung. Die Japaner hatten in den vergangenen Jahren die Möglichkeit, sich mit einem Zinssatz von 2% zu finanzieren. Wir in Deutschland haben einen Zinssatz von ungefähr 8%, d.h. einen Kostenvorteil von über 6%. Das ergibt bei einem Investitionsvolumen - bezogen jetzt auf BMW - bei 2 Milliarden Mark pro Jahr allein einen Kostenvorteil von 120 Millionen Mark. Hinzu kommen spekulative Gewinne über die Bodenspekulation.
Drittens ziehen die Japaner einen wesentlichen Vorteil auch daraus, wie sie mit ihren Mitarbeitern umgehen. Für mich unterliegen die Belegschaften insbesondere in den japanischen Zulieferbetrieben einem sehr starken Gruppenzwang; Beurteilungssysteme und Bonussysteme sind direkt mit Geld verknüpft. Die Mitarbeiter unterliegen einem ungeheuren Geldzwang, und das beantwortet die Frage, warum sie Krankheitstage mit Urlaubstagen abdecken.

Die Miete in Tokio beträgt über 20 DM/qm, eine Wassermelone kostet 25 DM, ein Kilogramm Fleisch zwischen 40 und 80 DM. Und hinzu kommt, daß sich viele noch Privatschulen zur Erlangung eines Universitätsabschlusses leisten müssen für über 500 DM pro Monat.

Viertens spielen die Gewerkschaften in Japan nicht eine Rolle wie in Deutschland. In den Fabriken der Japaner in den USA gibt es keinen einzigen gewerkschaftlich organisierten Betrieb. Demokratie ist in Japan in den Betrieben noch unbekannt und das Wort Mitbestimmung ein Fremdwort.

Ich darf aber auch auf einige *gravierende Schwachstellen in unseren Unternehmen* eingehen: Unsere Bürokratie und unsere Hierarchie.

Für die Änderung eines Türstockes beim Umbau eines Gebäudes werden bei uns 6Unterschriften benötigt, Durchlaufzeit ungefähr 2 Monate. Für den Verkauf eines Gebrauchtwagens bei BMW brauchen wir 8 Hierarchieebenen, wir brauchen einen Gebrauchtwagenverkäufer, einen Gebrauchtwagenverkaufsleiter, einen Verkaufsleiter, einen kaufmännischen Leiter, einen Niederlassungsleiter, einen Regionalleiter, einen Bereichsleiter und einen Vorstand.

Ich sage nur: einer verkauft, acht verwalten. Das sind unsere Kostenfaktoren, unsere Wettbewerbsnachteile.

Eine weitere Schwachstelle ist unsere Entwicklung; alle haben beim Produktanlauf große Probleme - ob das der 3er-BMW ist, der GOLF oder der ASTRA. Alle haben Probleme bei den Änderungen mit den entsprechenden Kosten in der laufenden Serie. Wir bei BMW haben 30.000 Änderungen im Jahr in der laufenden Serie. Sind das Kostenprobleme?

Wir haben bei unserer 5er-Serie 326 verschiedene Varianten der Türverkleidungen. Was dies kostet! Das frage ich mich! Und ob dies erforderlich ist und der Kunde es wünscht!

Und die dritte wesentliche Schwachstelle ist so manche Managemententscheidung in der Modellpolitik. Das kostet Geld in Millionen-, wenn nicht in Milliardenhöhe. Über das, was dort in den Sand gesetzt wird, müssen wir als Gewerkschafter, als Betriebsräte und Aufsichtsräte sehr ernsthaft diskutieren.

Das sind meiner Meinung nach unsere wesentlichen Kostennachteile in Deutschland gegenüber den Japanern.

Ich persönlich meine, daß die von mir genannten Faktoren 80 Prozent der Kostennachteile gegenüber den Japanern darstellen und nur ein geringerer Teil letztendlich auf die Strukturen der Sozialleistungen in Deutschland zurückzuführen sind. Ich meine aber, daß wir trotzdem das Thema Lean Production aufnehmen und die darin für unsere Belegschaften vorhandenen Chancen nutzen sollten zu umfangreicherer Selbstbestimmung, zu mehr Eigenverantwortung, zu Aufgabenanreicherung und zu mehr Nutzung der Individualität. Ich glaube auch, daß wir stark genug sind, dies umzusetzen.

Ich möchte aber als wesentliche Grundvoraussetzung dafür drei Punkte nennen:

Erstens, das Management muß endlich weg von dem autoritären Führungsstil vor der Einführung der Gruppenarbeit.

Zweitens haben wir heute in allen Großbetrieben die Sparmaßnahme "Leute rauswerfen". Ob 3.000, 12.000 oder 20.000. Wie sollen wir unsere Kollegen und Kolleginnen für neue Arbeitsstrukturen gewinnen und motivieren, wenn ein Teil von ihnen hinausgeworfen wird? Das halte ich schlicht für unmöglich.

Drittens erwartet die Belegschaft, wenn sie Qualitätsprüfungsarbeiten, planerische Tätigkeiten usw. übernimmt, daß sich das auch in Geld, sprich in der Lohngruppe niederschlägt.
Ich meine, wir sollten die Chancen im Zusammenhang mit Lean Production wahrnehmen.

Dr. Otto Hirschbach

Kurzbeitrag

Lean Production verstehe ich hier als Arbeitsbegriff, der keineswegs implizieren soll, daß wir einfach japanische Konzepte übertragen wollen. Wir sind uns darüber im Klaren, daß es zur Lösung der anstehenden Probleme in der Automobilindustrie und ganz ausdrücklich auch in der Automobilzulieferindustrie nicht genügt, nur einen Kimono anzuziehen und zu glauben, damit seien die Probleme gelöst.

Man muß vielmehr aus unserer Sicht die Hintergründe der japanischen Überlegenheit begreifen. Das kann sicher nicht darin bestehen, daß man die MIT-Studie liest und sich nur auf Basis von Zahlenvergleichen eine Erklärung sucht, sondern daß man - wie Herr Schoch das gemacht hat - dorthin fährt und sich vor Ort einen Eindruck verschafft.

Die Punkte, die Herr Schoch angeführt hat, kann ich nur bestätigen. Was er bezogen auf Japan gesagt hat, ist auch meine Erfahrung. Wir müssen daraus die richtigen Schlüsse ziehen und sie mit unseren europäischen, mit unseren deutschen Stärken und unserer Tradition, unserer Kultur, zu entsprechenden Konzepten verbinden.

Ich stimme auch Herrn Hiesinger zu, man solle sich davor hüten, Einzelbausteine wie Just-in-Time oder CIM herauszugreifen und zu glauben, daß man damit ein Problem löst.

Hier ist ganz wichtig, daß man einen *ganzheitlichen* Ansatz findet, mit dem man dieser Herausforderung begegnet.

Aus unserer Sicht ist Lean Production - oder vielleicht besser die schlanke Produktion - eine übergeordnete Zielsetzung und Geisteshaltung bei der Organisation von Wertschöpfungsprozessen. Ziel der schlanken Produktion ist es, in *allen* Schlüsselprozessen eines Unternehmens bereichsübergreifend auf die Kundenzufriedenheit hinzuarbeiten. Dazu ist die Qualifikation und Motivation der Mitarbeiter der entscheidende Erfolgsfaktor.

Das ist nichts Neues, das war schon immer so. Ganz allgemein geht es dabei um die Vermeidung jeglicher Art von Verschwendung in diesen Wertschöpfungsprozessen. Unter Verschwendung verstehen wir hier alle Tätigkeiten, die nicht direkt zur Wertschöpfung beitragen: Ausschuß, Nacharbeit, Überproduktion, Wartezeiten etc.

Verschwendung ist aber auch, wenn wir die Talente, Fähigkeiten und Kenntnisse unserer Mitarbeiter nicht nutzen. Der Geist von Lean Production, nämlich die Vermeidung von Verschwendung jeglicher Art, betrifft daher nicht nur die Produktion eines Unternehmens, sondern alle anderen Bereiche eines Unternehmens.

Gruppenarbeit ist aus unserer Sicht das wesentliche Gestaltungselement innerhalb der schlanken Produktion. Gruppenarbeit ist ein Baustein einer neuen Unternehmenskultur und ein markanter Schritt von der bloßen Ausführung von "oben" festgelegter Arbeitsabläufe zur bewußten Mitgestaltung der Arbeitsabläufe durch die Mitarbeiter.

Die wichtigsten Elemente der Gruppenarbeit aus unserer Sicht sind die weitgehend eigenständige Arbeitsorganisation durch die Gruppen und - ganz entscheidend - der ständige Optimierungsprozeß, KVP oder Kaizen; Herr Haase hat das sehr gut dargestellt.

Gruppenarbeit kann aus unserer Sicht nur dann erfolgreich sein, wenn es gelingt im Rahmen dieses Ansatzes sowohl die betriebswirtschaftlichen wie auch die sozialen und mitarbeiterbezogenen Ziele zum Erfolg zu führen. Sie alle kennen die Ziele, die für das Unternehmen im Vordergrund stehen, sie sind zusammenzufassen unter den Faktoren Zeit, Kosten, Qualitätsführerschaft, Innovation. Für die Mitarbeiter geht es - aus unserer Sicht - vor allem um fachliche und soziale Weiterentwicklung, eigenverantwortliche Arbeitsgestaltung, Entwicklung eines Klimas gegenseitiger Unterstützung etc., aber auch darum, Spaß, Freude und Interesse an ihrer Arbeit zu haben, und sich dann auch zu engagieren für die kontinuierliche Weiterentwicklung dieser Arbeitsprozesse.

Herr Haase hat ein Bild gezeigt mit einer Waage. Das erscheint mir wichtig, daß wir uns darüber im Klaren sind, daß Lean Production eine Rationalisierungskomponente beinhaltet. Ich glaube, es wäre falsch, das zu verschweigen. Die Japaner haben eben doch gewaltige Wettbewerbsvorteile in Kosten, in Qualität, in Lieferzeiten. Aber auf der anderen Seite ist es auch wichtig, daß diese Schale, die die Mitarbeiterziele symbolisiert, auch mit Inhalten gefüllt wird. Herr Pischetsrieder hat gesagt, wir haben eine Chance vertan mit dem Programm "Humanisierung der Arbeit". Ich selber habe damals als Mitarbeiter der Fraunhofer-Gesellschaft in einem dieser Programme mitgearbeitet. Ich glaube, daß sich damals die Waage sehr stark nur in Richtung Humanisierung geneigt hat und deshalb dieses Programm wieder eingeschlafen ist.

Lean Production oder auch Gruppenarbeit sind nach meiner Beobachtung inzwischen zu Modebegriffen geworden wie CIM oder Just-in-Time, und viele Unternehmen glauben, daß Gruppenarbeit ein schneller und bequemer Weg ist, um aktuelle akute Probleme in einem Unternehmen kurzfristig zu lösen. Unsere Erfahrung zeigt, daß in vielen Betrieben die Projekte zur Einführung von Lean Production nicht sorgfältig genug geplant und vorbereitet werden und man mit einer völlig falschen Erwartungshaltung an dieses Thema herangeht. Es wird übersehen, daß Lean Production eigentlich eine veränderte Unternehmenskultur mit einem anderen Denken und Handeln in allen Unternehmensfunktionen über alle Hierarchiestufen hinweg voraussetzt, um erfolgreich zu sein. Im Werkzeugmaschinenforum wurde der Begriff geprägt, das kann nur funktionieren, wenn sich die Mitarbeiter einbringen können: "advice from everybody". Herr Haase nannte es "die Mitdenke vor Ort zulassen". Ich glaube das ist genau der Kern der Sache!

Ein weiterer wichtiger Punkt ist, den Gedanken, in Gruppen zu arbeiten, auch auf - z.B. - den Entwicklungsprozeß zu übertragen (Simultaneous Engineering). Allerdings ist unsere Erfahrung, daß das heute in fast allen Unternehmen nur hehre Absichten sind, weil auch hier wieder das Problem besteht, unterschiedliche Kulturen in einem Unternehmen zusammenzubringen. Und bei diesem Simultaneous Engineering müssen wir natürlich die Brücke zu den Zulieferern schlagen - vor allem beim Automobil, das einen hohen Anteil der Zulieferer an der Wertschöpfung hat.

Dies alles bedeutet aus unserer Erfahrung - und wir beschäftigen uns mit diesen Themen jetzt etwa seit zwei Jahren sehr intensiv, daß Lean Production keine kurzfristigen Erfolge erwarten läßt. Eine sorgfältige Vorgehensweise bei der Einführung und vor allem *im Top-Management* eine hohe Bereitschaft zur Unterstützung dieses Vorhabens ist Voraussetzung. Erfolge müssen hart erkämpft werden. Das ist keine Sache die schnell geht, sondern hier ist Geduld erforderlich und keine Euphorie, da es sonst eine Sackgasse wird. Sie wissen, daß z.B. die Japaner mit einer Zeitdauer von ca. 10 Jahren rechnen, um das notwendige umfassende Umdenken amerikanischer Mitarbeiter in den Transplants auf Lean Production zu bewirken.

Wie geht man vor? Wirklich wichtig ist, daß man sorgfältig an diese Projekte herangeht, daß man sie vernünftig plant, daß man sich über die Ausgangssituation im Unternehmen im Klaren ist, insbesondere welche nachvollziehbaren, quantifizierbaren Ziele mit Lean Production, mit Gruppenarbeit erreicht werden sollen. Man muß Überzeugungsarbeit leisten im Unternehmen, daß das der richtige Ansatz für beide Seiten ist.

Diese Bestandsaufnahme gilt auch und insbesondere für die Qualifikation der Mitarbeiter im Unternehmen. Wenn wir wirklich Kaizen, Continuous Improvement erfolgreich machen wollen, dann brauchen wir eine hohe Qualifikation und Motivation der Mitarbeiter und einen entsprechenden Ansatz für Schulung und Training.

Wir in Deutschland haben gute Chancen, der japanischen Herausforderung erfolgreich zu begegnen, wenn wir unsere Stärken erfolgreich nutzen: vor allem die hohe Qualifikation unserer Mitarbeiter, in dem Facharbeiterpotential, in der Innovationsstärke, die wir mit Sicherheit gegenüber den Japanern haben. Sehen Sie diese Herausforderung bitte nicht unter der Überschrift "in Japan ist Lean Production am Ende und funktioniert schon nicht mehr" - ich glaube, das Gegenteil ist richtig.

Ich glaube, daß wir diese Herausforderung erfolgreich begegnen können, jedoch mit Sicherheit nicht, wenn wir gegeneinander arbeiten, sondern nur wenn es gelingt, wirklich alle Kräfte im Unternehmen zu bündeln und zu konzentrieren und sich gemeinsam diesen Zielen zu verschreiben.

Walter Riester

Kurzbeitrag

Zuerst möchte ich einige Anmerkungen zur bisherigen Debatte auf der Tagung machen:
Ich denke, es ist falsch, in unserer Debatte um Lean Production von einem geschlossenen japanischen Modell der Arbeits- und Leistungspolitik auszugehen. Ich halte es auch für einen Fehler, so wie es vereinzelt in Referaten und in der Debatte zum Teil herauszuhören war, die Diskussion um Lean Production als überholt zu bezeichnen, da aus Japan teilweise von gegenläufigen Tendenzen berichtet wird.
Die Fixierung auf vermeintliche japanische Arbeitsbedingungen und ihre Bewertung treibt aus meiner Beurteilung eigenartige Blüten.
Ein kleines Beispiel: Manch einer zieht sich an dem Begriff Karoshi (Tod durch Arbeitsbelastung) entrüstet hoch, wir sollten es in Deutschland doch nicht so weit kommen lassen, und deshalb sei die Debatte um Lean Production zu beenden. Eigenartig finde ich dies. Denn es zweifelt wohl niemand daran, daß auch in Deutschland der Tod durch Arbeitsbelastung verbreitet ist. Wir haben keinen speziellen Begriff dafür, aber Herz-/Kreislaufversagen ist in Deutschland eine Haupttodesursache. Es gibt nun keine gesicherten statistischen Vergleichsdaten, ob der Tod durch Arbeitsüberlastung in Japan häufiger auftritt als in Deutschland. Allerdings gibt es gesicherte statistische Daten, daß die Lebenserwartung in Japan deutlich höher ist als in Deutschland.
Durchaus hilfreich finde ich es, daß Manfred Schoch gerade darauf hinweist, daß neben den Gesichtspunkten der Arbeits- und Leistungsorganisation auch wesentliche andere Gesichtspunkte für die günstige japanische Kostenstruktur zu berücksichtigen sind.
Dies ist sehr wichtig, entläßt uns allerdings nicht aus der zwingenden Notwendigkeit, grundsätzlich über unsere eigene Arbeits- und Leistungsstruktur nachzudenken. Insofern ist für mich die Diskussion um Lean Production ein starker Impuls, über die Verbesserung von Arbeits- und Leistungsstrukturen nachzudenken.
Einige der Grundüberlegungen sind nicht neu. So ist die Überlegung, die Beschäftigten selbst in den Prozeß der Arbeits- und Leistungsgestaltung stärker einzubeziehen, von Gewerkschaftern und einem Teil der Sozialwissenschaft schon lange in die Diskussion eingebracht. Die Vorstellungen qualitativ neuer Gruppenarbeit - und nicht nur "Arbeit in Gruppen", sind auch nicht neu.
Neu ist allerdings, daß zunehmend Unternehmen und ganze Branchen mit der bisherigen Organisation der Arbeit und Leistung an deutliche Grenzen stoßen und sich aus Gründen des insbesondere durch Japan ausgelösten Konkurrenzdruckes die Grundlagen für die Durchsetzung richtiger, besserer Überlegungen deutlich verbessert haben.
Aus diesen ökonomischen Interessen heraus entsteht die Situation, die die Chance für einen "neuen Deal" - wie es Michael Schumann nannte - eröffnet.

Nun bergen rationalere Arbeits- und Leistungspolitik für die Beschäftigten insgesamt wie in jedem Umstellungs- und Erneuerungsprozeß Chancen und Risiken. Die Risiken sehe ich insbesondere in zwei Problembereichen.
Erstens führen die gewünschten erheblichen Produktivitätsschübe bei konstanten Absatzmärkten dazu, daß wenige Beschäftigte für die Erstellung der Produkte ausreichen. So wird zum Beispiel der Strukturwandel in der Automobilindustrie und im Maschinenbau erhebliche Beschäftigungsprobleme auslösen. Hier sehe ich die gewerkschaftlichen Einflußmöglichkeiten auf unseren traditionellen Feldern als sehr eng an. Wichtig ist allerdings, daß wir in stärkerem Maße die Diskussion um Industrie- und regionale Strukturpolitik entfachen, denn der Bedarf nach Waren- und Dienstleistungen geht ja nicht aus. Kurz- und mittelfristig besteht aber das Problem, für den vorhandenen Bedarf die strukturellen und finanziellen Voraussetzungen zu schaffen.
Um diese Politik voranzutreiben, ist es allerdings erforderlich, sich von der völlig überflüssigen Diskussion zu lösen, ob Industriepolitik notwendig ist oder nicht. Auch in der Vergangenheit wurde Industriepolitik gemacht. Die zentrale Frage ist, mit welchen Schwerpunkten, Zielen und in welcher Form eine veränderte, den Prozeß aktueller Strukturpolitik unterstützende Industriepolitik neu angelegt werden muß.
Das *zweite* Problem, bei dem die Gewerkschaften viel unmittelbarer gefordert sind, betrifft die neuen Anforderungen, die bei einer Veränderung der Arbeits- und Leistungspolitik auf die Beschäftigten zukommen. Die Beschäftigten sind geprägt von einer Arbeits- und Leistungsgestaltung, die in der Vergangenheit sehr stark auf Arbeitsteilung orientiert war. Die Arbeitsweise ist zum Teil extrem vorgegeben. Gefordert ist weniger eigenständiges Mitdenken und schon gar nicht die gewollte Veränderung des Arbeits- und Leistungsprozesses. Geprägt durch diese Erfahrungen der Vergangenheit, stoßen die Betriebe mit den neuen Anforderungen bei vielen Beschäftigten an die Grenzen der Leistungsmöglichkeiten. Im Ergebnis besteht die Gefahr eines starken Selektionsprozesses. Deshalb sind Gewerkschaften in hohem Maße gefordert, ein Optimum an Integration und Absicherung für alle Beschäftigen zu schaffen, beispielsweise über neue tarifliche Ansätze und über eine entsprechend veränderte gewerkschaftliche Betriebspolitik.
Nun steht die Frage, die Michael Schumann eingebracht hat, wo denn "der neue Deal" anzusiedeln sei? Nehmen wir als Beispiel die angestrebte Leistungsoptimierung, im übrigen ein Begriff, der viele Gewerkschafter schon zurückschrecken läßt. Doch Gewerkschaften könnten zu dem Prozeß der Leistungsoptimierung Ja sagen, wenn sich hinter diesem Optimierungsgedanken nicht nur die Vermeidung von Blind- und Fehlleistung, nicht nur die Steigerung wertschöpfender Leistung verbirgt, sondern Optimierung auch bedeutet, die unterschiedlichen Leistungsvoraussetzungen der Menschen zu berücksichtigen und über entsprechende Schritte der Arbeitsorganisation und Qualifizierung die Leistungspolitik so anzulegen, daß auch Leistungsschwächere ihren Platz darin finden.
Dies heißt, beispielsweise bei der Frage Gruppenarbeit, nicht nur gleiche Arbeitsinhalte als "Arbeit in Gruppen" mit möglichst gleich leistungsstarken Mitarbeitern zu organisieren. Vielmehr gilt es, ähnlich wie es Herr Haase von VW geschildert hat, zu qualitativ neuen, erweiterten Aufgabenstellungen der Gruppenarbeit zu kommen und in diese neuen Aufgabenstellungen Menschen mit unterschiedlicher

Qualifikation und Leistungsmöglichkeit zu integrieren. Dies bedeutet aber gleichzeitig auch, die Menschen entsprechend zu qualifizieren.
Dies wird sich mit Sicherheit nicht naturwüchsig entwickeln. Wir sind als Gewerkschaften in hohem Maße gefordert, die Möglichkeiten der Tarifpolitik und einer veränderten Betriebspolitik zu nutzen. Es wäre katastrophal, wenn die Gewerkschaften diese historische Aufgabenstellung, in diesen Prozeß gestaltend einzugreifen, nicht aufnehmen würden oder ihn mit dem Hinweis, den ich mir durchaus vorstellen kann, Leistungsoptimierung führe zu Produktivitätssteigerung und sei damit gewerkschaftlich nicht zu unterstützen oder zu bekämpfen.
Wir laufen allerdings auch Gefahr, bei der Gestaltung dieses Prozesses unrealistische Positionen einzunehmen. So wird beispielsweise auch in der IG Metall sehr verbreitet die Position eingenommen, zukünftig die Frage der Leistung über ein erzwingbares Mitbestimmungsrecht des Betriebsrates, mit dem die einzelnen Leistungspensen für die jeweiligen Bereiche, Abteilungen oder Arbeitsplätze festgelegt werden, tariflich abzusichern. Ich halte dies für einen bürokratischen, im übrigen auch nicht leistbaren Ansatz. Die Betriebsräte wären hierfür einerseits inhaltlich überfordert, andererseits auch bei einer Ausweitung der Freistellungsmöglichkeiten von der Arbeitsbelastung her überhaupt nicht in der Lage. Notwendig ist allerdings, daß wir über tarifvertragliche Regelungen und im Rahmen unserer Betriebspolitik sicherstellen, daß die Leistungserbringer selbst das Recht auf die Organisation ihrer Leistung und die Festlegung der Leistungspensen erhalten.
Deren Kompetenz ist im übrigen in dieser Frage auch in stärkerem Maße gefordert, genauso wie ihre unterschiedliche Leistungsfähigkeit Berücksichtigung finden muß.
Dies bedeutet, um Mißverständnissen hier vorzubeugen, auf keinen Fall einen Abschied vom Mitbestimmungsrecht des Betriebsrates. Aus meiner Beurteilung vielmehr das Gegenteil. Die Mitbestimmung des Betriebsrates wird sich weiterhin auf die Festlegung der Kriterien für die Organisation und die Beurteilung der Leistung konzentrieren. Und er ist im Konviktuale im paritätisch organisierten Mitbestimmungsprozeß beteiligt.
Der eigentlich spannende Prozeß wird die Verbindung der Beteiligungsebene der Beschäftigten mit der Mitbestimmungsebene des Betriebsrates sein.
Ich schließe nicht aus, daß wir auch in der IG Metall über diesen Prozeß wieder anknüpfen an eine Diskussion über die Mitbestimmung am Arbeitsplatz, die beide Ebenen, die kollektive Interessenvertretung durch den Betriebsrat und die Beteiligungsebene am Arbeitsplatz, verkoppelt.
Ein weiteres Beispiel dieses "neuen Deals" kann die Qualifikationsentwicklung ergeben.
In Baden-Württemberg haben wir 1988 einen Tarifvertrag abgeschlossen, der strukturelle Voraussetzungen legt, um zu einer systematischen betrieblichen Qualifizierungspolitik zu kommen. Wir haben dort festgelegt, daß in jedem Unternehmen jährlich einmal der Bedarf an Qualifikation vom Management und vom Betriebsrat ermittelt und in einem Qualifizierungsplan festgeschrieben wird. Der Tarifvertrag legt dann fest, daß alle im Qualifizierungsplan aufgeführten Maßnahmen während der Arbeitszeit und bezahlt durchgeführt werden.
Die Praxis der Umsetzung dieser tariflichen Bestimmungen ist bisher allerdings völlig unbefriedigend. Es deutet einiges darauf hin, daß dieses Instrument, jährlich

den Qualifikationsbedarf zu ermitteln, unpraktikabel und bürokratisch ist. Denn der konkrete Prozeß im Betrieb vollzieht sich permanent und nicht auf einen Stichtag bezogen, Veränderungen der Aufgabenstellungen und Anforderungen erfolgen ständig. Deshalb müßte der Prozeß der Qualifikationsentwicklung auch permanent angelegt werden. Unsere Tarifpolitik und die konkrete praktische Betriebspolitik müssen dieser sich real vollziehenden Praxis angepaßt werden.
Und auch hier sage ich, diejenigen, die die Arbeit ausführen und die Leistungen erbringen, die Beschäftigten selbst, müßten in erster Linie diesen Prozeß gestalten und Vorschläge einbringen können. Denn sie verspüren am unmittelbarsten, wo Qualifikationsdefizite vorliegen. Sie müssen motiviert werden und ihnen müssen strukturelle Voraussetzungen zur Hand gegeben werden, um Vorschläge für sinnvolle Qualifizierung auch einzubringen.
Für diese Vorschläge bedarf es aber auch einer gezielten Koordinierung und es bedarf Voraussetzungen, sie betrieblich umzusetzen. Auch hier, denke ich, daß der Prozeß der strukturellen Veränderungen, wenn er richtig angelegt wird, erhebliche Chancen birgt. Dazu ein Beispiel: Geschildert werden die großen Widerstände im mittleren Management gegen die Umstrukturierung von Funktionen, Widerstände, die mir auch verständlich sind, wenn ich beispielsweise nur an die Ebene der Meister denke. Sie laufen Gefahr, ihre bisherigen Funktionen zu verlieren. Aber neue qualitative Funktionen sind für sie nicht sichtbar. Wäre es nicht sinnvoller, Meister beispielsweise auf einer neuen Ebene anzusiedeln, auf der sie ihr meisterliches Können auch einbringen können? Z.B. in der Koordination des Qualifikationsprozesses, der dann auch zum Teil von ihren konkret im Betrieb durchgeführt werden kann. Wäre dies, so frage ich, nicht eine viel meisterlichere Anforderung als die Zuweisung von Arbeit, die Überwachung und Kontrollfunktionen, die Meister heute häufiger einnehmen? Im übrigen bin ich auch überzeugt, daß es mit diesen neuen qualitativen Aufgabenstellungen wesentlich weniger Widerstände bei den Meistern gäbe. Gleichzeitig eröffneten sich auf dieser Ebene der Organisation des gezielten Qualifikationsprozesses erhebliche Chancen für die Beschäftigten und für die Unternehmen.
In der Diskussion kam vorher die Frage auf, wie denn die Qualifizierung von Beschäftigten mit einfachen Tätigkeiten, häufig von Frauen ausgeführt, organisiert werden kann? Auch wir konnten in Baden-Württemberg diese Frage nicht vom grünen Tisch aus beantworten, aber ich will kurz ein Beispiel zitieren:
In einem Zulieferbetrieb der Automobilindustrie haben sich Betriebsrätinnen mit Montagearbeiterinnen zusammengesetzt und ein eigenes Weiterbildungsmodell, ansetzend an die Bedürfnisse der Beschäftigten, entwickelt. In dem Betrieb stand als Zielsetzung die Auflösung von Einzelarbeitsplätzen und die Organisation der Montagetätigkeit in Gruppenarbeit. Die von den Beschäftigten eingebrachten Vorstellungen zeichneten sich vor allem dadurch aus, daß sie in einem Wechselprozeß von Arbeitseinsatz und kurzfristigen Qualifikationsschritten, die sich werkstattnah vollziehen, für die Beschäftigten auch leistbar waren. Diese konkreten Erfahrungen ermuntern mich, zu sagen, wir müssen auch in dieser Frage die Beschäftigten stärker einbeziehen.
Nun noch einige Anmerkungen zu unseren Tarifverträgen. Anmerkungen, die für den einen oder anderen möglicherweise provozierend wirken, von denen ich aber auch hoffe, daß sie Diskussion und Nachdenken provozieren.

Unsere Tarifverträge spiegeln im wesentlichen die tayloristische Arbeitswelt der vergangenen Jahrzehnte wider. Wir dürfen uns deshalb auch nicht wundern, daß wir mit diesem Instrumentarium an Probleme stoßen in Unternehmen, in denen die Arbeits- und Leistungsorganisation starken Veränderungen ausgesetzt ist, und die Umbrüche auch den Beschäftigten deutlich werden.

In der Beschreibung und Bewertung der Arbeit benutzen wir tariflich das Instrument der analytischen oder der summarischen Bewertung von Arbeit. Wir betrachten Arbeit immer nur in einem bestimmten Ausschnitt und nehmen eine statische Beschreibung vor. Ich bin überzeugt, daß es dringend erforderlich ist, bei der zukünftigen Beschreibung und Bewertung von Arbeitsanforderungen zu umfassenderen Systembeschreibungen zu kommen und den Prozeßcharakter der gewollten Veränderung mit als Bestandteil der Beschreibung und Bewertung aufzunehmen.

In den tariflichen Regelungen zur Leistungsorganisation und Leistungshonorierung erlauben wir uns weiterhin den Luxus einer strengen Trennung zwischen Zeitlohn und Leistungslohn, obwohl diese Trennung in der konkreten betrieblichen Leistungsgestaltung überhaupt nicht vorhanden ist.

Von diese künstlichen Trennung leiten sich allerdings sowohl aus dem Betriebsverfassungsgesetz als auch aus allen Tarifverträgen unterschiedliche Rechtspositionen ab. Ich plädiere dafür, daß auch in dieser Frage sowohl die Tarifverträge als auch das Betriebsverfassungsgesetz an die Realität der betrieblichen Leistungspolitik angepaßt werden.

Wir beschränken im übrigen in den Tarifverträgen die Bewertung und Honorierung des Leistungsprozesses im wesentlichen auf die Merkmale Menge und Zeit, bei Prämienregelungen möglicherweise noch auf Qualität oder Maschinennutzung. Obwohl doch für jeden nachvollziehbar sein müßte, daß sich die konkrete Anforderung im Betrieb nicht in diesen Merkmalen erschöpft. Die Anforderungen an das menschliche Leistungspotential sind viel umfassender und müssen daher meiner Auffassung nach auch in zukünftigen Tarifverträgen erfaßt werden. Um nur ein Beispiel zu nennen: So ist die permanente Anforderung, einen Qualifizierungsprozeß mitzuvollziehen, je nach Organisation und Anforderung der Arbeit ein sehr wichtiges Leistungsmerkmal.

Die Tarifverträge spiegeln, ähnlich wie Arbeitsrechtspositionen, ein Bild der Arbeitswelt wider, das nur noch für Teilbereiche stimmt. Ich bin überzeugt, die Umbrüche werden unter dem Konkurrenzdruck, unter dem Unternehmen, ja ganze Branchen stehen, schneller vollzogen. Wir müssen dies mit den und für die Beschäftigten nutzen.

Wir sind in einem offenen Prozeß und sollten den Mut haben, uns auf diesen Prozeß auch einzulassen.

Frieder Naschold:
Das Thema dieser letzten Diskussionsrunde betrifft Konzepte, Ansatzpunkte und Umsetzungsmöglichkeiten einer Arbeitspolitik der 90er Jahre vor dem Hintergrund der japanischen Wettbewerbssituation. Die Kollegen Brödner und Schumann haben in ihren Statements die Umrisse einer solchen neuen Arbeitspolitik der 90er Jahre kurz skizziert. Ich fasse nun den Stand der Überlegungen noch einmal ganz kurz zusammen.
Erstens, wir haben ein sehr nüchternes und auch realistisches Japan-Bild erreicht. Wir müssen auf der einen Seite die ganz erheblichen Leistungsdifferenzen speziell im Maschinenbau und in der Automobilindustrie anerkennen. Wir sehen aber auch die arbeitspolitischen Schattenseiten dieser Produktionsweisen, und wir sehen auch die Schwierigkeiten dieses Produktionsmodells. Trotzdem verbleiben die Leistungsdifferenzen.
Zweitens, es gibt in der Bundesrepublik einen langjährigen Bestand wertvoller arbeitspolitischer Erfahrungen, aber dieser Bestand ist - wie mehrfach betont worden ist, noch kaum umgesetzt oder gar praktisch erprobt. Dies sind m.E. die zwei Defizite in unserer Humanisierungsdebatte, die aufgearbeitet werden müssen.
Wir sind sowohl von Seiten des Managements wie von Seiten der Gewerkschaften gegenwärtig in einer historisch besonderen Situation - nicht zuletzt auch aufgrund der japanischen Herausforderung. Wir haben die Chance, dank auch unserer langjährigen Erfahrungen - einen neuen arbeitspolitischen Kompromiß auf höherer Ebene zu erzielen, der der Japan-Bedrohung entgegengesetzt werden kann und muß. Ein neues Kompromißgleichgewicht ist anzustreben, das auf der einen Seite Produktivitätserfordernissen und auf der anderen Seite gleichgewichtig Erfordernissen der Arbeitsqualität gerecht wird.
Arbeitspolitik ist also nicht nur einfach Sozialpolitik, wie es noch in der früheren Humanisierungsdebatte war, sondern ein unerläßlicher Beitrag einer modernen Produktivitätspolitik. Und umgekehrt - eine moderne Produktivitätspolitik ist eine unerläßliche Voraussetzung einer anspruchsvollen Arbeitspolitik.
Innerhalb dieses hier nur kurz skizzierten Rahmens geht es uns darum, konkrete Gestaltungsfelder einer modernen Arbeitspolitik zu identifizieren.
Sie müssen einerseits eine gelungene Verbindung von Produktivität und Arbeitsqualität auf höherem Niveau als bisher beinhalten, und sie müssen natürlich in einem irgendwie gearteten Kompromißfeld der beiden Arbeitsmarktparteien liegen, d.h. sie müssen endlich auch einmal umsetzungs*fähig* sein und dann auch wirklich umgesetzt werden.

Hugazzer von Heidenheim:
Ich möchte den Kollegen Schoch ergänzen, wenn es um die Frage geht, warum die Japaner so handeln. Wir sollten den weltanschaulichen bzw. den gesellschaftlichen Druck nicht unterschätzen, der von den Spielregeln der Gruppe, des Clans, der Öffentlichkeit ausgeht. Und ich sag's ganz böse: Ich kann mir sehr wohl Unternehmer oder Manager bei uns vorstellen, die ganz gern hätten, wenn wir auch so einen Druck hätten.

Werner Kleinhenz:
Der Kollege Manfred Schoch hat als einen der Gründe des japanischen Erfolges die Automobilzulieferer angeführt. Die Frage muß doch gestattet sein, ob nicht die Automobilindustrie *hier* die Zulieferer auf dieselbe kritisierte Stufe wie in Japan stellen will: Preissenkungen jährlich um X Prozent, Druckmittel Japan; Qualitäts- und Genauigkeitsanforderungen an uns Zulieferer, die erhebliche Kosten verursachen.
Lean Production? Ja bitteschön, aber dann *gemeinsam* alle, die unter dem Dach der IG Metall vereint sind.

Reinhard Müller, Firma Junghenrich, Hamburg:
Nach meinem Eindruck herrscht hier Übereinstimmung darüber, daß Elemente der Lean Production dringend von der europäischen Industrie übernommen werden müssen. Allerdings angepaßt auf die hier tatsächlich vorhandenen gesamtgesellschaftlichen Bedingungen. Es geht hier also im wesentlichen gar nicht mehr darum, *ob* wir übernehmen, sondern eigentlich nur noch darum *wie und welche* Elemente wir übernehmen werden.
Gestern ist nach meiner Überzeugung die Chance vertan worden, hier inhaltlich zur Ausgestaltung der Gruppenarbeit und zu den anstehenden Fragen wirklich Stellung zu nehmen. Wenn die sehr zugespitzen und sehr schmerzenden Fragen des Kollegen Riester früher gestellt worden wären, dann hätten wir die Chance gehabt, besser und akzentuierter zu diskutieren.

Udo Blum, IG Metall Vorstand, Abteilung Automation/Technologie/HdA:
Mein Diskussionsbeitrag soll drei Probleme ansprechen. Zwei ergeben sich direkt aus den vorgetragenen Beiträgen der Kollegen Walter Riester und Siegfried Bleicher. Die dritte Überlegung ergibt sich für mich als gestaltungsrelevantes Erfordernis: Die Lean-Production-Aktivitäten in der Automobil- und Werkzeugmaschinenindustrie miteinander zu verknüpfen.
Zu 1) Der Kollege Walter Riester hat in seinem Beitrag die zum Nachdenken herausfordernde Frage aufgeworfen, ob wir uns nicht möglicherweise Chancen dadurch vergeben, daß wir den Gestaltungsbegriff nur als Untermenge von Mitbestimmung verstehen.
Seine provozierende Frage muß ernstgenommen und vertieft von uns diskutiert werden, denn sie greift eine Tatsache auf, die wir theoretisch zwar so nicht gern verstehen, die aber der Wirklichkeit sehr nahe kommt. Daß der Mitbestimmungsbegriff oftmals auf die juristische Frage verkürzt wird: "auf der Grundlage welcher Paragraphen können wir...", müssen wir ehrlicherweise ebenso zugeben wie die Tatsache, daß die bisher praktizierte Mitbestimmungspolitik wenig beteiligungsorientiert ist. Daß die Arbeitgeber beim Mitbestimmungsbegriff, den sie ja auch primär juristisch verstehen, sofort die rote Leine ziehen, wissen wir doch nur zu gut.
Wollen wir in der Gestaltungspolitik - gerade im Zusammenhang mit der aktuellen Lean-Production-Diskussion und dem anstehenden Strukturwandel - weiterkommen, dann müssen wir unser Verständnis von Mitbestimmung und Strukturwandel dringend klären.

Wäre nicht die Frage zu stellen, ob unser heutiges gewerkschaftliches Verständnis einer vorausschauenden, beteiligungsorientierten Gestaltungspolitik nicht über das vorherrschende Verständnis von Mitbestimmung längst hinausreicht?
Zu 2) Hier möchte ich an den nach vorne gerichteten Überlegungen des Kollegen Siegfried Bleicher bezüglich unseres bisher vorherrschenden Technikverständnisses und der Notwendigkeit seiner Weiterentwicklung in praktisch-politischer Hinsicht anknüpfen.
Zu lange dominierte doch auch in unseren Reihen (und nicht nur dort) die Vorstellung, daß "Technik als solche neutral" sei und sich daher die Politik in diesem Feld auf die Anwendung von Techniken unter Vermeidung von negativen Folgen beschränken könne.
Dieses technikoptimistische Grundverständnis hat maßgeblich bewirkt, daß die kultursozialen und gesellschaftlich-ökonomischen Voraussetzungen des Formens und Durchsetzens von Techniken allenfalls auf die Kräfte des Beförderns und Verhinderns von Techniklösungen verkürzt wurde, nicht aber auch auf die Technikergebnisse selbst. So blieb der Blick auf Alternativen in technischen Lösungen weitgehend verschlossen, die Frage nach den Leitbildern und möglichen Alternativen derjenigen, die Techniklösungen entwickeln und förderten, stellte sich auf der Basis der o.g. Annahme der Neutralität ja nicht.
Doch in Anbetracht der "japanischen Herausforderung" und der z.Zt. aktuellen Lean-Production-Diskussion ist das Kopieren und Imitieren zunehmend fragwürdiger geworden. Alternativen in und mittels auch anderer als den bisher dominierenden Techniken sind gefragt, werden gefordert.
Was wir aktuell und zukünftig brauchen sind Techniken, die die Stärken unserer Strukturen und unsere kultur-sozialen sowie ökologischen Arbeits- und Lebensbedingungen erhalten und fördern. Was wir brauchen, sind humanisierte, qualifikationsförderliche, angepaßte Techniklösungen.
In Bezug auf die Mehrheit der heute angebotenen und als modern geltenden Maschinen- und Systemkonzepte (wie z.B. CIM) kann ich diese Leitbildorientierung jedoch nicht erkennen. Die bis heute dominierenden Technik- und Automationslösungen sind weit entfernt von einem positiven Menschen- und Arbeitsleitbild.
Techniklösungen, die wir in Zukunft brauchen, erfordern notwendig die praktische Einbeziehung der Endbenutzer, z.B. der erfahrenen Facharbeiter bei der Entwicklung von Werkzeugmaschinen, von fortschrittlichen Lösungen.
Zu 3) Die konservative Umsetzung der bisher geäußerten Überlegungen in praktische Politik, auch in und durch unsere Organisation, betrifft u.a. die engen Beziehungen zwischen Automobil- und Werkzeugmaschinenindustrie in Bezug auf Werkzeugmaschinen und Maschinensysteme als Investitionsgüter.
Die Automobilindustrie ist noch immer der Hauptabnehmer der Werkzeugmaschinen. Die Automobilindustrie war aber auch der Hauptautomatisierungsföderer in den letzten Jahrzehnten. Wenn wir im Sinne der aktuellen Lean-Production-Diskussion gruppenarbeitsförderliche, die Menschen bei ihrer Arbeit unterstützende und sie nicht ausschaltende Techniklösungen wollen, muß das auch Konsequenzen in Bezug auf die Investitionsentscheidungen der Automobil-Abnehmer bereits in der Planungsphase haben.

Die Werkzeugmaschinenindustrie blickt noch immer gebannt auf die Automobilindustrie und bietet mehrheitlich Lösungen an, die eigentlich nicht mehr aktuell sein dürften.
Wie machen wir aber kollektiv unseren Einfluß auf Betriebs- und Unternehmensebene geltend, daß gruppenarbeitsförderliche, qualifikationsbasierte und von Menschen handhabbare und beherrschbare Techniken abgefordert, entwickelt, gekauft und genutzt werden?
Hier sind wir gefordert, heute und auf breiter Basis. Das, davon bin ich überzeugt, wird positive Konsequenzen für die Automobil- und Werkzeugmaschinenindustrie haben, uns aber auch praktisch in der konkreten Politik von Gestaltung und Mitbestimmung weiterbringen.

Eckart Hildebrandt, WZB, Berlin:
Ich möchte einen kleinen Perspektivwechsel einbringen. Es wird sehr viel die Nutzung der Leistungsfähigkeit der Beschäftigten debattiert. Es gibt aber auch eine Frage der Leistungsfähigkeit des Managements. Ganz ohne polemischen Hintergrund ist doch die Debatte um Lean Production auch eine Debatte um eine Krise des Managements in einem doppelten Sinne: nämlich erkennbar nach innen an der Absicht eines prinzipiellen Wechsels von einer Mißtrauensorganisation im Betrieb zu einer Vertrauensorganisation und nach außen an den Fragen Produktivitätspolitik auf dem Weltmarkt, Wettbewerbsfähigkeit usw.
Meine Frage: Welche Lernprozesse löst eigentlich diese Debatte um Lean Production in der internen Organisation und Qualifizierung des Managements selber aus, in der Organisation von Strategiefindungsprozessen und in deren gesellschaftlicher Einbindung - also etwa im Verhältnis zu staatlichen Förderungsprogrammen und auch zu den Gewerkschaften?

Schmidt:
Ein Element, das im Transparent über dem Podium angekündigt ist, hat in der gesamten Diskussion bislang kaum eine Rolle gespielt: Ökologisierung. Die Perspektive unserer Arbeit auch als Gewerkschaft kann nicht sein, daß in einigen Jahren lauter hochqualifizierte, zufriedene Autobauer eine Vielzahl von Automobilen auf die Straßen schicken - und die Verkehrs- und Umweltprobleme immer noch ungelöst sind. Ich denke, daß Einzelunternehmen kaum in der Lage sein werden, die gesamte Dimension der notwendigen Ökologisierung einzubringen.

Walter Riester:
Bei der Beantwortung der Frage "Wie soll zukünftig Arbeit und Leistung bewertet werden", stehen die Gewerkschaften vor einem weiteren Problem, über das bisher zu wenig diskutiert worden ist. Wir müssen nämlich einerseits über die Tarifverträge neue Voraussetzungen für die qualitativ veränderte Arbeits- und Leistungspolitik schaffen, andererseits müssen eine ganze Anzahl alter Tarifstrukturen als Instrumente für die überwiegende Anzahl der Betriebe, die diese Umstellungsprozesse nicht vornehmen, erhalten bleiben.
Dies bedeutet einen tarif- und organisationspolitischen Spagat.
Eine weitere Frage lautet: Wo sind denn Veränderungen in Rechtspositionen erforderlich?

Ich verweise dabei nochmals auf die rechtlich unterschiedliche Behandlung von Zeitlöhnern und Leistungslöhnern in der Mitbestimmungsfrage aus dem Betriebsverfassungsgesetz. Ich halte dies für einen absoluten Anachronismus. Dort, wo Leistung organisiert und bewertet wird, und dies ist im gesamten Arbeitsprozeß der Fall, müssen die entsprechenden Mitbestimmungsrechte für die Betriebsräte und Beteiligungsrechte der Beschäftigten selbst, die diesen Leistungsprozeß auch ausführen, gegeben sein.
Eine Frage bezog sich auf die Ökologisierung des Arbeitsprozesses und die Berücksichtigung in Tarifverträgen. Ich stimme der Grundüberlegung zu und kann mir durchaus vorstellen, daß wir beispielsweise ein ökologisches Verhalten auch entsprechend honorieren. Z.B. einen geringeren Energie- und Materialverbrauch am Arbeitsplatz, und daß wir darüber hinaus den Belegschaften in diesen Fragen auch Beteiligungsrechte einräumen.
Ich halte es für dringend erforderlich, Beteiligungs- und Mitbestimmungsrechte bei der Arbeit mit Gefahrstoffen zu regeln bis hin zum Recht, gesundheitsschädigende Arbeiten auch zu verweigern.
Solche Überlegungen müssen in zukünftigen Tarifverträgen aufgenommen werden, um tariflich eine Betriebspolitik zu unterstützen, die wir in Baden-Württemberg über die Aktion "Tatort Betrieb", in der wir gezielt seit vier Jahren Auseinandersetzungen um den Einsatz von Gefahrstoffen führen, auch absichern. Diese Aktivitäten haben im übrigen auch dazu geführt, Beschäftigte und Gewerkschaftsfunktionäre in wesentlich höherem Maße gegen den Einsatz von Gefahrstoffen zu sensibilisieren und die Entsorgungsproblematik bei der Weiterverwertung dieses Sondermülls deutlich zu machen.

Otto Hirschbach:
Welche Lernprozesse sind im Management notwendig, um die Programme zur Einführung von Lean Production zu unterstützen? Sicher ist das ein zentraler Punkt. Die Erfahrung in unseren Projekten zeigt, daß in der Regel die größten Probleme auftreten, weil das Management sich nicht ausreichend mit der Problematik beschäftigt. Wenn es nicht bei der reinen Einführung von Techniken bleiben soll, wenn es also im Rahmen von Lean Production zu einer Änderung der Unternehmenskultur und zu einem neuen Miteinander vor allem der planenden und der ausführenden Bereiche kommen soll, dann ist dafür *Voraussetzung*, daß das Management dieses erkennt, die entsprechenden Weichen stellt, die Führung bei der Einleitung der Prozesse übernimmt und im Rahmen einer Vorbild-Funktion auch ein neues Miteinander vorlebt. Dazu gehört auch die Abflachung der Hierarchien. Damit ist verbunden, daß man Entscheidungen so weit wie möglich auf die ausführenden Ebenen delegiert.
Im Management ist ein Umdenken erforderlich, eine Bereitschaft die Erfolgsfaktoren von Lean Production zu akzeptieren, entsprechend zu handeln und als Vorbild nach außen für alle sichtbar zu machen.
Man kann jetzt streiten, warum das Programm "Humanisierung der Arbeit" in den 70er Jahren nicht den erhofften Erfolg erzielt hat. Ich glaube aufgrund meiner persönlichen Erfahrung in entsprechenden Projekten, daß man damals den Schwerpunkt zu einseitig gesetzt hat - sicher auch unter dem Aspekt, daß diese Projekte durch öffentliche Gelder gefördert wurden. Ich ziehe aus dieser Erfahrung den Schluß, daß wir in der jetzigen Aufbruchstimmung in Richtung neue Arbeitsorga-

nisation die Lehren aus diesem Programm ziehen und diesmal die Chance zu wirklichen Erfolgen nutzen sollten.

Manfred Schoch:
Wir sollten die Chance der Lean Production nutzen und ich glaube, daß auch die Durchsetzungsbedingungen gegenwärtig gut sind. Ich möchte vier Schwerpunkte nennen, die ich augenblicklich für wichtig halte in der betrieblichen Praxis.
Punkt 1, wir brauchen definitiv ein Umdenken auf der Führungsebene.
Punkt 2, wenn wir aus diesem Thema etwas Vernünftiges machen wollen und müssen, brauchen wir dafür Zeit - und zwar mindestens drei bis fünf Jahre.
Punkt 3, das Thema "Arbeit und Leistungsstrukturen" muß insgesamt neu geregelt werden. Ich sehe Gefahren insbesondere, was leistungsschwächere, leistungsgewandelte und ältere Mitarbeiter und speziell auch unsere Ausländer anbelangt!
Punkt 4, die Frage "Leistungserbringung und Leistungsbewertung" muß - da kann ich die Aussagen von Walter Riester nur unterstreichen - völlig neu geregelt werden.
Wir sollten alle gemeinsam als Gewerkschafter dafür Sorge tragen, daß die gesamte Welle der Rationalisierung, die auf uns zukommt, - und das sage ich bewußt als Gesamtbetriebsratsvorsitzender der BMW AG - nicht auf dem Rücken der Zulieferer ausgetragen wird. Die Gefahr sehe ich.

Siegfried Bleicher:
Der Kollege Wuggazer hat im Automobilforum sehr grundsätzliche Fragen zur Auseinandersetzung mit der japanischen Herausforderung angesprochen. Es war symptomatisch, daß auf diese Frage von einem Japaner keine Antwort kam.
Das Thema Lean Production ist nur ein ganz kleiner Ausschnitt der gesamten Diskussion um diese sogenannte Herausforderung. Sehen wir uns doch die Situation an auf den Weltwerften, in der Unterhaltungselektronik, in der Automobilindustrie oder im Werkzeugmaschinenbau! Interessanterweise sind in den USA in den letzten zehn Jahren alle entscheidenden Basiserfindungen in diesem Bereich gemacht worden, aber inzwischen hat der amerikanische Werkzeugmaschinenbau in der Qualität eine geringere Bedeutung als die Schweiz. Offensichtlich müssen Technologien - um wirtschaftlich erfolgreich sein zu können - mit Formen der Betriebs- und Arbeitsorganisation verbunden werden, wie wir sie diskutiert haben.
In der Problematik "Zulieferindustrie", die sich ganz klar mit Lean Production stellt, kommen wir nur zu Lösungen in einem Gesamtoptimum von Zulieferern, Produzenten und Abnehmern. Es ist die Frage, was von dem Leistungsertrag *wo* verteilt wird. Und das ist eine Machtfrage!
Was in Japan mit den Zulieferern geschieht hat Prof. Altmann nachdrücklich geschildert. Solche Tendenzen gibt es - das haben die Diskussionen gezeigt- auch bei uns. Es ist nicht so, als hätte die IG Metall dieses Thema nicht aufgegriffen. Aber sie ist in den Klein- und Mittelbetrieben nicht so verankert wie in den Großbetrieben, was auf unseren Veranstaltungen zu einem Ungleichgewicht in der Artikulation führt. Wir dürfen aber nie vergessen, daß 60 Prozent aller Arbeitsplätze in diesen Klein- und Mittelbetrieben sind! Das ist beschäftigungspolitisch für uns von großer Bedeutung.

Es geht dabei zunächst um die Frage der betrieblichen Forschungs- und Entwicklungspolitik: Wie die Großen versuchen, bei den Kleinen mitzudenken. Hier müssen entsprechende Zugeständnisse gemacht werden.
In Japan, so behauptet die MIT-Studie frech, sei der Dialog zwischen den Ebenen in der Zuliefererpyramide so, daß eine gegenseitige Respektierung der Interessen zwischen Zulieferern und Endabnehmer bestehe. Die Wirklichkeit, die Prof. Altmann geschildert hat, entspricht offensichtlich nicht dem Modell. Das deutsche mittelständische Denken, das Konkurrenzdenken, das Abzuschotten von Informationen, fördert aber sicherlich auch nicht den notwendigen Dialog.
In der Diskussion wurde gesagt, diese "kapitalistische Bürokratie" ist der wunde Punkt. Wir müssen uns davor hüten, hier in eine Falle zu laufen, denn dann heißt es ganz schnell: Da gibt es irgendwie eine Bürokratie, sprich: Beschäftigungsgruppen die abgebaut werden müssen. Der neuen Philosophie nach soll aber der Mensch im Mittelpunkt stehen. Da wird es schwer sein, den Menschen das Neue daran zu erklären, daß der Mensch wieder im Mittelpunkt steht - nämlich des Interesses, ihn hinauszuwerfen.
Das Management ist gescheitert mit seinen technikzentrierten Konzepten. Das rechnet sich nicht, das wird sich betriebswirtschaftlich nicht amortisieren. Das weiß das Management inzwischen! Nun sucht es nach neuen Wegen - da kam die MIT-Studie gerade recht.
Allerdings hat sie auch unsere Argumente unterstützt, die wir uns aber im Laufe der letzten Jahre mit einem ganz anderen Zielsetzungen und Methoden erarbeitet haben. Das ist eine Grundlage unseres Handelns, und das müssen wir im Hinterkopf behalten.
Ich glaube, die Herausforderung ist, daß wir den japanischen Weg nicht kopieren - ihn zwar kapieren, aber einen eigenen Weg mit unseren Werthaltungen finden. Es gibt solche Ansätze, die wir als IG Metall im Programm "Arbeit und Technik" (davor "Humanisierung der Arbeit") und in den Betrieben erarbeitet haben.
Das schwedische Programm LOM, Leitung-Organisation-Mitbestimmung, ist für mich zumindest in einem Punkt vorbildlich: Mitbestimmung ist in das Programm von vornherein eingebaut, auch i.S. der überbetrieblichen Vernetzung. Das ist für die Zulieferproblematik ganz wichtig. Der "demokratische Dialog" steht im Mittelpunkt dieses Programms und ist m.E. auch für uns ein sinnvoller Ansatz.
Wir sollten die Herausforderungen offen aussprechen, aber guten Mutes sein, sie mit unseren gewerkschaftlichen Mitteln bewältigen zu können.

Frieder Naschold:
Für mich gibt es zumindest *ein* wichtiges übergeordnetes Ergebnis dieser Lean-Production-Konferenz. Wir hatten aus meiner Sicht eine sehr lange und auch eine sehr kontroverse Diskussion über Lean-Production-Modelle in Japan, Lean Production als Vorbild und als Abschreckung und als Post-Lean-Production-Modell. Diese Differenzen sind wichtig und müssen ausgetragen werden. Aber entscheidend ist doch auf dieser Konferenz gewesen, daß wir diese Japan-Diskussion als einen radikalen Anstoß genommen haben, um unsere eigene Theorie und unsere eigene Praxis zu überdenken und an dieser weiterzuarbeiten. Und da sind meines Erachtens doch einige Fortschritte in dieser Debatte gemacht worden.

VII.Teil

Lean Production und Tarifpolitik

Klaus Zwickel, 2.Vorsitzender der IG Metall
Lean Production und Tarifreform 2000

Klaus Zwickel

Lean Production und Tarifpolitik:

Für eine demokratische und soziale Unternehmensreform

I.

Die Diskussionen und die Referate dieser Tagung haben gezeigt, daß wir in der Lage sind, neue Anforderungen an die gewerkschaftliche Politik aufzugreifen und Lösungsansätze und Reformperspektiven zu bieten.

Dabei ist klar, daß die Beschäftigung mit den Konsequenzen neuer Produktionskonzepte, die Auseinandersetzung mit den Folgen der "straffen Produktion" nicht mit dieser Tagung beendet sein kann.

Sie beginnt zum Teil jetzt erst richtig.

Der Versuch, eine demokratische und soziale Unternehmensreform zu verwirklichen, wird die betriebliche und tarifliche Auseinandersetzung der nächsten Jahre bestimmen.

Es hat sich bestätigt, daß wir mit unseren tariflichen und betrieblichen Gestaltungsforderungen nicht erst in Reaktion auf das Lean-Production-Konzept Vorstellungen und Vorschläge entwickelt haben, zu einer qualitativen, humanen und demokratischen Gestaltung der Industriearbeit zu kommen.

Wir können zu Recht darauf verweisen, daß unsere Forderungen zur Abkehr vom Taylorismus, hin zur ganzheitlichen Arbeit unter humanen und vereinbarten Bedingungen, die wir seit Anfang der 70er Jahre stellen, eine eindrucksvolle Bestätigung finden.

Mit unserem Konzept "Tarifreform 2000" haben wir Ziele und Realisierungsansätze für einen neuen tarifvertraglichen Rahmen der Erwerbsarbeit der Zukunft zur Diskussion gestellt.
Die Veröffentlichung der MIT-Studie mit den dort genannten Zielen für die Gestaltung der Produktionsarbeit mit allen ihren Teilbereichen haben zentrale strategische Zielsetzungen unserer Vorschläge bestätigt und bekräftigt.

II.

Unsere Tarifstrukturen und Tarifverträge sind ein Spiegelbild der taylorisierten, arbeitsteiligen und restriktiven Bedingungen der Massenproduktion der 50er und 60er Jahre.
Die arbeitsorganisatorische und technische Entwicklung der 70er und Anfang der 80er Jahre hat zwar einen gewaltigen Schub technischer Modernisierung gebracht, aber keineswegs die Abkehr von tayloristischer Arbeitsorganisation.
Die "menschenleere Fabrik" wurde zum Ziel.
Die "Humanisierung" der menschlichen Restarbeit sollte am besten durch ihre Beseitigung aus der Fabrik verwirklicht werden.
Großmannssüchtige, überhastete und äußerst kostspielige Technisierungsprojekte, z.T. EDV- und CIM-Ruinen pflasterten den technikfixierten Weg bis Mitte der 80er Jahre.
Dieser Versuch, lebendige Arbeit völlig zu verdrängen, hat sich als Irrweg herausgestellt.
Es ist äußerst schmerzlich, daß es erst der japanischen Herausforderung bedurfte, von diesem Irrweg abzulassen und den Wert lebendiger Arbeit wieder zu entdecken, unseren Vorstellungen von ganzheitlicher Arbeit, humanen Leistungsbedingungen und demokratischem Arbeitsalltag größere Durchsetzungschancen zu geben.
Unternehmer und Arbeitgeberverbände wären gut beraten gewesen, gewerkschaftliche Forderungen und Vorstellungen schon früher aufzugreifen, wie es leider nur in wenigen Teilbereichen geschehen ist.
Ich fordere Unternehmen und Arbeitgeberverbände heute auf, die Fehler der Vergangenheit nicht zu wiederholen, sondern mit uns Gespräche und Verhandlungen über neue Gestaltungskonzepte zu führen, zur tariflichen Neuregelung bereit zu sein.

III.

Die grundlegend strategischen Ziele, die wir - bestätigt durch die Auseinandersetzung mit Lean Production - mit neuen Tarifkonzepten und betrieblichen Regelungen verwirklichen wollen, zielen darauf,

- die Arbeit inhalts- und abwechslungsreich zu machen,
- die Arbeitsbedingungen zu humanisieren,
- die Entscheidungsstrukturen zu demokratisieren.

Lean Production eröffnet in dieser Richtung für die gewerkschaftliche Tarifpolitik der 90er Jahre Gestaltungschancen.

Sie liegen

- in dem größeren Stellenwert der Qualifikation von Arbeitnehmerinnen und Arbeitnehmern und der Qualifizierung als Notwendigkeit während der gesamten Dauer des Arbeitslebens,
- in der Neuorganisation der betrieblichen Leistungspolitik, wo Motivation und Vereinbarung anstelle von quantitativen Leistungsvorgaben und restriktiven Arbeitsbedingungen treten könnten,
- in der Beteiligungsorientierung im Blick auf die unmittelbar betroffenen Arbeitnehmerinnen und Arbeitnehmer.

IV.

Unsere tariflichen Reformvorstellungen zielen darauf, einer umfassenden Qualifikation der Arbeitnehmerinnen und Arbeitnehmer und der Weiterbildung während der Arbeitszeit einen höheren Stellenwert zu verschaffen.
Die Diskussion um Lean Production und die betriebliche Umgestaltung der Produktion und Arbeitsorganisation muß genutzt werden,
einen neuen Anlauf zu machen, der auf systematische Qualifizierung zielt.
Dabei müssen wir die Kompetenzen der Beschäftigten stärken und ihnen eben auch die zeitlichen Spielräume innerhalb der Arbeitszeit schaffen um ihre Qualifikationen zu verbessern und zu erweitern.
Das toyotistische Produktionskonzept zielt nicht automatisch auf erweiterte Arbeitsinhalte und -umfänge und auf Abkehr von der Arbeitsteilung.
Ganzheitliche Arbeit als Grundlage von Beschäftigung und Eingruppierung, der Trend hin zur Arbeitsbereichs- und Arbeitssystembildung soll durch entsprechende tarifvertragliche Bestimmungen gestärkt werden, um zu inhalts- und abwechslungsreicher Arbeit für alle Beschäftigten zu kommen und die Arbeitsteilung abzubauen.

V.

In Tarifverträgen der Zukunft müssen neue Grundlagen für die betriebliche Leistungspolitik geschaffen werden, Möglichkeiten die traditionellen Entlohnungsgrundsätze Akkord und Prämie und die künstliche Trennung zwischen Leistungslohn einerseits und Zeitlohn, Gehalt andererseits zu überwinden.
Der ausgehandelte und vereinbarte Leistungskompromiß unter humanen Bedingungen, der auch eine optimale Leistungsentfaltung der Menschen ermöglicht, ist im Sinne der Beschäftigten und der Unternehmern besser als der herkömmliche Lohnanreiz unter restriktiven Bedingungen.
Tarifvertragliche Regelungen zur Gestaltung einer offensiven Leistungspolitik sollen daher die Mitbestimmungs- und Reklamationsrechte des Betriebsrates erhalten, keine Frage, vor allem aber die Rechte der unmittelbar betroffenen Arbeitnehmerinnen und Arbeitnehmer über Arbeitspensen, über Arbeits- und Leistungsbedingungen und über die Personalbesetzung mitzuberaten, mitzubestimmen und reklamieren zu können, verankern.
Erholzeiten müssen überall dort, wo sie nicht selbstbestimmt genommen werden können, tarifvertraglich gesichert werden.

Bei der Neugestaltung der Leistungspolitik werden wir uns insbesondere mit den Folgen der Kaizen- oder KVP-Konzepte auseinandersetzen müssen.
Sie können leicht dazu führen, daß massiv an der Leistungsschraube gedreht wird und tarifliche Einfluß- und Mitbestimmungsrechte unterlaufen werden.
Würde KVP auf Leistungsstandard und Vorgabezeiten angewandt, wäre dies ein Bruch mit unseren Tarifverträgen.
Leistungsnormen und Vorgabezeiten haben nach unseren Tarifverträgen den Charakter einer Vereinbarung, die nur unter bestimmten Bedingungen geändert werden kann. Dabei muß es auch bleiben.
Durch tarifvertragliche Regelungen soll gesichert werden, daß auch der Prozeß ständiger Verbesserungen Teil und Ergebnis einer demokratischen Organisation von Arbeit und Produktion ist.
Gesprächs- und Beteiligungszeit muß als Teil der Arbeitszeit gelten und im Rahmen tarifvertraglicher Regelungen vereinbart werden.
Dabei kommt es darauf an, die Eingriffs- und Gestaltungsmöglichkeiten der unmittelbar Beschäftigten, seien es einzelne, seien es Gruppen, zu vergrößern.
Bei der Vereinbarung von Arbeitspensen und Vorgaben, bei der Personalbesetzung und der Regelung von Arbeitsbedingungen sollen die direkt Betroffenen mitreden und mitentscheiden können.
Für uns besteht kein Widerspruch zwischen einer demokratischen und effizienten Arbeitsorganisation.
Im Gegenteil:
Nur im Rahmen von umfassenden Beteiligungs- und Mitbestimmungsmöglichkeiten werden sich neue Produktivitätsreserven erschließen lassen.
Mündige und motivierte Arbeitnehmer sind der Schlüssel für neue Unternehmenskonzepte.

VI.

In der Rolle und der Gestaltung der Gruppen- und Team-Arbeit konzentriert sich das arbeitsorganisatorische Konzept der "Lean Production". Auch dies ist dieser Tagung zur Sprache gekommen.
Für den Toyotismus hat die Organisation der Arbeit in Gruppen oder die sogenannte Teamorganisation eine ganz zentrale Schlüsselrolle.
Allerdings ist in diesem Konzept diese Form der Arbeitsorganisation keineswegs gleichbedeutend mit dezentraler Selbstregulierung in teilautonomen Gruppen.
Gerade für die Gestaltung der Gruppenarbeit sind daher tarifliche Rahmenregelungen erforderlich, die im Betrieb unter den jeweils konkreten Bedingungen umgesetzt werden müssen.
Ich darf die wichtigsten nennen:

- Die Einführung von Gruppenarbeit darf nur aufgrund und im Rahmen einer Betriebsvereinbarung erfolgen. In ihr sind die einzelnen Punkte konkret auszugestalten.
- Arbeitsinhalte sind möglichst ganzheitlich für alle Gruppenmitglieder zu gestalten.
- Durch entsprechende Qualifizierungsmaßnahmen ist es den Gruppenmitgliedern zu ermöglichen, möglichst viele Arbeitsaufgaben innerhalb der Arbeits-

gruppe übernehmen zu können. Dem soll auch die Entgeltstruktur in der Gruppe entsprechen.

- Das Arbeitspensum der Gruppe und die interne Aufgabenteilung sowie das leistungsbezogene Entgelt der Gruppe und für die einzelnen Gruppenmitglieder sind zu regeln.
- Die Personalbesetzung ist unter Berücksichtigung der Fehl- und Ausfallzeiten, der Taktausgleichszeiten und der Beteiligungszeit zu vereinbaren. Ausreichende Zeit für Gruppengespräche ist als Teil der Arbeitszeit zu vereinbaren.
- Die Gruppe hat ein Recht auf Reklamation der Arbeitsbedingungen, des Leistungspensums, der Qualifizierungsmaßnahmen und der Personalbesetzung.
- Bei der Vereinbarung des Arbeitspensums und der Personalbesetzung für die Gruppe ist ausdrücklich die Mitarbeit von leistungsschwächeren und älteren Arbeitnehmerinnen und Arbeitnehmern in der Gruppe zu ermöglichen.

VII.

Mit unseren tariflichen und betrieblichen Gestaltungsalternativen wollen wir auch die Gefahren, die aufgrund des neuen Rationalisierungsschubs drohen, eingrenzen und ihnen entgegenwirken.

Auch auf dieser Tagung ist immer wieder deutlich geworden, daß die "straffe Produktion" als Management-Konzept auf Rationalisierung und Produktivitätssteigerung und nicht auf Humanisierung und Beschäftigungssicherung zielt.

Aus der Neuorganisation von Arbeit und Produktion im Sinne von Lean Production gibt es automatisch noch keine Verbesserungen für die Beschäftigten.

Die Gefahren liegen in

- der drohenden Ausgrenzung z.B. von nicht-qualifizierungswilligen, von leistungsgeminderten, von älteren Arbeitnehmerinnen und Arbeitnehmern,
- der Selbstausbeutung der Gruppen und einer gnadenlosen Konkurrenz innerhalb des Betriebs bzw. des Unternehmens zwischen verschiedenen Arbeits- oder Produktionseinheiten, zwischen Cost Centern und Gruppen sowie innerhalb der Gruppe zwischen den einzelnen Beschäftigten,
- dem enormen Arbeitsplatzabbau als Kehrseite des Produktivitätsgewinn, der mit diesem Konzept gewollt ist.

Unsere Gestaltungsforderungen und -vorstellungen sollen aus den neuen Produktionskonzepten auch Vorteile für die Beschäftigten machen, Arbeitsplätze sichern und Arbeitsbedingungen verbessern.

Als zentrales Kennzeichen von Lean Production gilt "von allem die Hälfte": die Hälfte der Entwicklungszeit, die Hälfte der Entwicklungskosten, die Hälfte der Produktionsfläche, vor allem aber auch die Hälfte der Beschäftigten!

Diesen negativen Beschäftigungswirkungen muß entgegengewirkt werden.

Humanisierung, Qualifizierung und Beteiligung können hier mit Beschäftigungssicherung verknüpft werden, z.B. durch die verbindliche Regelung von Qualifikationszeiten, Erholzeiten und Beteiligungszeiten in künftigen Tarifverträgen.

Diese Forderungen ergeben sich zum einen Teil zwingend aus der optimalen Gestaltung neuer Produktions- und Arbeitsorganisationskonzepte, sie sind aber zum anderen auch ein Ansatz zu einer vernünftigen Aufteilung der Produktivitätsgewinne, die im Rahmen neuer Produktionskonzepte erzielt werden können.

Wir sind bereit, ich unterstreiche dies nachdrücklich, den Weg zur Neugestaltung von Produktion und Arbeitsorganisation in der Metallwirtschaft der Bundesrepublik Deutschland zu gehen.
Dabei muß aber die Verbesserung der Arbeitsbedingungen und die Sicherung der Arbeitsplätze auch mit tarifpolitischen Mitteln einen zumindest gleich hohen Stellenwert haben, wie die Steigerung von Produktivität und Effektivität der Unternehmensorganisation.
Dazu ist eine Erneuerung unserer Flächentarifverträge dringend erforderlich.
Es reicht nicht aus, z.B. in den Großbetrieben mit hohem Organisationsgrad und starken Betriebsräten zu vernünftigen oder akzeptablen Regelungen von Gruppen- oder Teamarbeit, von Qualifizierungskonzepten, von Arbeitsbewertung und Eingruppierungssystemen, von leistungspolitischen Rahmenbedingungen zu kommen, und in den Flächentarifverträgen alles beim alten zu belassen.
Wir müssen durch neue Tarifverträge die Grundlage dafür schaffen, daß auch in Zukunft in allen Betrieben der Metallwirtschaft die gleichen Anspruchsrechte der Beschäftigten, die gleichen Mitwirkungs- und Gestaltungsmöglichkeiten der Betriebsräte zur Einflußnahme auf den Wandel von Produktion und Arbeitsorganisation existieren.
Unsere Flächentarifverträge sind der wirksamste Schutz gegen die Spaltung der Entlohnungs- und Arbeitsbedingungen z.B. zwischen Automobilherstellern und Automobilzulieferern, wie wir sie aus Japan mit z.T. erschreckenden Konsequenzen kennen.
Und wir werden uns mit allem Nachdruck und aller Entschiedenheit dagegen zur Wehr setzen, daß unser Tarifsystem faktisch ausgehöhlt, die Tarifautonomie praktisch beseitigt wird, indem die Unabdingbarkeit der Tarifverträge, Tarifvorrang des Tarifvertrags- und Betriebsverfassungsgesetzes abgeschafft wird!
Wenn die von Gewerkschaften und Arbeitgeberverbänden vereinbarten Tarifverträge nicht mehr unmittelbar und zwingend Grundlage der Arbeits- und Entlohnungsbedingungen für die einzelnen Beschäftigten sind, kann von Tarifautonomie keine Rede mehr sein.
Wenn die Bundesregierung die Tarifautonomie einzuschränken und auszuhebeln beginnt, legt sie damit die Axt an die Wurzeln des Systems industrieller und sozialer Beziehungen, das weltweit als Erfolgsrezept anerkannt ist.
Ich hoffe daher, daß die Arbeitgeberverbände mit uns zusammen diesen verhängnisvollen Anschlag auf die Tarifautonomie abzuwehren bereit sind.
Ich fordere die Arbeitgeberverbände der Metall- und Elektroindustrie aber auch auf, in konstruktiven Verhandlungen und Auseinandersetzungen eine Neuregelung der Tarifverträge zur Gestaltung von Arbeitsorganisation und Produktionskonzepten der Zukunft anzugehen, damit die Wirksamkeit der Tarifautonomie auch auf diesem Feld wieder praktisch bestätigt wird.

ABM	Arbeitsbeschaffungsmaßnahme
ACEA	Allgemeiner Club Europäischer Automobilhersteller
BR	Betriebsrat, Betriebsräte
BRV	Betriebsratsvorsitzende(r)
CAD	Computer Aided Design
CIM	Computer Integrated Manufacturing
EWG	Europäische Wirtschaftsgemeinschaft
FAZ	Frankfurter Allgemeine Zeitung
GBR	Gesamtbetriebsrat
HBS	Hans-Böckler-Stiftung
i.O.	in Ordnung
IAT	Institut für Arbeit und Technik, Gelsenkirchen
IfaA	Institut für angewandte Arbeitswissenschaft
IMB	Internationaler Metallgewerkschaftsbund
KVP	Kontinuierlicher Verbesserungsprozeß
MIT	Massachusetts Institute of Technology, Boston, USA
MITI	Ministerium für internationalen Handel und Industrie, Japan
RKW	Rationalisierungskuratorium der Deutschen Wirtschaft
VDW	Verein Deutscher Werkzeugmaschinenfabriken
WDR	Westdeutscher Rundfunk
WZB	Wissenschaftszentrum Berlin